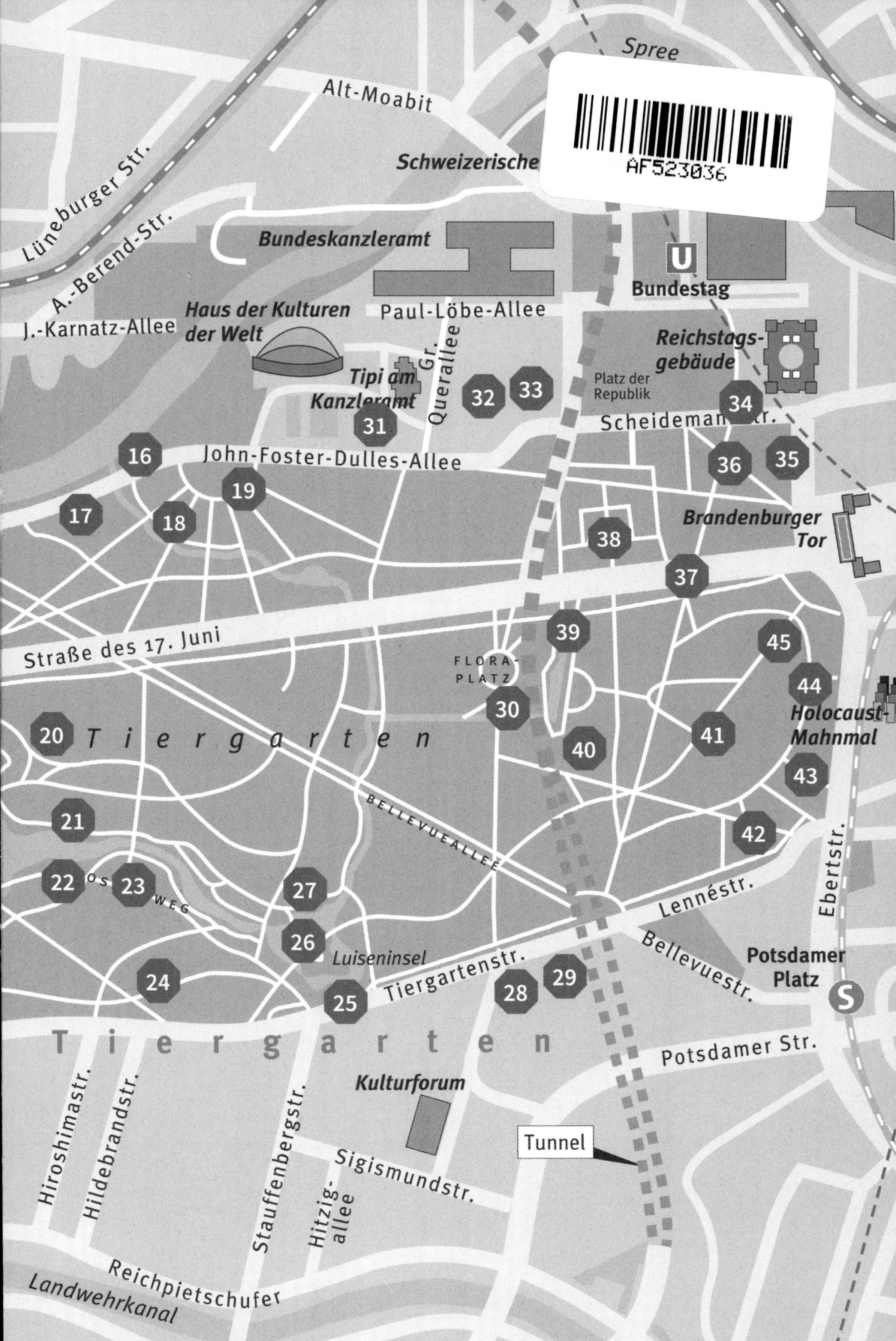

Spree
Alt-Moabit
Schweizerische
AF523036
Lüneburger Str.
A.-Berend-Str.
Bundeskanzleramt
U
Bundestag
Haus der Kulturen der Welt
Paul-Löbe-Allee
J.-Karnatz-Allee
Gr. Querallee
Reichstags-gebäude
Tipi am Kanzleramt
Platz der Republik
32
33
34
31
Scheidemannstr.
16
John-Foster-Dulles-Allee
36
35
19
17
18
Brandenburger Tor
38
37
39
Straße des 17. Juni
45
FLORA-PLATZ
44
30
Holocaust-Mahnmal
20
Tiergarten
41
40
43
BELLEVUEALLEE
21
42
22
23
27
Lennéstr.
Ebertstr.
26
Luiseninsel
Bellevuestr.
Potsdamer Platz
S
29
24
28
Tiergartenstr.
25
Tiergarten
Potsdamer Str.
Kulturforum
Hiroshimastr.
Hildebrandstr.
Stauffenbergstr.
Tunnel
Sigismundstr.
Hitzig-allee
Reichpietschufer
Landwehrkanal

GOETHE

HARALD NECKELMANN

DER TIERGARTEN

VOM JAGDREVIER ZUM STADTPARK

BeBra Verlag

INHALT

Foto auf S. 2: Das von Fritz Schaper geschaffene Goethe-Denkmal wurde 1880 eingeweiht.

Einleitung

Immer wenn ich an einem dieser schönen Sommervormittage vom Fenster meines Arbeitsstübleins aus über dem dunklen Grün des Tiergartens, der wie ein Forst zu meinen Füßen liegt, weit weg im Nordosten und dem Blau des Morgenhimmels die Victoria der Siegessäule leuchten sehe: dann trete ich frohen Mutes an meinen Schreibtisch, reibe mir vergnügt die Hände und spreche zu mir selber: »Wir werden heut einen guten, warmen Tag haben, und heut abend (...) aber ich sage nichts, ich sage nichts!«

Julius Rodenberg (1831–1914), In den Zelten, 1886[1]

Mitten in der Stadt liegt der Tiergarten – das war nicht immer so. Bis ins 19. Jahrhundert stellte er die westliche Stadtgrenze dar. Und als die Mauer noch stand, lag er am Ostrand West-Berlins. Inzwischen ist das Berliner Schloss wieder aufgebaut. Den Tiergarten hätte es ohne dieses Schloss außerhalb der Stadt gar nicht gegeben. Denn zu einer Residenz im 15. Jahrhundert gehörte auch ein Tiergarten.

Für den Schriftsteller Josef Victor von Scheffel (1826–1886) ist der Tiergarten »leider der einzige Ort, wo der Berliner sich hie und da überzeugen kann, daß es auch eine Natur und grüne Bäume und Waldesdunkel in der Welt gebe« (1846). Das war natürlich für die gesamte Bevölkerung aus allen Stadtteilen noch schwierig, als die Entfernungen weit und die Verkehrsmittel (wenn überhaupt schon vorhanden) teuer waren, die Wege sich dazu in einem schlechten Zustand befanden. Zur Zeit der Teilung der Stadt erfuhren die Worte Scheffels für die West-Berliner noch einmal eine ganz andere Bedeutung.

Oft wird der Tiergarten flächenmäßig mit dem Stadtstaat Monaco mit seinen gut 200 Hektar Größe verglichen. »Der Tiergarten«, so die Aussage eines Zeitgenossen im 19. Jahrhundert, »gehört vorzugsweise den höheren Ständen, obgleich er Jedermann offen steht. Das Volk fühlt sich dort nicht behaglich.«[2]

Lange Zeit war es auch so, dass (wie in Monaco) die Fürsten, der Adel und das Bürgertum im Tiergarten wandelten und promenierten. Der Arbeiterschaft gehörte der Volkspark Friedrichshain im Osten der Stadt.

Inzwischen aber wird der Tiergarten von allen Teilen der Bevölkerung angenommen und genutzt. Es besteht heute eher die Sorge, dass eine Über- oder Fremdnutzung die Grünflächen und Vegetation gefährden. Zu oft wird übersehen, dass die Parkanlage längst unter Denkmalschutz steht. Ihre Strukturen und ihr Bestand müssen nicht nur aus ökologischen Gründen, sondern vor allem als ein großartiges Stück Kulturgut bewahrt werden.

Erholung am Neuen See im Tiergarten

Jagdrevier des kurfürstlichen Hofstaats

Im 16. Jahrhundert verstand man unter einem Tiergarten entweder eine Menagerie, die exotische Tiere zeigte. Eine solche führte sehr viel später der preußische König Friedrich Wilhelm III. (1770–1840) seit 1821 auf der Pfaueninsel. Oder man meinte ein in der Regel umzäuntes Waldgebiet, in dem sich einheimisches Wild befand, wie zum Beispiel westlich vor der damaligen Doppelstadt Berlin-Cölln. Aus dem Haus der Hohenzollern hat vermutlich bereits Johann Cicero (reg. 1486–1499) einen Berliner Tiergarten geschaffen. Dieser war ursprünglich als Teil der Teltowschen Heide ein sumpfiges Dickicht, das bis an die Stadttore reichte. Hier stand das eingegatterte Wild unter besonderer Obhut und Pflege. Vom Nachfolger Johann Ciceros, Kurfürst Joachim I. (reg. 1499–1535), ist urkundlich verbürgt, dass er einen »Thiergarten bei der kurzen Heide« besaß. Die erste Nachricht, die auf dessen Existenz schließen lässt, stammt aus dem Jahr 1518, als der Kurfürst sich vom Hochmeister des Deutschen Ritterordens einen »Ur« (Wisent) kommen ließ. In seinem Dankschreiben vom 15. Februar jenes Jahres schrieb er dem Hochmeister, dass dies »Wildprät bey unns frembde und seltzsam« sei. Ebenfalls ein Tiergarten wurde 1527 in der Nähe des Berliner Schlosses angelegt. Das kleine Gebiet wurde nach Westen und Norden durch Zukäufe bis an die Grenzen des heutigen Tiergartens und darüber hinaus erweitert. Die aufgestellten Zäune verhinderten, dass die ausgesetzten Wildtiere auf die angrenzenden Äcker der umliegenden Dörfer entwichen.

Der heutige Tiergarten wurde erstmals 1530 erwähnt, als cöllnische Bürger dem Kurfürsten Joachim I. ihre Äcker verkauften. Vermutlich lag das betreffende Gebiet in der Gegend des Großen Sterns: Ein ideales Gelände mit Hochwald, dazwischen Wiesen, kleine Weiher und Bruchwald, die Spree mit einem Auwald und Uferwiesen. Hier setzte man Wildtiere für die Jagd aus, nicht nur Hirsche und Rehe, sondern auch Wildschweine, Hasen und Vögel.

Die Bronzeplastik von Wilhelm Haverkamp an der Fasanerieallee stellt eine Fuchsjagd zur Kaiserzeit dar.

Über den Hetz- und Tiergarten des Kurprinzen, des späteren Kurfürsten Joachim II. (reg. 1535–1571) ist mehr bekannt. Fürstliche Hetzgärten kamen in der Renaissance mehr und mehr in Mode. Von einer solchen Hetzjagd wird im Jahr 1543 berichtet, als ein Auerochse mit einem Bären und einem Wolf kämpfte. Dabei durchbrach der Bär nicht weit vom Kurfürsten die Schranken. Er geriet in Gefahr, von der »wütenden Bestie zerfleischt zu werden«, wenn nicht seine Begleiter mit Speeren hinzugeeilt wären. Der Tiergarten breitete sich nördlich der Spree als »Hinterer Tiergarten« im heutigen Moabit aus, südlich des Flusses als »Vorderer«. Er reichte im Westen bis zur Gemarkung Lietzen (auch Lietzow), östlich bis an die Stadttore, südlich teilweise über den Schafgraben, den heutigen Landwehrkanal, hinaus.

Die Jagden des Kurfürsten im 17. Jahrhundert fanden in direkter Nähe der Residenz ohne großes Gefolge und Treiber statt. Der Raum war beschränkt, irgendwo war das Wild bestimmt anzutreffen. Ein meilenweiter Ritt, um es aufzuspüren, war nicht notwendig. Vom Großen Kurfürsten (reg. 1640–1688) heißt es: »Der Wald, der nur fünfhundert Schritte von der Stadt entfernt liegt, dient den Vergnügungen des Fürsten, der dort jede Art von wilden Thieren unterhält,

Parforcejagd auf einen Hirsch. Holzstich nach einer Zeichnung von Albert Richter, 1885

und der mit einem Vergnügen, wie es wenige Menschen empfinden, dort die Jagd ausübt.«[3] An anderer Stelle: »Berlin (…) hat auch ein Wäldlein 500 Schritt groß (entfernt, H. N.); dienet dem Churfürsten zur Ergötzlichkeit, gestalten viel Wild darinnen unterhalten werden, da dann der Churfürst zum öfteren mit wenig Personen jaget.«[4] Wegen seiner Nähe zu den Schwesterstädten Berlin und Cölln ließen die Kurfürsten das Jagdrevier des Tiergartens vollständig umzäunen.

Die Jagd in Preußen gestaltete sich verhältnismäßig klein und prachtlos. Zwar galt sie als Kernbestand barocker Hofkultur, aber das »goldene Zeitalter« der Jagd war an Preußen vorbeigegangen. Der Mensch kehrte, wenn auch künstlich, zurück zur Natur und entfloh den Zwängen der Gesellschaft und des Alltags. Doch frei umherlaufendes Großwild war nicht nur in Deutschland im Laufe des Mittelalters immer seltener geworden. Man hegte das Wild ein und fütterte es. Die fürstlichen Jagden fanden oft in klar abgegrenzten, eingezäunten Räumen statt. Dabei ließ die Größe der fürstlichen Waldungen dennoch das Gefühl aufkommen, im Freien zu sein.

Das Zentrum eines Jagdgebietes bildete ein runder Platz, um dort Parforcejagden (französisch *par force*: »mit Gewalt«) oder Hetzjagden zu veranstalten. Die hohen Kosten führten dazu, dass nur wenige Fürsten wie Friedrich Wilhelm I. (reg. 1713–1740) sie betrieben. Bei der Parforcejagd wurde ein bestimmter Hirsch ausgewählt, und berittene Jäger verfolgten ihn hinter einer jagenden Meute von hundert Hunden. Entlang der gewünschten Fluchtrichtung standen in Abständen weitere Hunde und Pferde bereit. Das Wild wurde stundenlang gehetzt, bis es sich zum letzten Kampf stellte. Umringt von den Hunden, wurde es mit dem Hirschfänger, einer langen Stichwaffe, getötet. Die Parforcejagd war körperlich sehr anstrengend und ein reiner Sport, bei dem das Beutemachen keine Rolle spielte. Für die Jäger war entscheidend, das Vergnügen des Nachreitens möglichst lange auszudehnen.

Von der Parforcejagd unterscheidet sich das »Eingestellte Jagen«, das eine lange Vorbereitung erforderte. Dazu hat man das Wild aus teils entlegenen Revieren herantransportiert, dann »eingestellt«, d. h. in einem mit aufgestellten Leintüchern abgegrenzten Gebiet zusammengetrieben und gefangen gehalten. Das Treiben konnte Tage oder Wochen dauern, denn das Wild benötigte Zeit zum Äsen und Wiederkäuen. Nachdem ausreichend Tiere vereint waren, konnte von einem Schießstand aus das Wild geschossen (»abgeschlachtet«) werden. Die Redewendung »Durch die Lappen gehen« stammt übrigens aus Berlin: Im Tiergarten wurden Lederlappen von Bediensteten des Kaisers gehalten, um einen kleinen Bereich abzugrenzen, damit der Kaiser bei seiner Jagd möglichst erfolgreich war. Entkam ein Tier durch diese Lederlappen, »ging es einem durch die Lappen«.

Im Jahr 1631 wurde im Tiergarten zum ersten Mal das Amt des Hofjägers besetzt. Dieser hatte die Aufsicht über den Tiergarten und seinen Sitz am südlichen Ende der heutigen Ecke Hofjägerallee/Tiergartenstraße. Inzwischen befindet sich dort die Konrad-Adenauer-Stiftung. Der Hofjäger konnte jedoch nicht verhindern, dass während des Dreißigjährigen Krieges (1618–1648) der

Zaun um den Tiergarten immer mehr verfiel und das Wild sich zerstreute, der Tiergarten insgesamt verkam. Vom Wildgatter holten sich die Einwohner Berlins und Cöllns ihr Brennholz, die Verbindung zum Schloss, die Hundebrücke, wurde abgebrochen.

Zur Zeit des Kurfürsten Friedrich Wilhelm, des Großen Kurfürsten, befand sich das Gebiet des Tiergartens anfangs noch nicht vollkommen in kurfürstlichem Besitz. Die Wiesen und Äcker anderer Eigentümer wurden aufgekauft. Von 1657 bis 1659 erneuerte man den Zaun und legte 1663 einen Entwässerungsgraben an, um die Sümpfe trockenzulegen. Am Tiergartentor (heute: Brandenburger Tor) befanden sich zwei Häuschen. In dem einen saß der »Stakensetzer«, d. h. der Mann, der den Plankenzaun herstellte und instand hielt. Das andere diente dem Seildreher der Wildfangnetze. Auch an drei anderen Stellen entlang des Zauns gab es solche Stakensetzerhäuschen. Der Große Kurfürst setzte auch Jungwild aus: Hirsche, Rehe, Hasen und Auerhähne. Die Hundebrücke, über die die kurfürstlichen Jäger die Meuten zum fröhlichen Halali trieben, wurde neu gebaut, und der Tiergarten selbst musste zugunsten der »Neuanlage«, der Lindenallee, ein Stück westwärts weichen. Zu den Aufgaben des Großen Kurfürsten gehörte es auch, gegen Wilddiebe vorzugehen. Die »Jagdbediensteten« wurden angewiesen, jeden Übeltäter, der nicht eingefangen werden konnte, zu erschießen. Manchmal erwischte die Anweisung auch, wie im Jahr 1674, einen Unschuldigen: »Den 26. July ward des Schönfarbers Sohn aufm Friedrichswerder von einem Jäger im Thiergarten unversehens erschossen.«[5]

1695 schenkte Kurfürst Friedrich III. (reg. 1688–1701), der spätere erste Preußenkönig, seiner Frau Sophie Charlotte (1668–1705) das Dorf Lietzow. Für sie entstand das Schloss Lietzenburg (später Charlottenburg genannt) und davor eine neue Stadt. Dort hatte seine geistvolle Gemahlin 1695 ihren Sommer- und Musensitz aufgeschlagen. Der Weg zwischen der Residenz und dem neuen Landsitz (heute: Straße des 17. Juni) musste nun verbessert werden. Bislang existierte nur ein einfacher Fahrweg vom Tiergartentor durch den Tiergarten nach Lietzow. Er bestand zunächst aus einer »Allee«, lief dann aber nur als Waldweg weiter. Das Wild wurde nicht länger gepflegt, der Plankenzaun verfiel aufs Neue.

Der Große Kurfürst mit seiner Frau Luise Henriette von Oranien auf der Jagd. Kupferstich von Cornelis van Dalen d. Ä. nach Jacob Martsen, Mitte 17. Jahrhundert

Neue Alleen, neue Plätze

König Friedrich I. ließ die Straße Unter den Linden in Richtung Westen verlängern. Dazu beauftragte er den Hofjäger Hemmerich (1675–1716), eine 60 Fuß (ca. 19 Meter) breite, schnurgerade Schneise durch den Tiergarten zu schlagen. So entstand eine Allee nach Charlottenburg. Etwa auf halber Strecke zwischen den beiden Schlössern Berlin und Charlottenburg richtete Hemmerich einen runden Platz als Rastplatz ein. Von dort aus haute er ansatzweise sternförmig sechs weitere Schneisen in den Wald – der heutige Große Stern. Die insgesamt achtstrahligen, zunächst nicht vollständig ausgeführten Wege führten weit in das umliegende Gebiet hinein. Solche Alleesterne dienten den Jagdgesellschaften als Versammlungsorte, um von dort aus den Wildwechsel genau beobachten zu können. Außerhalb der Städte waren die Straßen noch unbefestigt. Die schweren Karossen quälten sich durch die tiefen Sandwege, oft stundenlang von einem Schloss zum anderen, da war ein Rastplatz für die Pferde und Mitfahrenden notwendig.

Ab 1700 ließ Friedrich I. den Schafgraben zum Vorfluter ausbauen. Blick auf die Schafgrabenbrücke, jetzige Potsdamer Brücke, im Jahre 1775. Holzstich nach einer zeitgenössischen Darstellung, 1884

Besser und bequemer war die Fahrt nach Charlottenburg, nachdem der König zwei »Treckschuyten« aus Holland hat kommen lassen. Er wollte die über den sandigen Boden im Tiergarten äußert mühsame Fortbewegung vereinfachen. Ein Pferdepaar zog die offenen oder gedeckten einfachen Schleppkähne am Spreeufer entlang auf einem Leinpfad. Zweimal am Tag fand eine solche Fahrt statt.

Ähnliche Allee-Ansätze wie der Große Stern wies der sogenannte »Zirkel« auf, der spätere Zelten- oder Kurfürstenplatz. Von dem an der Spree angelegten halbrunden Platz strahlten sieben Alleen aus – vier von ihnen blieben unvollendet. Sie waren nach den zunächst sieben, später neun Kurfürsten im Heiligen Römischen Reich Deutscher Nation bis 1806 benannt. Damals waren die meisten Bäume im Tiergarten Kiefern, erst später kamen Laubhölzer hinzu. Am meisten beeindruckte die Zeitgenossen aber die Aufstellung von Laternen entlang der neuen Allee nach Lietzenburg (dem späteren Charlottenburg), die bis zwei Uhr nachts brannten. Die Gewässer im Tiergarten sorgten schon damals für Probleme: Das geringe Gefälle verursachte immer wieder Wasserstauungen und Verlandungen, die Höhenunterschiede des Geländes waren nur gering und die Vorfluter weit entfernt. Zur besseren Entwässerung ließ Friedrich I. ab 1700 den Schafgraben, der als Entwässerungsgraben das Wasser aus dem Sumpfgebiet südlich vom damaligen Berlin ableitete, zum Vorfluter ausbauen und 1705 bis in die Spree führen.

Der König veranlasste Bauarbeiten im Tiergarten, schien aber nicht an einer tiefgreifenden Umgestaltung des früheren Tiergeheges interessiert. In der Umgebung seiner Residenz besaß er genügend Schlösser und Gärten, deren Aus- und Umgestaltung ihm wichtiger waren als der Tiergarten.

Sein Nachfolger König Friedrich Wilhelm I. liebte die Jagd. Er ließ 1716 den Zaun um den Tiergarten ausbessern. Trotzdem verfügte er 1718: »Sol nichts gemachet werden, sol kein tirgarten mehr sein« – dem sparsamen König kostete offenbar der Unterhalt des Parks zu viel Geld. Der Soldatenkönig kümmerte sich auch wieder um die Tiere im Tiergarten, obwohl er weniger hier als in der größeren Heide von Köpenick, im Grunewald, in Wusterhausen und in der Dubrow jagte. Für höfische Jagden wurde der Tiergarten nicht mehr genutzt. Auch veranlasste Friedrich Wilhelm I., dass der Verkehr von Berlin nach Spandau nicht mehr über die alte Landstraße durch die Jungfernheide führte. Stattdessen sollte er durch den Tiergarten und über Charlottenburg rollen, um in der neuen Stadt die Wirtschaft anzukurbeln.

Um 1730 entstand nördlich der Allee nahe dem Brandenburger Tor ein Exerzierplatz (heute: Platz der Republik). Der schottische Reiseschriftsteller James Boswell (1740–1795) schilderte sarkastisch die Exerzierübungen eines preußischen Regiments: »Die Soldaten schienen ganz verängstigt; für das kleinste Versehen wurden sie wie Hunde geprügelt. Ich weiß aber nicht, ob solche Kerle nicht doch die besten Soldaten abgeben. Maschinen sind zuverlässiger als Menschen.« Der Tiergarten verlor an seiner Ostseite Fläche, als die Dorotheen- und die Friedrichstadt nach Westen erweitert wurden. Der König ließ dazu von 1723 bis 1734 einen etwa 500 Meter breiten Streifen des Tiergartens abholzen, auf dem Baustellen eingerichtet wurden. Am Ende der Straße Unter den Linden entstand das Quarree, der spätere Pariser Platz, und am Ende der Leipziger Straße das Oktogon, der spätere Leipziger Platz. Diese neuen Plätze schlossen nach Westen 1734 ein erstes Brandenburger Tor und das Potsdamer Tor ab. Den Tiergarten betrachtete der König sozusagen als einen Nutzwald, in dem Holz geschlagen und gewinnbringend veräußert wurde. Deshalb verbot er auch den Bewohnern der angrenzenden Stadtteile unter Strafe, wie gewohnt ihr Vieh zur Nachtzeit in den Tiergarten zu treiben.

Das erste Brandenburger Tor, links das Wachhaus, rechts das Akzisehaus, dahinter die Bäume des Tiergartens. Radierung von Daniel Chodowiecki, 1764

FRIDERICUS MAGNUS
REX BORUSSIAE ELECTOR BRANDENBURGENSIS
SUPREMUS DUX SILESIAE
ETC ETC ETC

Ein Lustgarten

Ab 1741 war Georg Wenzeslaus von Knobelsdorff (1699–1753) von Friedrich II. damit beauftragt, den Jagd- und Nutzwald vor den Toren Berlins in einen Lustgarten der Residenzstadt umzuwandeln. Die letzten Reste des Zauns wurden abgetragen, Friedrich der Große schätzte die Jagd nicht. Nur der Name der Parkanlage erinnert noch daran, dass im Tiergarten einst die Flinten knallten und die Hifthörner (einfache, aus ausgehöhlten Stirnhörnern gefertigte Jagdhörner) ihr »Hirsch tot« ertönen ließen. Als »Parc de Berlin« wurde der unter seinem Vater stark vernachlässigte Tiergarten zu einem großen Erholungsgebiet, erstmals wurde ein von Anfang an öffentlich zugänglicher Park in Deutschland geschaffen. Friedrich II. wollte – zumindest zu Beginn seiner Regierungszeit – ein volkstümlicher König sein. Es galt nun das Verbot, Vieh auf das Gelände zu treiben, besonders zum Schutz von Neuanpflanzungen. Friedrich der Große interessierte das Vorhaben. In einem späteren Dekret untersagte er, größere Sträucher oder Bäume ohne seine ausdrückliche Erlaubnis zu entfernen.

Bevor sein Freund und Oberintendant der königlichen Schlösser und Gärten begann, den Tiergarten umzugestalten, musste er zunächst weite Teile trockenlegen. Die Entwässerungsgräben ließ er geschickt wie natürliche Wasserläufe aussehen. Sein Hauptinteresse galt der Charlottenburger Chaussee (heute: Straße des 17. Juni), dem Rondell des Großen Sterns und der Umgebung des Brandenburger Tors. Die vorhandene Hauptachse wurde verschönert und mit Hecken eingefasst. Um 1740 wurde zum zweiten Mal eine Beleuchtung auf dem Weg von Berlin nach Charlottenburg installiert. Ganz im Sinne Friedrichs, dem vor allem an breiten Alleen gelegen war, ließ Knobelsdorff eine Reihe von Schneisen durch den Wald schlagen. Vom Großen Stern gehen acht breite Alleen aus, je drei nach Süden und nach Norden. Nordwestlich und nordöstlich verlaufen

Friedrich II. ließ den Jagdwald zur ersten öffentlich zugänglichen Parkanlage in Deutschland umgestalten. *Friedrich der Große zu Pferde*, Gouache auf Papier, unbekannter Maler, 18. Jahrhundert

die Kleistens Allee (heute: Altonaer Straße) und die Fasanenallee (heute: Spreeweg); ihre südlichen Pendants bilden breite Parkalleen. Die heute stark befahrene Hofjägerallee führt von Süden auf das Rondell zu. Nördlich ist die Allee zur Spree nur ein kurzes Stück ausgeführt. Mit der Wiese, auf der heute das Bismarck-Denkmal steht, ist der Ansatz weiter erkennbar. Erst Knobelsdorff hat die Allee nach Charlottenburg vierfach bepflanzt. Für das Pflanzen von zwei Baumreihen je Seite musste ein sehr breiter Streifen freigeschlagen werden, damit die jungen Bäume genügend Licht und Platz erhielten.

Südlich des Großen Sterns ließ der Landschaftsarchitekt 1742 zwischen den Alleen drei der damals so beliebten Labyrinthe anlegen: Baum- und Strauchpartien mit kunstvoll ornamental verschlungenen Heckenwegen, die als Irrwege herhielten. Als Vorbild galten berühmte französische Parks. Das erste Labyrinth zwischen der Fasanen- und der heutigen Hofjägerallee hieß »Sternbusch«, das zweite zwischen Hofjäger- und der Großen Allee »Prinzenbusch«. Das dritte und kleinste Labyrinth zwischen der Großen Allee und der Charlottenburger Landstraße wurde »Knobelsdorffs Labyrinth« genannt. Im Tiergarten waren die Anlagen so weit ausgedehnt, dass sie sich fast über die gesamten dreieckigen Geländestücke zwischen dem Stern und der südlichen Tiergartengrenze

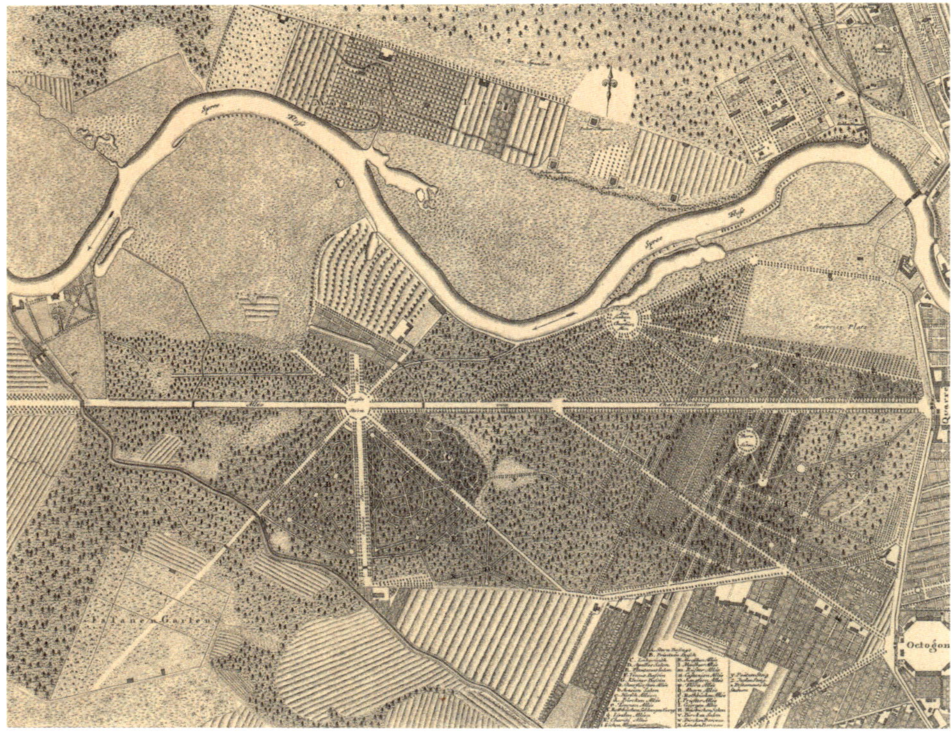

Plan des Tiergartens aus dem Jahr 1765

erstreckten. Die Labyrinthe und Formengebilde des Rokoko besaßen nicht nur einen, sondern mehrere Ein- und Ausgänge. Die Labyrinthe dienten dem Spiel mit dem Unbekannten, dem Verwirrspiel mit ständig wechselnden Perspektiven und Blickachsen. Ihr Ziel war es unter anderem, den Entdeckerdrang der Besucher anzuregen. Der Oberforst-Bauinspektor Karl Wilhelm Hennert (1739–1800) schilderte 1788 die Wirkung einer solchen »empfindsamen Partie«: »Bei weiterem Fortgehen führet eine Brücke über jenen stillen, dunkeln Wasserspiegel, zu schattigen Gängen, worin der Blick eingeschränkt und der Geist zu ernsthaften Gedanken eingeladen wird.«[8]

Auf dem Großen Stern ließ der König um 1750 durch Knobelsdorff 16 Statuen aufstellen, die Bacchus, Ceres, Flora, Feronia, Pomona, Felicitas und andere antike Gottheiten darstellten. Die Statuen sollten einem geselligen Zusammensein auf einem solchen Platz dienen. Die Berliner nannten sie respektlos »Die Puppen« und pflegten am Wochenende Spaziergänge »bis in die Puppen« zu unternehmen. Zu Fuß war es vom Stadtkern aus ein sehr weiter, sandiger Weg bis dorthin. Von der räumlichen wurde diese geflügelte Redensart auf die zeitliche Ausdehnung übertragen und wird so noch heute im Sinne von »sehr lange« verwendet. Die Sandsteinskulpturen (oder ihre Reste, denn sie wurden früh durch Vandalismus beschädigt) standen dort bis 1829.

Im Jahr 1757 legte Knobelsdorff im östlichen Tiergarten das Venusbassin (später: Goldfischteich) an, dessen südliche Stirnseite eine Venusstatue schmückte. Auf Wunsch von Kaiser Wilhelm II. wurde jedoch ein Denkmal zu Ehren der Komponisten Haydn, Beethoven und Mozart angefertigt und 1904 an die Stelle der Venus gesetzt. Das Komponisten-Denkmal aus weißem Marmor wird von drei goldenen Putten bekrönt.

Den Zirkel oder Halbstern, von dem nun neun Alleen ausgingen, hatte Knobelsdorff übernommen. Er ließ die Alleenstümpfe zu Alleen ausbauen, Balustraden errichten und Bänke aufstellen, weiter pflanzte er Bäume um den Platz, die Mitte zierte eine Statue der Pomona (die Göttin der Baumfrüchte). Die Alleen benannte man nach den Bäumen, mit denen sie bepflanzt wurden: Kastanien-, Rüstern-, Maulbeer-, Ebereschen-, Speierling-, Eichen-, Linden-, Akazien- oder Kurfürstenallee, später auch Zeltenallee genannt.

Prinz August Ferdinand von Preußen (1730–1813), der jüngste Bruder des Königs und Bauherr von Schloss Bellevue, hatte 1776 an der Spree den halbrunden heutigen Großfürstenplatz mit Sitznischen anlegen lassen. Den Anlass bot die am 25. Juli des Jahres stattfindende Verlobung des Großfürsten Paul von Russland mit Prinzessin Sophie Luise von Württemberg, für die August Ferdinand hier ein Fest veranstaltete.

In den Bosketts, also in Gruppen beschnittener Büsche und Bäume, an Alleekreuzungen und anderen markanten Stellen wurden im Tiergarten Statuen aufgestellt. Am bedeutendsten waren Venus, Apollo und Herkules am Brandenburger Tor. Besonders im östlichen Teil des Parks entstand ein dichtes Netz sich kreuzender Wege, man lockerte die zahlreichen Alleen und geraden Wege durch Plätze, Salons und Kabinette auf. Südlich der Labyrinthe wurden im 18. Jahrhundert der Platanus- und der Apollosalon angelegt. Salons – abgeleitet von »Salon de verdure« (franz. »Grünes Wohnzimmer«) – hießen Plätze, die sich zwischen Hecken oder gestutzten Bäumen befanden und von diesen so umschlossen wurden, dass eine intime Raumwirkung entstand. Salons stattete man mit Bänken aus und schmückte sie mit Brunnen, Statuen, Vasen und Blumenbeeten. Auch symmetrisch angeordnete, gekurvte Wege wurden angelegt.

Schon damals gab es Parkbesucher, die Vandalismus betrieben. Man klagte darüber, dass »wo in Berlin öffentliche Kunst- oder architektonische Werke zu sehen sind, hat auch der Pöbel die Hand daran gelegt; aber überall zeigte sich, daß dies nur so lange geschah, als der Reiz der Neuheit dauerte (...) An den Statuen im Tiergarten ist überall dieselbe Zerstörungswut sichtbar (...) Arme, Nasen, Köpfe, Füße sind ein Opfer der allgemeinen Bilderstürmerei. Kaum war alles wieder ausgebessert, so fiengen die Stümmelungen, Rothstein-Malerey und Bleistift-Inskriptionen von neuem an.«[9] Die Zerstörungswut galt auch den

Das von Knobelsdorff angelegte Venusbassin. Gemälde von Jakob Philipp Hackert, 1761

Pflanzen, sie wurden »durch das Ausreißen, Abbrechen, Stehlen und Zertreten« besonders durch die »Raff- und Lese-Holz-Holer« beschädigt. Konflikte ergaben sich noch nicht durch das Nebeneinander von Fußgängern und Radfahrern, aber mit Vierbeinern und ihren Besitzern. So wurde 1786 auch bekanntgegeben, dass »das Reiten und Fahren auf den Fußpromenaden (...) verboten bleibt und alle und jede Hunde, welche außer der Landstraße im Thiergarten oder auf den Promenaden und in den Alleen betroffen werden, ohn alle Rücksicht gleich todt geschossen« werden.[10]

Die Stelle, an der die Bellevueallee auf die Charlottenburger Landstraße traf, wurde platzartig erweitert und »Kleiner Stern« genannt. Heute ist der Platz bedeutungslos. Auf der anderen Straßenseite traf man nun auf die Rüsternallee, die vom Zeltenplatz im Norden kommend, über den Platz hinaus verlief und fortan »Kleine Sternallee« hieß.

Die Umgestaltung des Tiergartens lieferte auch eine neue Sichtweise auf das Forum Fridericianum: Die Straße Unter den Linden erhielt als Verbindung zwischen dem ursprünglich geplanten Residenzschloss (heute steht dort das ehemalige Palais des Prinzen Heinrich, Hauptsitz der Humboldt-Universität) und dem neuen Park die Funktion einer gartenkünstlerischen Querallee. Eine solche städtebauliche Großfigur diente ganz entscheidend dem Verständnis dessen, was Friedrich II. und Knobelsdorff für die Stadtentwicklung Berlins anstrebten.

Vor seiner Tiergarten-Neugestaltung hatte Knobelsdorff in Neuruppin und Rheinsberg gemeinsam mit dem Kronprinzen Gartenanlagen im französischen Stil entworfen. Beide Männer verband ein gemeinsames Interesse an Kunst und Architektur, zwischen beiden entstand eine fast freundschaftliche Vertrautheit. Das Verhältnis zueinander änderte sich, nachdem der Kronprinz 1740 als Friedrich II. den Thron bestiegen hatte. Zu den Hauptwerken des preußischen Architekten und Malers zählen die Erweiterung der Schlösser Rheinsberg, Monbijou, Charlottenburg und Potsdam, der Bau des Opernhauses Unter den Linden und des Schlosses Sanssouci sowie die Planung des Forum Fridericianum in Berlin. Als Dienstwohnung erhielt er 1741 ein stattliches Wohnhaus in der Leipziger Straße 85 (früher 65) geschenkt. Knobelsdorff lieferte in der Regel nur Planskizzen und Ansichtszeichnungen, ihre Umsetzung überließ er erfahrenen Baumeistern und Technikern. Dennoch wurde ihm die Arbeit manchmal zu viel. Der König war ungeduldig und mahnte zur Eile, »damit ich nicht Ursach habe, deshalb meine Empfindlichkeit zu zeigen und mit dem Hause, welches ich Euch in Berlin zur Wohnung gegeben, eine Aenderung zu machen (...) Er executieret nichts, wie ich es haben will und ist faul wie ein Artilleriepferd«.[11] Baron Knobelsdorff hatte keine Kunstakademie besucht, sondern war zum Militär gegangen und standesgemäß ein Kavaliersarchitekt, der über das Malen zum Entwerfen von Architektur gekommen war. Gemeinsam planten der König und er den Amalthea-Garten direkt vor der Stadtmauer von Neuruppin. Er enthielt einen Monopteros, einen kleinen Apollotempel nach antikem Vorbild, und war Knobelsdorffs erste Arbeit als Architekt Friedrich des Großen. Dort

Das imposante Opernhaus im Vordergrund war das erste fertiggestellte Gebäude des Forum Fridericianum. Kolorierter Stich, 1778

wurde musiziert, philosophiert und gefeiert. Gleichzeitig mit der Umwandlung des Tiergartens verlangte der König von ihm, noch während des Ersten Schlesischen Krieges (1740–1742) mit dem Bau des Opernhauses, der heutigen Staatsoper Unter den Linden, zu beginnen.

Fünf Jahre später hatte Knobelsdorff 1746 am nördlichen Rand des Tiergartens ein umfangreiches Anwesen an der Spree günstig ersteigert. Es lag etwa dort, wo heute das Schloss Bellevue (s. S. 45–51) steht. Zum Besitz gehörten eine Maulbeerplantage zur Seidenraupenzucht, Wiesen- und Ackerland, Gemüsebeete und zwei Meiereigebäude. Knobelsdorff ließ ein schlichtes, einstöckiges Gartenhaus als neues Hauptgebäude bauen. Die Wand- und Deckengemälde in mehreren Räumen gestaltete der preußische Hofmaler Antoine Pesne (1683–1757) für seinen Freund und Schüler Knobelsdorff, der Anfang der 1730er-Jahre von ihm an der Berliner Kunstakademie ausgebildet worden war. Die Meierei wurde landwirtschaftlich sowie als Obst- und Gemüsegarten intensiv bewirtschaftet, und Knobelsdorff erhielt ein zusätzliches Einkommen. Im Jahr 1938 wurde das Haus abgerissen.

In seinem Berlin-Führer von 1786 schrieb der Schriftsteller Friedrich Nicolai (1733–1811) über den Tiergarten: »Es ist nicht möglich, die ungemein große Anzahl von einigen hundert Alleen, die sich auf mannigfaltige Art durchkreutzen und durchschlängeln, anzuzeigen. Noch weniger ist es möglich, die großen Schönheiten dieses vortrefflichen Gartens und seiner mannigfaltigen Anlagen und die glückliche Vermischung von verschiedenen Bäumen und Stauden zu beschreiben. Es sind darin Alleen und Salone (...) so mannigfaltig und glücklich vermischt, dass die Kunst beständig Natur zu sein scheint. Man kann in demselben gewiß einige Wochen spazieren, ohne daß man alle Gänge desselben, und alle einzelne angenehme Partien wird aufgefunden haben.«[12] Zu diesem Zeitpunkt, fast ein halbes Jahrzehnt nach der Tiergarten-Umgestaltung, waren eigentlich nur noch Relikte von Knobelsdorffs Ideen übriggeblieben. Zwar blieb das strenge Achsensystem erhalten, doch überall schlängelten sich neue Wege durch den Wald.

Der König äußerte sich in einem Nachruf für den schon 1753 verstorbenen Knobelsdorff lobend über seinen neu geformten Tiergarten: »Er machte ihn zu einem köstlichen Stück Erde durch die Mannigfaltigkeit der Alleen, der Hecken, der Rondelle und durch die reizvolle Mischung des verschiedenen Laubwerkes. Er verschönerte den Park durch Statuen und die Anlage von Wasserläufen, so daß die Bewohner der Hauptstadt hier eine bequeme und schmucke Promenade finden, wo die Reize der Kunst nur unter den ländlichen Reizen der Natur auftreten.«[13]

Die Berliner Bevölkerung zog an den Sonn- und Feiertagen in den Tiergarten, um sich dort zu vergnügen. Besonders beliebt war eine Lichtung am Spreeufer, der in den Wald geschlagene Kurfürstenplatz (oder Zirkel), weit vor der Stadt. Jahrzehntelang war er der Hauptvergnügungsort im Tiergarten. Es bot sich geradezu an, den Besuchern nach ihrem langen Weg hier Erfrischungen anzubieten. Nicolai berichtete: »Auf der Seite nach der Spree ist den ganzen Sommer durch, eine Anzahl Zelte oder Hütten aufgeschlagen, woselbst allerhand Erfrischungen verkauft werden. Der gegenüberstehende Zirkel ist mit einer doppelten Allee von sehr hohen Eichen und Ulmen eingefasset, und ist der Hauptsammelplatz aller Spazierenden, welche theils unter den Alleen hin und her wandern, theils auf den Bänken ausruhen.«[14] Der hugenottische Refugié und Traiteur (Speisenwirt) Martin Thomassin bat 1745 als Erster um die Erlaubnis, ein Lokal am Zirkel zu eröffnen. Der König genehmigte ihm lediglich, Getränke in einem Leinwandzelt zu verkaufen. Dieses musste im Winter abgebrochen und in die Stadt gebracht werden. Knobelsdorff aber war allgemein gegen die Erlaubnis des Königs, da er den anschließenden Bau fester Gebäude fürchtete. So galt die Verkaufsgenehmigung nur für die wärmeren Monate. Vorbild für die Schankerlaubnis *in den Zelten* war vermutlich der englische *pleasure garden*. Ein zweites Zelt baute Esaias Dortu auf, und später kam noch ein dritter Hugenotte, der ehemalige Seidenhändler Mourier hinzu. Ihre Leinwandzelte waren durch Laubengänge miteinander verbunden. Im Jahr 1769 standen bereits sechs davon. Unter die Promenierenden gesellten sich Mitglieder des Hofes und der königlichen Familie, auch Friedrich der Große lustwandelte hier. Das Aufschlagen der Zelte führte zu der Bezeichnung »Die Zelte«; dieser Begriff galt bald für die gesamte Straße: »In den Zelten«.

Knobelsdorff jedoch behielt Recht, denn nach seinem Tod 1767 durfte der Gastwirt Mourier an sein Zelt eine feste Bretterbude anbauen, in der er im Sommer auch wohnte. Vor die Hütte hängte er ein Schild mit einer goldenen Gans und der Aufschrift »Mon oie fait tout«. Er benutzte die bei den Berlinern so beliebten Sprachverdrehungen, denn natürlich hieß es nicht: »Meine Gans macht alles«. In Wirklichkeit hieß es: »Geld macht alles« (monnoie = monnaie, Geld), denn früher schrieb man »Geld« auf Französisch mit o oder auch mit a.

Die Zeltbahnen bestanden aus geteerter Leinwand, die vor Regen und Sonne schützte. Geschäftstüchtige Wirte trugen Bier herbei, duftenden »Coffee«, Kuchen, natürlich auch Wein und Likör, Braten und Suppe. In den Zelten gab es »Sieke«, also: Musik. Auf einem Schild war zu lesen: »Hier können Familien Kaffee kochen«. Während der Hofrat und Unternehmer Simon Kremser (1775–1851) für die Fahrt vom Brandenburger Tor in die Zelten in seinem Kremser damals 50 Pfennig verlangte (s. S. 54/55), war anderes sehr viel preisgünstiger. Im Zelt 2 kostete ein Kalbsschnitzel 40 Pfennig und ein Liter edler Burgunder in Zelt 1 nicht mehr als umgerechnet 50 Cent. Jedes der Zelte hatte seine eigene Kapelle, im Zelt 1 von Mourier spielte sogar eine Militärkapelle. Nicolai berichtete: »An schönen Sommernachmittagen, sonderlich des Sonntags und Feyertags gegen 6 Uhr, pflegen hier einige tausend Spazierende zu Fuße, zu

Die Zelte im Tiergarten. Radierung von Daniel Chodowiecki, 1772

Pferde, und in Wagen, zusammen zu kommen, wobey öfters, auf Befehl des Gouverneurs, die Musik der in Berlin in Garnison liegenden Infanterie- und Artillerie-Regimenter in die anliegenden Büsche vertheilet werden, welches zusammen ein sehr reizendes Schauspiel macht.«[15] Alle Zelte waren nummeriert. Friedrich der Große hatte aber nur vier Wirten einen Ausschank erlaubt. Und auch 200 Jahre später gab es noch immer nur diese »vier historischen Zelte«. Und weiter ein fünftes, das sich »Neues Zelt« nannte, und trotzdem kein Zelt mehr war. Die Zelte waren inzwischen hölzernen Buden gewichen. Von den Zelten berichtete auch ein »Reisender durch die königlichen preußischen Staaten« im Jahr 1779: »Die Zelter, – oder besser – die Hütten, denn nur selten steht ein aufgeschlagenes Zelt da und der Saal, welcher errichtet ist, hat nur die Formen eines Zeltes und ist von Holz – also die Zelter liegen, wenigstens nach meinem Gefühl, an dem angenehmsten Ort des Tiergartens. Die Aussicht von hinten zu ist majestätisch und prächtig. Zur Rechten erblickt man das eine äußerste Ende Berlins, den sogenannten Unterbaum; das Invalidenhaus schimmert durch das Gebüsch hindurch und die Charité ragt über den großen Eichbäumen hervor. Die ganze Spree, welche vor den Augen des Betrachters vorbeirollt, macht im Auge eines der angenehmsten Schauspiele. Sie ist nie von Schiffen leer, welche theils Holz, theils von Hamburg her über Magdeburg Kaufmannsgüter bringen. Geradezu, jenseits der Spree stehen die Pulvermühlen (…) Die Aussicht vor den Zelten ist ganz verschieden von der ersteren, aber nicht minder schön. (…) Unter Tangelhütten sitzen an vielen Tischen allerlei Berliner aus allen Ständen.«[16]

Die anderen Zeltbesitzer folgten Mouriers Beispiel, erweiterten ihre Etablissements ohne Bedenken, und die Behörden schauten nicht genau hin. Auf Lageplänen der Umgebung lassen sich viele Holz- oder Fachwerkbauten erkennen, die Küchen, Kuh- und Pferdeställe, Holzschuppen, Wagenremisen und Lusthäuser (Veranstaltungshäuser) beherbergten. Nur die Wohnhäuser mit den Gaststuben waren meist massiv, das erste gehörte 1785 einem Herrn Grüneberg, der auch im Winter dort wohnte und seine Wirtschaft betrieb. Zu den Wintervergnügen zählte das Eislaufen auf der Spree. Den Eisläufern konnte man von der offenen Galerie hinter dem Zelt 2 zusehen. Auf Grüneberg folgte 1788 der Wirt Claus. Beide mussten zwar eine Strafe zahlen, ihre Häuser aber blieben stehen, obwohl die Behörde den Abriss verlangt hatte. König Friedrich Wilhelm II. zeigte sich gutmütig und untersagte ein Durchgreifen. So entstanden ab 1810 nach und nach wetterfeste Unterkünfte, aus denen, erneut erweitert und umgestaltet, zu Anfang des 19. Jahrhunderts die stadtbekannten Zelten-Lokale, massive Gasthäuser und Gartenlokale, hervorgingen. Der Name blieb: In den Zelten. Nebenbei: Für den Landschaftsarchitekten Peter Joseph Lenné (1789–1866), der nach Knobelsdorff den Tiergarten entscheidend gestaltete, gehörten Gaststätten zur Ausstattung eines Volksgartens. So stammen von ihm auch Pläne zur Aufstellung eines neuen Erfrischungszelts.

Sehr beliebt war auch der Konzertgarten. Die Tradition der Berliner Frühkonzerte stammt aus den Zelten. Witwe Pauly, die erste Inhaberin von Zelt 5, kam 1834 auf diese Idee. Die Bauten waren allerdings immer noch unansehnlich: »Die meisten waren Bretterbuden, außen mit Austernschalen benagelt. Die ansehnlichsten waren der Schafstall, ein langes Viereck, und die Zuckerdose, ein Rundbau, beide im Winter mit sogenannten eisernen Öfen primitivster Art versehen. Am Saume des Waldes, dem jetzigen ersten, rechts gelegenen Restaurationslokale gegenüber, befand sich ein Leinwandzelt, in welchem der Hoftheater-Konditor Reibedanz Gefrorenes und vorzüglichen Kirschkuchen feilbot. Die Musik wurde von vier, höchstens sechs Personen ausgeführt; der Leiter ging mit einem Notenblatte umher und kassierte den üblichen Groschen ein (...) Der Kaffee wurde auf runden, zinnernen Schüsseln portionsweise dargereicht, die Löffel waren von Blei.«[17] Alexander Meyer schilderte 1873 die Besuche wie folgt: »Die Zelten waren beliebte Bierlokale (...) Draußen wurde ausschließlich Weißbier verschenkt, und namentlich dasjenige in dem Zelt Nr. 2 bei Cornel stand in hohem Rufe. Weißbier und Zelten gehörten damals noch untrennbar zusammen (...) In der Mitte des Platzes stand eine Estrade für ein Orchester. Die vier Wirte ließen für gemeinsame Rechnung Musik machen; der starke Besuch, dessen sie sich erfreuten, gestattete ihnen das und machte es ihnen auch notwendig, für die Unterhaltung ihrer Gäste etwas zu tun. Es wurde schlecht und recht Tanzmusik, unterbrochen von Potpourris, gespielt.«[18] Bereits 1829 schrieb ein Stadtchronist, dass Tausende Besucher in die Zelten kamen, wenn der Militärgouverneur von Berlin Ende des 18. Jahrhunderts mit seinem Musikkorps auftrat. Bis in die 1840er-Jahre musizierten kleine Gruppen von vier bis sechs Personen. Nach 1900 gab es fast täglich Konzerte. Ein halbes Dutzend Kapellen spielte dann gleichzeitig. Manche Berliner standen oder saßen auch im nahen Tiergarten unter den Bäumen, verzehrten ihre mitgebrachten Brote, lauschten der Musik und sparten sich so das Eintrittsgeld.

Vor allem an Sonn- und Feiertagen herrschte ein lebhaftes Gedränge in den Lokalen und den Anlagen ringsum. An schlichten Holztischen und -bänken saßen Menschen aller Stände beisammen. Die Popularität des Viertels hinterließ Spuren in den Werken der Dichter, tauchte etwa in E. T. A. Hoffmanns (1776–1822) *Ritter Gluck* ebenso auf wie später in Theodor Fontanes (1819–1898) *Irrungen, Wirrungen.* Als regelmäßigem Besucher Berliner Gaststätten hatten es Hoffmann später besonders die Ausflugslokale angetan. So bezieht sich die Angabe »Klaus und Weber« in der Erzählung *Ritter Gluck* auf die Namen zweier Wirte, die Handlung spielt an diesem Ort im Spätherbst: »Dann sieht man eine lange Reihe, buntgemischt – Elegants, Bürger mit der Hausfrau und den lieben Kleinen in Sonntagskleidern, Geistliche, Jüdinnen, Referendare, Freudenmädchen, Professoren, Putzmacherinnen, Tänzer, Offiziere u.s.w. (...). Bald sind alle Plätze bei Klaus und Weber besetzt; der Mohrrübenkaffee dampft, die Elegants zünden ihre Zigarros an, man spricht, man streitet über Krieg und Frieden (...) bis alles in eine Arie aus ›Fanchon‹ zerfließt, womit eine verstimmte Harfe, ein paar nicht gestimmte Violinen, eine lungensüchtige Flöte, und ein spasmatisches Fagott sich und die Zuhörer quälen.«[19] Das »Webersche Zelt« wird auch in Hoffmanns Erzählung *Fragment aus dem Leben dreier Freunde* zum literarischen Schauplatz – der

Wintervergnügen auf der Spree hinter den Zelten. Kolorierter Stahlstich von Laurens & Thiele nach Friedrich August Calau, um 1820

Schriftsteller war hier »täglicher Gast«. Sie verabreden sich zum Kaffeetrinken im Weberschen Lokal. Von dort bot sich ein Panoramablick übers Wasser bis Moabit und Schloss Bellevue und die »öde Gegend mit den gleich Kniegalgen hervorragenden Blitzableitern an den Pulverhäusern, die (einer der Freunde, H. N.) funkelnde Sterne tragende Masten nannte, üppig reich und romantisch«.

In der Nähe befand sich ein Gondelanlegeplatz, denn die Zelte waren auch Ausgangspunkt eines beliebten Fährbetriebs mit kleinen und größeren Gondeln, die hinüber nach Bellevue und Moabit, aber auch bis nach Charlottenburg und Spandau fuhren. So heißt es Ende des 18. Jahrhunderts: »Von den Gezelten aus kann man den Weg nach dem Garten von Bellevue auf der Spree in bequemen Gondeln machen, welche hier immer bereit sind, oder diese angenehme Fahrt noch weiter fortsetzen.«[20] Zwei Jahrzehnte später wird berichtet: »Unterhalb des Zeltes Nr. 1, wo jetzt die kleinen Boote wimmeln, lagen etwa ein halbes Dutzend ›Gondeln‹; sie faßten 20 bis 30 Menschen, waren mit Brettern überdacht und an der Spitze mit einem in Holz bemalten Kopf geziert. An Sonn- und Montagen lockte ein in der Nähe des Steuerruders sitzender Drehorgelspieler solange bis der Kahn mit Fahrgästen (…) überfüllt war; dann stiegen zwei Mann auf das Dach und stießen ihn bis an die Moabiter Brücke. Worin das Vergnügen bestand, ist nicht ganz klar, es kostete aber auch nur einen Silbergroschen.«[21]

Der Humorist und Satiriker Adolf Glaßbrenner (1810–1876) schrieb 1845 in *Moabit* über das »Berliner Volke«, »das in zahllosen Schwärmen über die Spree nach Moabit zieht, um sich zu ergötzen an der frischen Luft und frischem Kümmel, an gemüthlichem Spiele und stärkender Speise, lustigem Gesange und flüchtigem Tanze, an Liebesscherz und Prügelei. (...) Viele den Landweg einschlagend, der zwar beschwerlich aber sechs Dreier ersparend ist, die meisten aber den Zelten im Thiergarten zu, an deren Ende die Schiffer mit ihren grünen Gondeln warten. ›Alleweile! Anjetzt jeht es ab!‹ schreien diese am Ufer der Spree durcheinander; (...) hinten aus den Gondeln erschallen Leierkasten und Papajenoflöte«. Und los ging die Fahrt: »laßt zur Linken im Tiergarten die vornehmen Leute in Equipagen vorüberjagen, gleitet nur sanft das Schiff hinüber nach dem jenseitigen Ufer, dorthin wo Moabit liegt, das kleine Land mit kleinen Eichen, grünen Wiesen, sandigen Wegen und zahllosen Wirthshäusern! (...) Die Leute drängen sich auf die Boote und besonders an Sonntagen ist das Gedränge nahezu lebensgefährlich.«[22]

Zuvor fuhren die schon genannten »Treckschuyten« auf einer von Friedrich I. eingerichteten Schiffsverbindung, die vom Kupfergraben und Schiffbauerdamm bis nach Charlottenburg und Spandau führte. Zwei Pferde trotteten auf einem Treidelweg dahin und zogen zweimal täglich gedeckte Gondeln hin und zurück. »Man gab seine zwei Groschen«, berichtete ein Fahrgast, »und setzte sich in die angelegte Treckschuyte, allwo stets Kompagnie und auch die meiste Zeit Spielleute anzutreffen gewesen.«[23]

Das erste Dampfschiff, der Raddampfer »Prinzessin Charlotte von Preußen«, fuhr im Jahr 1816 auf der Spree von den Zelten aus nach Potsdam. Die Betriebskosten waren hoch, das Interesse gering – bald wurde der Verkehr eingestellt.

Am Südrand des Tiergartens wurden ab etwa 1685 französische Refugiés angesiedelt. Die Hugenotten sollten Maulbeerbäume anpflanzen, weil deren Blätter als Futtergrundlage für Seidenraupen dienten. Der preußische Staat wollte von ausländischen Importen unabhängig werden. Aber weder der Anbau der Bäume noch die Zucht der Raupen kamen recht voran. So verlegte man sich später auf Obst- und Gemüseanbau. In den Gärtnereien wurden neben den in Preußen schon bekannten Sorten auch Aprikosen, Pfirsiche und Spargel gezüchtet. In der Zeit, in der sich die Umwandlung des weitläufigen Wildgeheges in einen Lustpark für die Berliner Bevölkerung vollzog, boten die Hugenotten dem in den Tiergarten vorbeiziehenden Publikum Kaffee und Kuchen an, was schließlich zur Umwandlung der Gärtnereien in Gastwirtschaften führte. Diese wurden von den Berlinern neben den Zelten immer stärker frequentiert. Ab Ende des 18. Jahrhunderts entwickelte sich das Tiergartenviertel zu einem Ort für die Sommerfrische vor den Toren der Stadt. Schon um 1800 gab es dort acht Gasthäuser. Diese Gartenwirtschaften wurden besonders ab 1848 verstärkt von bürgerlichen Kreisen besucht, die dem hektischen Treiben in den Zelten, wo sich während der Revolutionsjahre viel Volk, auch zwielichtige Gestalten, aufhielt und zahlreiche Versammlungen abgehalten wurden, entgehen wollten.

Der Dampfer »Prinzessin Charlotte von Preußen« an der Anlegestelle am Spreeufer, im Hintergrund das Schloss Bellevue. Aquatina von Laurens nach Friedrich August Calau, 1818

Auf dem Eckgrundstück Tiergartenstraße 35 zur heutigen Hofjägerallee stand ein 1716 erbautes eingeschossiges Fachwerkhaus. Das kleine bäuerliche Anwesen diente dem Hofjäger zunächst als Meierei. 1770 funktionierte es sein Nachfolger zu einem beliebten Ausflugslokal inmitten von Gärten um, das 1803 der Gastwirt Winguth übernahm. Auch Friedrich Wilhelm III. kam oft zu Besuch hierher und erfrischte sich nach seinem täglichen Rundgang mit einem Glas Milch oder einer »Weißen«. Mit Königin Luise (1776–1810) ging er ohne Schutz und Begleitung im Tiergarten spazieren. Der König verständigte sich im Telegrammstil mit Infinitiven. Einer Anekdote zufolge stellte er einen Studenten, der eines Tages im Tiergarten grußlos an ihm vorüberlief, zur Rede: »Wer sein?« Der Student antwortete knapp: »Student sein!« Der König fühlte sich veralbert und fuhr ihn an: »Esel sein!« Der Student gab zurück: »Selber sein!« Der König ging ohne jede weitere Erwiderung weiter seines Weges. Einen jeden, der – »Guten Tag, Majestät!« – den Hut zog, grüßte er prinzipiell huldvoll zurück.

Im »Hofjäger«, dem damals größten Gartenlokal Berlins, waltete Generalmusikdirektor Wilhelm Friedrich Wieprecht (1802–1872) seines Amtes: »Er trug eine Uniform mit eigenartiger Goldstickerei am Kragen, die, da es in der preußischen Armee nur einen einzigen Generalmusikdirektor gab, eine Einzelerscheinung darstellte«.[24] Die Konzerte fanden im vorderen kleinen Teil des Gartens statt, das berühmte Feuerwerk dagegen in den parkartigen Anlagen auf der anderen Seite des Landwehrgrabens. »Seine Konzerte haben den Charakter eines Volksfestes und, da sie vornehmlich Monstreleistungen preußischer Militärmusik sind, so gewinnt dies Volksfest von selbst Züge preußischen Nationalstolzes. Der Offizierstand ist reich vertreten; der Soldat nicht minder; die preußischen Kokarden* an vielen Zylinderhüten belehren darüber, daß sich an dieser Musik das Herz patriotisch Vereinigter besonders labt (...) Der eine sitzt bei seinem Glas Weißbier, dem beliebtesten Getränk (...) Noch ein anderer unterhält bei einer Tasse Kaffee oder Tee eine Gesellschaft von Frauen und jungen Mädchen (...) An diesen sitzenden Gruppen bewegen sich unzählige Lustwandelnde vorüber. Hier gehen einige Beamte mit langen Ton- oder anderen Pfeifen einher (...) dort wandeln junge Leute dahin, die mit ihren Lorgnetten** die Frauen und Mädchen beäugeln, unaufhörlich an ihrer Toilette beschäftigt sind und immerfort lachen, wie die Mädchen und Frauen, um ihre weißen Zähne zu zeigen. Neben und unter diesen verschiedenen Charakteren sieht man bürgerliche Familien aus der mittleren Klasse, die sich gleichsam aus dem Gewühl zurückgezogen haben, um der Beobachtung zu entgehen.«[25] In E. T. A. Hoffmanns Erzählung *Die Brautwahl* wird die Gastwirtschaft zum Schauplatz. Dort »begab es sich, dass an einem schönen Sommerabende (...) dem Kommissionsrat Herrn Melchior Voßwinkel kein einziger von den mitgebrachten Zigarren brennen wollte«. Der Maler Edmund Lehsen, der im Tiergarten eine Baumgruppe zeichnet, bietet ihm seine Zigarren an und kommt auf diese Weise Voßwinkels Tochter näher. Auch in den Erzählungen *Die Irrungen* und *Die Geheimnisse* werden die Gastwirtschaften »Hofjäger« und die »Kaempfersche Wirtschaft« erwähnt. Verstärkt wurden in dieser Zeit in der Tiergartenstraße auch Villen errichtet, um 1800 waren es allein schon 18, die bekannten Berliner Persönlichkeiten gehörten.

Neben dem »Hofjäger« war der »Blüchershof« beliebt, der später nach dem nächsten Besitzer »Moritzhof« genannt wurde. Dort aß man saure Milch und trank Potsdamer Stangenbier aus fußhohen gläsernen Zylindern, sogenannten Stangen. Die Schriftstellerin Agathe Nalli-Rutenberg (1838–1919) schrieb: »Dort gab es eine Menge von Lauben, schattigen Bäumen und frischen Rasenplätzen. Die Berliner Damen (...) pflegten an schönen Sommernachmittagen gleich nach Tisch, dort hinauszuwandern und (...) gemütlich ihren Kaffee einzunehmen. Am Abend aß man dann aus Glassatten vorzügliche saure Milch – auch dicke Milch genannt – mit geriebenem Schwarzbrot und Streuzucker darüber. Dieses Gericht war eine Spezialität von Moritzhof. Auf dem grünen Graben (später: Landwehrkanal, H. N.), der sich hinter dem Garten hinzog, fuhr die Jugend in netten kleinen Gondeln Wasser bis hinaus zu dem Neuen See, der sich in den Tiergartenanlagen befindet, und schaukelte sich mit fröhlichem Gesange im Boote.«[26] Über die Gastwirtschaften allgemein hieß es in einem Reisebericht von 1785: »Kaffeegärten (...) stoßen mit der Vorderseite an den Tiergarten. (...) Es sind da einige Leute und geräumige Säle, wo man sich belustigen kann; jedoch sind sie nicht sonderlich angenehm, wenn im Sommer die Säle schon besetzt sind, so kann man sich vor der Sonnenhitze im

* Hoheitszeichen an Kopfbedeckungen. | ** Bügellose, an einem Stiel zu haltende Brille.

Eingang zum »Hofjäger«, dem damals größten Gartenlokal Berlins, Ende 19. Jahrhundert

Garten wenig schützen. Im Winter werden sie ebenso häufig besucht als im Sommer, man sieht da besonders des Sonntags eine zahlreiche Gesellschaft beiderlei Geschlechts versammelt, die sich bei Kaffee, Wein und Schokolade die Zeit verkürzen. Die Frauenzimmer sitzen ohngeachtet des vielen Tabakrauches mit unter den Mannspersonen, erzählen sich die Neuigkeiten der

Stadt und der Welt, sprechen von Putz und neuen Moden.«[27] Die Kreuzung der Viktoria- und der Margaretenstraße ist längst aufgelöst, heute befindet sich hier das Kulturforum. Aber es steht dort noch eine riesige Ahornblättrige Platane, neben der das Museum der Moderne gebaut wird. Der Baum auf dem Scharounplatz gehörte einst zu einem berühmten Wirtsgarten. Zur Zeit Friedrich Wilhelms I. lag hier der Garten der Schänke »Zum letzten Heller«, die aus dem ehemaligen Staketensetzerhaus von 1685 hervorgegangen war. 1787 hieß das Lokal »Richardscher Kaffeegarten«, dann »Kempers Hof« (oder auch »Kaempfersche Wirtschaft«) nach dem Gastwirt Johann Wilhelm Kaempfer – der Name Kemperplatz erinnert noch an ihn. Zuletzt trug das Lokal den Namen »Günters Konzertsaal und Garten«. Der Garten wurde 1857 durch die Anlage der beiden Straßen zerstört, nur der Baum blieb stehen. Das berühmte Restaurant »Hofjäger« war mit seinem idyllischen Garten noch lange Zeit das Ziel vieler Tiergartenbesucher. Es schloss 1872 und wurde danach für die Anlage der heutigen Klingelhöferstraße abgerissen, die den Nord-Süd-Verkehr in den Tiergarten brachte. Heute befindet sich dort der Sitz der Konrad-Adenauer-Stiftung.

An der Ecke Bellevue-/Lennéstraße (heute: Henriette-Herz-Park) lag das kleine Lokal »Bei Georges«, ein sehr gutes und solides Gartenrestaurant. Hier feierte am 16. Oktober 1850 der Dichter Theodor Fontane mit etwa 20 Personen seine Hochzeit, »wo in einem kleinen Hintersaal, der den Blick auf einen Garten hatte, gedeckt war«.[28] Während Fontane zum zweiten Mal als Korrespondent in London war, zog seine Frau Emilie 1856 in eine Mansardenwohnung in der Bellevuestraße 16. Sie bewohnte mit ihren beiden Söhnen drei winzige Dachzimmer im dritten, etwas niedrigeren Obergeschoss. Im Jahr 1893 befragte eine Zeitschrift den Schriftsteller nach der Technik seines literarischen Schaffens. Er antwortete: »Ich gehe im Tiergarten spazieren und denke an Bismarck oder eine Berliner Schrippe oder an einen Spritzfleck auf meinem Stiefel und da fällt mir was ein.« 1834 zäunte Karl Heinzelmann, Besitzer des »Elysiums« in der Tiergartenstraße 22/23 (heute: Italienische Botschaft), die umliegenden Wiesen ein, setzte sie »etwa einen Fuß unter Wasser« und schuf so die erste künstliche Eisbahn der Stadt. »In Berlin ist es Winter geworden. Auf den künstlichen Eisbahnen wird gegossen. Die heiratslustigen und liebesehnsüchtigen Töchter des Westens haben Schlittschuh' am Arm hängen, wenn sie ihre Bleichsucht spazierenführen«, schrieb 1897 Alfred Kerr (1867–1948), der bedeutendste und einflussreichste Theaterkritiker der wilhelminischen Epoche und der Weimarer Republik. In der Reihe der Kaffeegärten folgte in der Tiergartenstraße 21 »Teichmanns Blumengarten«, der von 1818 bis 1855 bestand. Hier fanden ab Oktober donnerstags Konzerte im Treibhaus statt. Gleich nebenan lag bis 1867 das ebenfalls wegen seiner Konzerte stadtbekannte »Odeum«.

Anfang des 20. Jahrhunderts waren die Gartenlokale entlang der Tiergartenstraße jedoch alle verschwunden. Das gesamte Gebiet zwischen dem südlichen Rand des Tiergartens und dem Landwehrkanal wurde mit Villen und größeren Landhäusern mit entsprechenden Gärten bebaut.

FASANERIE

Zur Versorgung seiner Berliner Hoftafel mit frischen Fasanen ließ Friedrich der Große im Tiergarten eine Fasanerie anlegen. *Stilleben mit Fasan und Weinglas.* Gemälde von Lovis Corinth (Ausschnitt), 1908

Friedrich der Große war kein Jäger, wohl aber ein Feinschmecker. 1742 befahl er Oberjägermeister Georg Christoph Graf von Schlieben (1676–1748), für die Hofküche eine Fasanerie im südwestlichen Zipfel des Tiergartens anzulegen. Der König wollte die Versorgung seiner Berliner Hoftafel mit frischen Fasanen sichern. Mit dieser Entscheidung wurde die spätere Umwandlung in den Zoologischen Garten (s. S. 71–77) sozusagen eingeleitet. Doch zunächst mussten Probleme mit dem Grundwasser bewältigt werden. Mehrfach trat der angrenzende Landwehrkanal über die Ufer und vernichtete Bruten. Aus Böhmen schickte der königliche Feldherr 340 Fasane nach Berlin, ein Teil musste der Fasanenmeister Johann Franz Kosack (1692–1758) aus Platzgründen in die »wilde Fasanerie« nach Rosenthal geben. Diese Anlage wurde durch den Krieg 1762 aufgegeben, ihr Restbestand kam ebenfalls nach Berlin. Aus der größten preußischen Fasanerie in Halle und aus Köthen traten neue Vögel hinzu. Zur Lieferung der benötigten Ameiseneier gab es besondere Hoflieferanten, die den Titel »Ameyseneier-Anschaffer« führten. Junge Fasane werden in den ersten zwei Tagen mit Ameiseneiern gefüttert. Die königliche Hofküche konnte jährlich mit 600 dieser schmackhaften Vögel beliefert werden. Genau 100 Jahre existierte die friderizianische Fasanerie. Im Jahr 1842 verlegte König Friedrich Wilhelm IV. (reg. 1840–1861) die Fasanerie nach Potsdam, in seinen Sommersitz Charlottenhof im Park von Sanssouci. Die im Tiergarten gelegene Fasanerie und die meisten der auf der Pfaueninsel gehaltenen Tiere nebst Gebäuden und Einrichtung schenkte er der Berliner Bevölkerung. Unter den Tieren aus der Menagerie befanden sich auch Kuriositäten wie eine Gans mit drei Füßen und ein Ziegenbock mit vier Hörnern. Ein Teil des Geländes der Fasanerie war schon für den Ausbau des Landwehrgrabens zum Kanal und zur Verschönerung seiner Ufer bestimmt, sodass für den Zoologischen Garten nur noch das kleinere, südliche Stück zur Verfügung stand. Auch die in der Fasanerie liegenden Gebäude waren für das Zoogelände bestens geeignet.

Die ersten Pläne Peter Joseph Lennés

Ab etwa 1720 begann ein Kreis um Richard Boyle, 3. Earl of Burlington (1694–1753), mit der Entwicklung eines Vorläufers des Englischen Landschaftsgartens. Für die Gestaltung des Tiergartens wurden wesentliche Elemente übernommen. Der natürlich anmutende, dabei sehr kunstvoll gestaltete Landschaftsgarten mit weichen, fließenden Formen und einem lebendigen Spiel von Licht und Schatten löste die strengen, klaren Strukturen des französisch geprägten Barockgartens ab. Die Natur wurde nicht länger in geometrisch exakte Formen gezwängt. Streng angelegte Blumenbeete und beschnittene Hecken sollten verschwinden. Bei der Gartengestaltung wollte man sich mehr daran orientieren, was die Natur selbst an Ausblicken bietet. Der Englische Landschaftsgarten sollte eine natürliche Landschaft widerspiegeln, die den Besucher durch unterschiedliche und abwechslungsreiche Eindrücke im Sinne des Ideals eines »begehbaren Landschaftsgemäldes« erfreut. Landschaftsgärten bieten sprichwörtlich »malerische« Ansichten. Während den Barockgarten geometrisch exakt angelegte und geradlinige Wege und Kanäle prägten, schlängeln sich im Englischen Garten die Wege und Flüsse abwechslungsreich durch die Landschaft. Es entstanden weite Rasenflächen, ausgedehnt sich windende Wege und natürlich wirkende Teiche und Seen. Dazwischen hat man Baumreihen und kleine Wälder gepflanzt.

Im westlichen Teil des Tiergartens wurden die drei Labyrinthe bald dem Ideal des Englischen Landschaftsgartens geopfert. Auch die Skulpturen, mit denen Knobelsdorff im barocken Park Akzente gesetzt hatte, verschwanden.

Es war eine Zeit des Übergangs vom Rokoko zur Romantik: Vorbei war die lange, höfisch geprägte Ära des Barock, mit dem Tod Friedrichs des Großen 1786

Als »Garteningenieur und Mitglied der Gartendirektion« legte Peter Joseph Lenné 1818 Pläne für eine Umgestaltung des Tiergartens nach dem Vorbild eines Englischen Landschaftsgartens vor. Lithografie von Friedrich Jentzen nach einer Zeichnung von Franz Krüger, 1854

endete auch in Preußen der Absolutismus. Das Motto lautete nun »Zurück zur Natur!«, das bereits der Philosoph Jean-Jacques Rousseau (1712–1778) ausgegeben hatte. Nur in der freien Natur, fern von höfischer Etikette und gesellschaftlichen Zwängen könne der Mensch zu sich selbst kommen. Der Buchhändler Karl Heinz Krögen berichtete über das Treiben im Tiergarten: »Hier erblickt man mit ernster Miene einen Mann, auf den niemand acht hat, weil er – simpel gekleidet; und doch ist er vielleicht ein Ruder des Staats. Dort geht ein junger Mann, prachtvoll und mit Geschmack angezogen, und zieht durch seine Kleider die Augen aller auf sich; aber auch nur die Kleider sind es, die ihn auszeichnen, denn er ist gewiß nur ein unwissender Sekretär. Hier stolziert gleich einem Pfau ein junges Mädchen im auffallendsten Theaterputze; ein Heer feuriger Jünglinge stürzen hinter ihr drein, verschlingen die unbesiegten Reize der Schönen und schätzen sich endlich glücklich, nur einen günstigen Blick von ihr zu genießen. Kaum hat man dieses bemerkt, so sieht man eine ganze Menge junger Schönen, begleitet mit einer alten Gouvernante, langsam dahertraben.«[29]

Der Gartentheoretiker Christian Cay Lorenz Hirschfeld (1742–1792) formulierte 1785 den grundsätzlichen Anspruch des Stadtbewohners auf öffentliche Gärten neu. Diesen begründete er nicht nur mit sozialhygienischen und

Der von Richard Boyle und William Kent gestaltete Garten von Chiswick House im gleichnamigen Londoner Stadtteil gilt als ein Prototyp des Englischen Landschaftsgartens. Gemälde von George Lambert, 1741

ästhetischen Zielen für die Städte, sondern auch mit der moralisch-ethischen Wirkung der Natur und Bildungsmöglichkeiten für die unteren Schichten. Zugleich warb er für das Programm eines von ihm geforderten Volksgartens. Er schrieb: »Bewegung, Genuß der freyen Luft, Erholung von Geschäften, gesellige Unterhaltung ist die Bestimmung solcher Oerter und nach dieser Bestimmung muß ihre Einrichtung und Bepflanzung abgemessen seyn. Diese Volksgärten sind, nach vernünftigen Grundsätzen der Polizey, als ein wichtiges Bedürfnis der Stadtbewohner zu betrachten. Denn sie erquicken ihn nicht allein nach der Mühe des Tages mit anmuthigen Bildern und Empfindungen; sie ziehen ihn auch, indem sie ihn auf die Schauplätze der Natur locken, unmerklich von den unedlen und kostbaren Arbeiten der städtischen Zeitverkürzungen ab.«[30] Hirschfeld erwartete sogar bessere Umgangsformen und die Annäherung aller Stände durch den Besuch von Volksgärten, die den Angehörigen aller Klassen und Schichten zugleich und zu jeder Zeit offenstehen sollten.

Peter Joseph Lenné begründete die Einrichtung von Volksgärten als eine sozial-humanitäre und erzieherische Aufgabe des Staates, auch mit hygienischen und stadtplanerisch-ästhetischen Zielen. Die Besucher sollten in Volksgärten allgemein Gelegenheit zu erholsamen, gesunden Aufenthalten im Freien sowie zu Bewegung, geselliger Unterhaltung und gesellschaftlicher Kommunikation finden. Gleichzeitig sollten diese Anlagen hohe ästhetische Ansprüche erfüllen, sie sollten auch zum Genuss schöner, nach künstlerischen Prinzipien gestalteter Naturbilder einladen. Nach Lennés Leitbild waren Volksgärten für alle Schichten des Volkes einzurichten. Sie sollen auch sozial schwachen Bevölkerungskreisen in günstiger Entfernung vom Wohnort Entspannung vom Alltagsgeschehen bieten. Sein Nutzungs- und Gestaltungskonzept für derartige Anlagen trug jedoch in besonderem Maße den Verhaltensweisen der oberen Schichten Rechnung.

Am nördlichen Rand des Tiergartens wurde der Park von Schloss Bellevue von 1786 bis 1790 im Anschluss an den Schlossbau (s. S. 46–51) bereits im landschaftlichen Stil gestaltet. Weite Durchsichten und vom Schloss ausgehende Wiesengründe sind auf den Plänen erkennbar. Dieser Park war nicht zur Repräsentation gedacht, sondern diente als Hauspark der Prinzenfamilie und zeigte sich noch, wie damals typisch, kleinteilig und verspielt. Stets tauchten zwischen den schon vorhandenen großen Rasenflächen und Durchsichten Sondergärtchen, Teiche und verschiedenste Parkbauten auf. Prinz Ferdinand ließ Pavillons, Brücken und andere Kleinarchitekturen bauen.

Der Exerzierplatz, nordöstlich am Tiergarten gelegen, wurde am 27. September 1788 zum Schauplatz eines denkwürdigen Ereignisses. Hier stieg zwei Jahre nach dem Regierungsantritt Friedrich Wilhelms II. zum ersten Mal in Berlin ein mit Wasserstoff gefüllter Freiluftballon auf. Er wurde von dem Pariser »Aeronauten« Jean-Pierre Blanchard (1753–1809) gelenkt. Die Truppen mussten den Platz absperren, um den sich eine riesige Menschenmenge drängte. Auch der Hof war erschienen, für den eine besondere Loge neben den 4 000 Sitzplätzen aufgebaut wurde. Nachmittags um 15 Uhr stieg der schwarz-gelb gestreifte Ballon auf und landete nach einer Dreiviertelstunde Fahrt bei Buch nördlich von Berlin. Mehrere Berliner Wissenschaftler hatten zuvor erfolglos versucht, einen Ballon zu konstruieren, um über die Stadt zu fahren. Kurzfristig kamen danach bei den Damen ballonartige Hüte, an denen kleine Gondeln hingen, in Mode. Der Ballonplatz im Berliner Stadtteil Karow erinnert heute an den Flug des Franzosen.

Gegen Ende des 18. Jahrhunderts war von Knobelsdorffs Maßnahmen, abgesehen von den Grundzügen des Wegesystems, kaum noch etwas erkennbar. 1792 erhielt der Tiergarten seine erste Anlage im neuen landschaftlichen Stil. Im Winkel zwischen Kleistensallee und der Kleinen Sternallee legte Hofgärtner Justus Ehrenreich Sello (1758–1818) die »Neue Partie« an. Einer der Wasserläufe, die hier den Park durchzogen, wurde zu einem langgestreckten See mit leicht geschwungenen Umrisslinien erweitert. Im südlichen Teil erhielt er eine Insel, für deren Gestaltung 1797/98 die Ruhestätte Jean-Jacques Rousseaus im Park von Ermenonville bei Paris als Vorbild diente. »Unsere Rousseau-Insel, um die wir ruderten und Schlittschuh liefen und sie bei ihrem Namen nannten, lange ehe wir wußten, von wem sie ihn hatte« (Franz Hessel, 1880–1941).[31] Der Schriftsteller und Übersetzer wohnte 1928 nach seiner Rückkehr aus Paris in der Friedrich-Wilhelm-Straße 15 a (heute: Klingelhöferstraße). Für Rousseau stellte man zum Gedenken eine Urne auf einem hohen Postament auf, die später, zur 750-Jahr-Feier Berlins, durch eine dreiteilige Säule ersetzt wurde. Sello veränderte die spätbarocken Anlagen seines Vorgängers im Sinne des neuen, an England orientierten Ideals eines Landschaftsparks.

Der Philosoph Walter Benjamin (1892–1940), geboren am Magdeburger Platz südlich des Landwehrkanals, schrieb in *Zwei Blechkapellen* (1932–1934/1938) über das Gewässer im Winter, das bekannt war wegen seiner Eisbahn mit Buden und Musik: »(Eine andre Blechmusik) lockte von der Rousseau-Insel und beschwingte die Schlittschuhläufer auf dem Neuen See zu ihren Schleifen und zu ihren Bögen. Auch ich war unter ihnen (…). Durch ihre Lage war diese Eisbahn keiner andern zu vergleichen und mehr noch durch ihr Leben in den Jahreszeiten. Denn was machte der Sommer aus den andern? Tennisplätze. Hier

In Anwesenheit Tausender Schaulustiger stieg Jean-Pierre Blanchard 1788 über dem Exerzierplatz am Tiergarten mit seinem Heißluftballon auf.

jedoch erstreckte unter den weit überhängenden Ästen der Uferbäume sich derselbe See, der mich gerahmt, im dunklen Speisezimmer bei meiner Großmutter erwartete. Denn man malte ihn damals gern mit seinen labyrinthischen Wasserläufen. Und nun glitt man beim Klang eines Wiener Walzers unter den gleichen Brücken hin, an deren Brüstung gelehnt im Sommer man der trägen Fahrt der Boote durch das dunkle Wasser zusah. Verschlungene Wege gab es in der Nähe und vor allem die abgelegenen Asyle – Bänke ›nur für Erwachsene‹. Das Rondell der Buddelplätze war damit bestellt, in deren Mitte die Kleinen wühlten oder sinnend standen, bis eins sie anstieß oder von der Bank das Kindermädchen rief, das hinterm Wagen gelehrig seine Schmöker las und beinah ohne emporzusehen das Kind in Zucht hielt.« Für Benjamin war der Tiergarten der »heilige(n) Hain der Flanerie mit seinen Blicken auf die sakralen Fassaden der Tiergartenvillen, die Zelte, in denen man während des Jazz das Laub schwermütiger als sonst zu Boden sinken sehen kann, den Neuen See, von dem hier die Buchten und Bauminseln in Gedanken gezeichnet sind«.[32]

Ein Reisender befand über den Tiergarten 1792 hingegen ziemlich gnadenlos: »Einige Wege dienen blos zum Fahren und zum Reiten (und aus diesen steigen beständig von den vielen hundert Chaisen und Reitern ganze Wolken von Staub auf), andre blos zum Gehen. (...) Bei dem Eingang (um den es aber zuweilen äußerst schmutzig ist) steht die schönste Statue des Apolli«.[33] Gegen den Staub wurde eine Verordnung erlassen, die das Fahren und Reiten auf einigen Alleen einschränkte.

»Wolken von Staub« wirbelte auch noch immer der tiefe Sandweg der Straße nach Charlottenburg auf. 1798/99 wurde er zu einer Chaussee ausgebaut und heißt seitdem Charlottenburger Chaussee. In der Mitte war sie befestigt, links und rechts blieben sogenannte Sommerwege.

1808 widmeten angesehene Bürger und Bewohner der Tiergartenstraße der im Folgejahr aus Königsberg heimkehrenden Königin Luise einen Denkstein. Er sollte auf einer später nach ihr benannten Insel im südöstlichen Tiergarten in der Nähe der Tiergartenstraße stehen. In dieser Gegend ging die Königin immer gern spazieren. Später verlegte man den Denkstein, der heute nicht mehr besteht, in die Nähe des Standbildes der Königin Luise.

Infolge der Napoleonischen Kriege befanden sich die Berliner Parkanlagen und damit auch der Tiergarten in einem verwahrlosten Zustand. Aus Bonn bewarb sich der Gartenkünstler Peter Joseph Lenné um eine Stelle am preußischen Hof. Im Februar 1816 erhielt er eine Gehilfenstelle in Potsdam, nach genau zwei Jahren wurde er in der »Königlichen Gartendirektion« angestellt und trug den Titel »Garteningenieur und Mitglied der Gartendirektion«.

Sein Biograf Heinz Ohff beschrieb Lenné als einen sehr geselligen Menschen. Er umgab sich gern mit seinen Kollegen, und »dann gab es bei den Lennés Tanz, Gesang und Frohsinn, wurden Theateraufführungen veranstaltet und Landpartien arrangiert mit einem eigenen Küchenwagen, der die leiblichen Genüsse – nicht zuletzt den Wein aus Lennés berühmtem Keller – den Ausflüglern nachfuhr. (...) Da er jede Woche ein, zwei Tage in Berlin sein musste,

Auf der Rousseauinsel. Teilweise mit der Feder überarbeitetes Foto des Ölbildes von Lesser Ury, 1889

hatte sich der Gartendirektor, auch schon ehe er sich ein eigenes Haus bauen ließ, im Tiergarten eine Art Absteigequartier geschaffen mit einigen gemütlich eingerichteten Zimmern.« Die Sängerin Therese Devrient (1803–1882) berichtet in ihren *Jugenderinnerungen*: »Von einem neuen Gedanken belebt, kam Frau Lenné eines Morgens zu uns, sie wollte bei sich Komödie spielen lassen, worauf auch ihr Mann sich ganz besonders freue und sie ermutigt hätte, Eduard (ihren Mann, H. N.) zu bitten, dies Unternehmen zu leiten. Eduard war gern bereit. Sein

Vorschlag, ein kleines Stück des dänischen Dichters Holberg ›Der geschwätzige Barbier‹ zu geben (...) wurde mit Freuden angenommen (...). Das Stück brachte die Gesellschaft in die heiterste Stimmung, die sich auch nachher bei dem trefflichen Souper erhielt. Auch die Arbeiter und die Dienerschaft in der Küche hatten bei einem Fäßchen Bier und kräftiger Kost einen frohen Abend.«[34] Peter Joseph Lenné war vielseitig interessiert, bei ihm verkehrten Männer und Frauen aus fast allen Wissens- und Schaffensgebieten.

Im Jahr 1818 reichte Lenné, ohne dass er vom König dazu beauftragt war, einen Plan für die Neuanlage des Tiergartens ein. Er übernahm das barocke Alleensystem und wollte die dichten Waldbereiche durch Wiesen auflockern. Zur Bedeutung der regelmäßigen Gestaltungsweise im Tiergarten als eines Volksgartens schrieb Lenné bezogen auf den Bereich zwischen Brandenburger Tor und den Zelten: »Der zwischen diesen Alleen gelegene Raum ist gleich den anderen Tiergartenanlagen nach französischer Art mit Alleen durchschnitten, Symmetrie und ängstliche Regelmäßigkeit läßt der Abwechslung und Freiheit keinen Raum. Obwohl ich weit davon entfernt bin, alle Regelmäßigkeit aus öffentlichen Spaziergängen oder Volksgärten verbannen zu wollen, man verlangt in diesen Gärten das Vergnügen der Gesellschaft und den Anblick anderer Umhergehender zu genießen; man will sich sehen und finden, und hierzu sind offene, breite, gerade und sich durchkreuzende Alleen nötig. Ich habe aus dieser Überzeugung alle passenden Alleen (...) beibehalten.«[35]

Die tiefer gelegenen Flächen wollte Lenné durch Wasserzüge mit teichartigen Erweiterungen, verbunden mit der Spree und dem Landwehrkanal, entwässern. Am Wasser entlang und in bisher unwegsame Waldbestände hinein sollten Spazierwege führen. Der Eingang am Brandenburger Tor wurde im Plan durch einige konzentrisch angeordnete Baumreihen betont, die einen großen, schattenreichen Hain bildeten. Dieses mit Bänken ausgestattete Wäldchen war zur Aufnahme einer großen Besucherschar gedacht, die sich von hier aus auf den Wegen verteilen sollte. Dort und an weiteren wesentlichen Orten sollten Denkmäler an die Freiheitskriege erinnern. Dieser erste Lennésche Tiergarten-Entwurf zeigt allerdings noch kein besonders großzügiges System. Nur einige lange, aber schmale Durchsichten sind erkennbar. Für Lenné war der Tiergarten zu wild, zu sumpfig, zu dunkel, um als Bürgerpark zu gelten. Er schrieb: »Das Innere des Waldes liegt (...) ungenutzt da, nur hin und wieder irrt ein Einsamer auf den schmalen Pfaden umher (...) Keine sonnigen Gänge und wenig lichte Plätze, die doch in unseren Frühlings- und Herbst-Tagen so großes Bedürfnis sind. Die wenigen breiten Wege, auf denen man noch etwas von freier Luft wie Sonnenschein erhaschen kann, werden wiederum an schönen und festlichen Tagen in anderen Beziehungen durch die hier zusammengedrängten Volksmassen ungenießbar (...) Den Hauptgegenstand der neuen Anlagen bieten die großen Wasserzüge dar. Vor allem muß der Park gesund sein, daß er benutzt und genossen werden kann.«[36] Der Tiergarten erfuhr noch zu wenig Publikum. Lenné führte diese Situation vor allem auf die wegen des sumpfigen Geländes ungesunden klimatischen Verhältnisse sowie die zu dichten Gehölzbestände in

Blick vom Brandenburger Tor in die Charlottenburger Chaussee, 1829

der Waldmitte zurück. Auf dem Großen Stern entfernte Lenné 1829 die Reste der dort stehenden »Puppen« und beließ den Platz als einfaches Baumrondell.

Seinen Plan genehmigte der stets zaudernde und geizige König Friedrich Wilhelm III. jedoch nicht. Abschlägig wurden auch alle Anfragen entschieden, Getränkepavillons aufzustellen. Am Brandenburger Tor verkauften Buden Essbares, aber auch Bier und Branntwein. Bei Konflikten mit Betrunkenen musste die Torwache eingreifen, was zum Abriss der Buden führte. Erlaubt war hingegen ein fliegender Verkauf von Gebäck, das Rauchen im Tiergarten war wiederum untersagt. Das aus dem Jahr 1787 stammende Verbot fiel erst durch die Märzstürme des Jahres 1848.

Vor der Stadtmauer, am östlichen Rand eines großen Exerzierplatzes, stand Berlins erster fester Zirkusbau, ein hölzerner Rundbau, den 1821 der Zimmermeister Gustav Friedrich Richter auf einem gepachteten Grundstück errichtete und leitete. Er nannte sich »Disponent des Thiergarten-Circus«. Im Gegensatz zu den später innerhalb der Stadtgrenzen entstehenden Zirkusbauten war dieser nicht für einen einzelnen Zirkus gedacht, sondern diente zunächst Kunstreitergesellschaften und danach »wandernden« Schaustellern als Veranstaltungsort. Das ganze Jahr über wurde hier ein vielfältiges Programm geboten mit Kunstreitern, Seiltänzern, Dompteuren, auch Ausstellungen von Menagerien und Panoptika. Die Berliner nannten den Zirkus »Richter'scher Zirkus«, nach 1840 unter einem neuen Besitzer vorübergehend »Circus olympicus«, schließlich nach seinem Standort »Zirkus vor dem Brandenburger Tor«. Bis 1846 blieb der Zirkus in Betrieb und brannte dann während der unruhigen Märztage 1848 ab.

SCHLOSS BELLEVUE

Nach Knobelsdorffs Tod 1753 gelangte sein Anwesen am Tiergarten über einen Kaufmann und Weinhändler 1758 an den Gastwirt Esaias Dortu. Sechs Jahre später wechselte der Besitzer erneut; dieser ließ ein langgestrecktes Fabrikgebäude errichten, in dem er feines Juchten- und Maroquinleder produzierte. 1784 schließlich kaufte Prinz Ferdinand von Preußen (1772–1806) das Grundstück. Er übernahm Knobelsdorffs Landhaus, ein Wirtschaftsgebäude nebst Scheune und die Fabrik. Für den Bau seines königlichen Lustschlosses beauftragte der pragmatische und sparsame Prinz den bislang wenig profilierten Architekten Michael Philipp Boumann (1747–1803), der zuvor noch kein eigenes Gebäude errichtet hatte, später aber unter anderem das Schloss Pfaueninsel entwarf.

Der Prinz traf mit dem Grundstückskauf eigentlich eine gute Entscheidung: eine landschaftlich schöne Umgebung, die Lage außerhalb der Stadt direkt an der Spree, wie auch das Stadtschloss und die Schlösser Monbijou und Charlottenburg. Zwar grenzte das Areal auf der einen Seite an den Tiergarten, auf der anderen Seite lag es aber frei, nur umgeben von Äckern und Wiesen. Doch offenbar bedeutsamer war die Lage des zukünftigen Schlosses an einer bereits existierenden Achse. Als Erstes wurde die am Leipziger Platz beginnende Potsdamer Allee (später: Bellevueallee) verlängert. Heute eine Promenade, war die Allee bis vor Ende des Zweiten Welt-

Schloss Bellevue auf einem Stahlstich von Finden nach Loeillot, 1833

kriegs auch befahrbar. Alle auf dem Schlossareal vorhandenen Gebäude standen entweder parallel oder rechtwinklig zu- einander und beeinflussten dadurch maßgeblich das Aussehen und die Lage des neuen königlichen Lustschlosses. Mit der verlängerten Allee fügten sie sich ideal zusammen. Sie traf fast genau auf die Mitte des Leerraums zwischen Scheune und Fabrik. Würde man also ein Schloss zwischen diese beiden Bauten platzieren, wäre es in seinem Zentrum Zielpunkt dieser Achse, ganz so, wie es die Stadt- und Schlossplanung vor allem im Barock als Ideal vorsah. Prinz Ferdinand notierte am 19. März 1785: »Es verbleibet bey dem Platz, den Ich zwischen dem Fabriquen-Gebäude und der Meyerey-Scheune gewählt habe, worauf also das Haus zu stehen kommt, und der Bau, sobald es die Witterung zulässet, anzufangen ist.«[37]

Das von Boumann entworfene Gebäude verband Fabrik und Scheune miteinander. Der sparsame Prinz wollte offenbar die Gebäude, wenn eben möglich, in die Schlossnutzung einbeziehen. Das Fabrikgebäude wurde als Spreeflügel des Schlossneubaus in die Anlage integriert. An der Stelle der abgerissenen Scheune entstand der Damen- oder Kastellanflügel. Er korrespondierte spiegelbildlich mit dem Spreeflügel. Mit dem Hauptgebäude und den beiden einen Ehrenhof umschließenden Seitenflügeln entstand 1785/86 Bellevue. Der neue Bau entsprach insgesamt dem traditionellen, klassischen Schlossgrundriss nach französischem Muster. Der Eingang zum Hauptgebäude lag damals jedoch nicht im Mittelrisalit, sondern in den Seitenrisaliten. Oben auf dem Schloss standen drei schlanke, weibliche Statuen als Allegorien der Jagd, des Ackerbaus und der Fischzucht.

Als Prinz Ferdinand das Gelände übernahm, bestand es eigentlich aus zwei Bereichen: die teils schon parkähnlich umgestaltete ehemalige Maulbeerbaum-Plantage und südlich davon, in Richtung Großer Stern, der Nutz- oder Küchengarten. Der Weg entlang der Spree, der als Treidelweg der Schiffer traditionell öffentlich zugänglich war, lag fortan im privaten Schlosspark des Prinzen. Es wurde nun geklagt, dass wegen des Prinzenparks ein Spaziergang auf dem Treideldamm nicht länger möglich sei. Zur Lösung wurde ein neuer Weg angelegt, der das Grundstück in einem großen Bogen umrundete. Schließlich musste Ferdinand doch einlenken und das Treideln auf seinem Grundstück gestatten. Ab 1800 war der Park Bellevue für das Publikum vorübergehend geöffnet, nur der Obst- und Gemüsegarten blieb wegen der Diebstahlgefahr verschlossen. Denkmäler oder vielmehr »Denksteine« bereicherten den Park. Sie erinnerten an bedeutsame Menschen, Verwandte und Freunde der Familie wie der Leibarzt, der Hofmarschall oder eine Erzieherin.

Um sanfte Übergänge zu schaffen, hat man den Park an manchen Stellen nicht mit Zäunen oder Mauern umgeben, sondern durch einen tiefen Graben abgegrenzt. Dieser sollte nicht zuletzt das Wild davon abhalten, hinüberzuwechseln. Aus der Ferne ließ sich keine Trennung zwischen der gestalteten Natur des Parks und der freien Natur der Umgebung erkennen – das eine ging fließend in das andere über und führte zum Erlebnis endloser Weite. Erst beim Näherkommen sah der Besucher den Graben und seine Trennfunktion. Ein solcher sogenannter Aha-Graben befindet sich auch heute vor dem Ehrenhof von Schloss Bellevue und erlaubt einen ungehinderten Blick die Bellevueallee hinunter.

Ganz anders als der Park erntete das Schlossgebäude viel Kritik. So hielt der preußische Kammerherr und Landhofmeister Ernst Ahasverus Heinrich Graf von Lehndorff (1727–1811), als er schon nicht mehr am Hof arbeitete, Bellevue insgesamt zwar für eine »possession agréable« (»angenehmer Besitz«). Gleichzeitig jedoch schränkte er bissig ein: »Alles macht einen soliden Eindruck und wäre bewundernswert als der Wohnsitz eines Edelmannes mit 10 000 Talern Rente, aber das hat nicht die Eleganz eines Hauses, das einem Prinzen gehört.«[38] Gegen die Schlossanlage spräche gerade der Spreeflügel, weil er den Blick auf den Fluss, »qui fait la beauté de ce local« (»der die Schönheit dieses Orts ausmacht«), verstelle. Um aus Gründen einer vermeintlichen Sparsamkeit das Fabrikgebäude zu erhalten, entständen andererseits immense und unnötige Ausgaben, wie Lehndorff anmerkte. Es gebe mehrere architektonische Mängel: Zwischen den Seitenflügeln und dem zentralen Hauptgebäude bestehe überhaupt kein Zusammenhang, weder baugeschichtlich noch strukturell noch stilistisch. Und die Achse der Bellevueallee ziele nicht exakt im rechten Winkel auf das Schloss und treffe dieses nicht im Zentrum des Mittelrisalits.

Um seine Gemahlin Prinzessin Luise zu erfreuen, ließ Ferdinand für sie 1799 am Küchengarten die »Métairie Louisa« bauen, Friedrich Gillys letzter ausgeführter Entwurf. Eine solche Meierei war vor allem in Frankreich in Mode gekommen. Der Bau umfasste vier Kuhställe, die Prinzessin (»Zurück zur Natur!«) sollte selbst die Kühe melken.

Da das Prinzenpaar oft auch im Winter auf seinem Landsitz wohnte, fanden auf Bellevue große Feste statt. Das Schloss entwickelte sich zu einem Mittelpunkt der Berliner Geselligkeit. Jeden Montag fand ein Jour fixe statt, regelmäßig kam ein größerer Kreis zusammen, und abends war große Gesellschaft. Vor dem Essen wurden einige Partien Casino gespielt. Das im 17. Jahrhundert in Frankreich entstandene Kartenspiel war ein beliebter Zeitvertreib.

Nach dem Tod Ferdinands bewohnte sein jüngster Sohn Prinz August von Preußen (1779–1843), Chef und Reformer der preußischen Artillerie, das Schloss. Im Park ließ er Pfauen und Hirsche aussetzen. Der Zugang war dem Publikum ab 14 Uhr weiterhin gestattet, nur Handwerksburschen, Livreebedienstete und schlecht gekleidete Personen mussten draußen bleiben. Sie wurden, so lautete die Anweisung, »in höflicher Weise« zurückgewiesen. Das Rauchen, das Mitbringen von Essen und Getränken und das Betreten des Küchen- und Obstgartens waren verboten. »Ich habe mißfällig bemerkt«, lässt August im Juni 1817 verlauten, »daß sich im Garten von Bellevue bis spät Abends Menschen aufhalten, wodurch Excesse mancherlei Art befördert werden«. Fortan war »das Promenieren im Bellevue=Garten« nur noch bis Sonnenuntergang, in den Sommermonaten bis 20 Uhr, erlaubt.[39]

Auch den Architekten Karl Friedrich Schinkel (1781–1841) beschäftigte Bellevue. Prinz August wünschte sich 1823 von ihm eine Vereinheitlichung der Seitenflügel. Als aber dem sparsamen Prinzen die Ausführung der Architektenentwürfe zu teuer war, empfahl Schinkel, den Spreeflügel ganz wegzubrechen und dem Schloss das Schönste seiner Lage zu geben, nämlich den Blick hinaus über den Fluss und vom Wasser her auf das Schloss. »Nach dieser Idee«, schrieb Schinkel, »würde künftig der (schmale Seiten-)Giebel des Schlosses gegen das Wasser hin die Hauptfassade bilden, indem ein Portikus davor gebaut würde.«[40] Prinz August nahm, wenig überraschend, diese weitreichenden Pläne nicht an.

Im Winter 1844/45 bot Bellevue eine Sensation, als König Friedrich Wilhelm IV. (1795–1861) im Garten eine russische Rutscheisbahn eröffnete. Vier Eisbahnen verliefen auf der Allee und führten von der Schlossterrasse zur Spree. War der Fluss zugefroren, wurde die Rutschpartie noch verlängert. Wer die Bahn nutzen wollte, musste sich bei Hofe vorstellen. Ebenfalls 1844 ließ der König in einem Flügel des Erdgeschosses das erste Museum für zeitgenössische Kunst in Preußen einrichten. Aus dieser »Vaterländischen Galerie«, die eine Sammlung von 128 Werken aus den verschiedensten Schlössern umfasste und die bis 1865 existierte ging die spätere Nationalgalerie hervor. In den folgenden Jahren wohnte der König wiederholt für kürzere Zeit in Bellevue, der größte Teil der Räume wurde an verschiedene Persönlichkeiten des öffentlichen Lebens und der Armee vermietet. Erst Kaiser Wilhelm I. und Kaiserin Augusta (1811–1890) bewohnten das Schloss wieder zeitweise. Die Frau Wilhelms I. besuchte in den 1880er-Jahren im Winter und Frühjahr häufig zur Mittagszeit den Park. Um der gebrechlichen Dame auch an kalten Wintertagen eine geschützte Promenade zu ermöglichen, wurde für sie ein mit Koniferen bepflanzter Weg angelegt. Ein seitlich installiertes Geländer gab der alten Dame Halt.

Nach dem Regierungsantritt Wilhelms II. im Jahr 1888 wurde Bellevue von den Söhnen des Kaiserpaares genutzt. Nachdem der Kaiser zunächst die Wohnungen an das Wassernetz anschließen und alle Räume winterfest machen ließ, begann 1893

Rutschvergnügen im Schlosspark. Lithografie, 19. Jahrhundert

eine umfassende, mehrere Jahre dauernde Erneuerung des Baus. Danach hatten die Seitenflügel auf allen Seiten gleiche Fassaden und, dem Hauptgebäude angepasst, eine einheitliche Bedachung.

Im November 1927 bezog der Regisseur Max Reinhardt (1873–1943) das Gartenhaus von Knobelsdorff. Der Direktor des Deutschen Theaters ließ dazu die Wohnung erweitern, später kamen im Stallgebäude drei Zimmer mit Küche, Speisekammer und zwei Bäder sowie eine Garage hinzu. Das ursprüngliche, bescheidene Landhaus Knobelsdorffs verwandelte sich damit in eine ansehnliche Residenz.

Im November 1935 zog das Staatliche Museum für Deutsche Volkskunde in das Schloss Bellevue ein. Aber schon drei Jahre später entschied Adolf Hitler, dass Bellevue das neue Gästehaus der Regierung werden sollte. Der Architekt Paul Baumgarten (1900–1984), der später das Reichstagsgebäude wieder aufbaute, verlegte dabei den Haupteingang in die Gebäudemitte. Baumgarten schuf später auch den Konzertsaal der Hochschule der Künste. Außerdem empfahl Otto Meissner (1880–1953), Präsidialkanzler des Führers und Reichskanzlers, einen Anbau an das Schloss, unter anderem für seine Dienstwohnung. Dazu wurden das Stallgebäude und das Gartenhaus abgerissen. Meissner musste seine Räume im Reichspräsidentenpalais für Außenminister Joachim von Ribbentrop hergeben. Der sogenannte »Meissner«-Flügel, 1939 fertiggestellt und nach dem Zweiten Weltkrieg ausgebrannt wieder abgerissen, ist im Grunde unbekannt. Und ein weiterer Neubau entstand im Schlosspark: das Ersatzgebäude für Knobelsdorffs ehemaliges Gartenhaus. 1939 zog der Filmschauspieler Gustav Gründgens (1899–1963) in die einstöckige Villa mit Mansarddach ein, die aussah wie ein üppig ausgestatteter Herrensitz.

Warum aber die Umgestaltung von Bellevue zu einem Gästehaus? Warum das Wohnhaus für Gründgens? Speer plante den Großen Stern als ein »Forum des alten Reiches«, parallel zum neuen »Forum des Großdeutschen Reiches« im Spreebogen. Die Arbeiten begannen gleichzeitig mit den Vorbereitungen für den Bellevue-Umbau im April 1938. Rund 25 000 Quadratmeter Parkgelände wurden für die Erweiterung der Ost-West-Achse und des Rondells Großer Stern geopfert. Das übergroße Bismarck-Denkmal fand seinen Platz im Park, es steht auf der Wiese, die als verlängerte Hofjägerallee eine wichtige Sichtachse im Park bildet.

In der Nachkriegszeit setzte man wegen der Wohnungsnot zunächst die weniger beschädigten Seitenflügel des Schlosses instand. 1954 wurde der Wiederaufbau von Bellevue beschlossen, aber was sollte man zukünftig mit dem Gebäude anfangen? Die Entscheidung, das Schloss als zweiten Amtssitz des Bundespräsidenten zu nutzen, fiel 1957. Sein Büro liegt teils hinter der fünfachsigen Rücklage der linken Gartenfront. Im zweiten Stock des Südflügels gab es für ihn lange Zeit eine recht bescheidene 95-Quadratmeter-Wohnung.

Nach der Entscheidung des Bundestages, dass Berlin wieder Hauptstadt wird, verlegte Bundespräsident Richard von Weizsäcker (1920–2015) im März 1994 als erstes Verfassungsorgan des Bundes seinen ersten Wohn- und Arbeitssitz an die Spree. Für die rund 150 Mitarbeiter entstand im Park ein 1998 fertiggestellter elliptischer Neubau.

Verkleidet als niederländische Königin Beatrix, gelang es dem Komiker Hape Kerkeling im Jahr 1991, vor Eintreffen der echten Königin am Schloss Bellevue vorzufahren. Auch das präsidiale Wort von der »Bruchbude« (Roman Herzog, 1934–2017) hatte einen wahren Kern: Beim Wiederaufbau wurden die unterschiedlichsten greifbaren Materialien verwendet, doch zerbröselten diese mit der Zeit. Außerdem ließ sich die Quelle einer Geruchsbelästigung, etwa beim Besuch des belgischen Königs, trotz intensiver Suche nicht entdecken. Auch der Strom fiel hin und wieder aus, wie beim Besuch der norwegischen Königin, als man am Abend bei Kerzenschein zusammensaß. Der winzige Zwei-Personen-Aufzug blieb gerne einmal stecken, auf der Wasserlei-

tung war oft kein Druck. Herzog: »Mal haben Sie Heizung, mal Wasser, aber Abwasser haben Sie immer.« Im Sommer mutierte Bellevue regelmäßig zur nobelsten Sauna der Stadt und brachte im Sommer 2002 sogar die durchtrainierten Sportler der Fußball-Nationalmannschaft ins Schwitzen. In den Jahren 2004/05 fand eine umfassende Generalsanierung statt. Der Präsident bezog eine Residenz in Dahlem, wo sich seitdem seine Dienstwohnung befindet. Roman Herzog war der einzige Bundespräsident, der in Schloss Bellevue auch wohnte.

Schloss Bellevue heute

BRANDENBURGER TOR

Nach dem Vorbild der Propyläen, dem Vorbau am Aufgang zur Akropolis im antiken Athen, entstand zwischen 1789 und 1793 das heutige Brandenburger Tor nach Entwürfen von Carl Gotthard Langhans (1732–1808). Langhans war Leiter des Oberhofbauamtes Friedrich Wilhelms II. Sowohl von der baulichen Anlage der Flügelbauten als auch von der schmückenden Ausstattung her war das Tor zum Stadtinneren ausgerichtet. Es sollte somit als Triumphtor nicht dem Ankommenden, sondern dem in der Stadt Wohnenden die Herrschermacht verdeutlichen. Die Schauseite des Brandenburger Tors war der Ausrichtung des griechischen Originals entgegengesetzt: »Die Repräsentation ist nicht, wie traditionell in der Stadtbaugeschichte, dem Besucher gewidmet, sondern dem Bewohner. (…) Aber in beiden Fällen, in Athen und Berlin, ist das Tor auf die Stadt hin orientiert.«

Die Flügelbauten stellen nicht nur den Übergang zwischen dem Tor zur angrenzenden Bebauung her, sondern bilden durch ihre vorgezogene Position eine Art barocken Ehrenhof. Der König forderte, »die großen und schönen Partien der Stadt und des daran liegenden Thiergartens dergestalt miteinander zu verbinden, dass dem Thor soviel möglich freye Öffnung und viel Durchsicht gegeben werde.« Langhans musste deshalb verschiedene Veränderungen gegenüber dem Vorbild vornehmen, zum Beispiel ließ der höher liegende Architrav genügend freien Blick auf den Horizont.

Im Grunde funktioniert das Brandenburger Tor nach dem gleichen Prinzip wie sein antikes Vorbild: Es ist ein Bauwerk für die Bürger, das sich diesen mit seiner Schauseite zuwendet: »Ebenso wie die Propyläen den Zugang nicht nach Athen, sondern in den Tempelbezirk der Akropolis bilden, führt auch das Brandenburger Tor nicht in die Stadt, sondern aus dieser hinaus in den Tiergarten.« Ein ähnliches Erlebnis wie den Bürgern Athens, bevor sie das Heiligtum der Akropolis betraten, bietet sich den Bürgern der Stadt Berlin, wenn sie nach dem Durchschreiten des Tors den Tiergarten erreichen. Nach dem Historiker Laurenz Demps (* 1940) markierte das Bauwerk nicht länger das Ende der Stadt, sondern öffnete diese zur Landschaft hin: »Die starren Grenzen zwischen Stadt und Umland wurden so aufgehoben und der Spaziergänger aufgefordert, sich zu zeigen, Kammer und Salon zu verlassen, in die Öffentlichkeit zu treten und Öffentlichkeit zu sein.«

Das Brandenburger Tor ist das einzige erhaltene von ursprünglich 18 Stadttoren und war schon bei seiner Errichtung das Bedeutendste, durch das man über die vornehmste Straße der Stadt, Unter den Linden, zum Schloss gelangte. Es besitzt den Charakter und die Funktion eines monumentalen Stadteingangs, auch wenn die Stadt längst darüber hinausgewachsen ist. Der Platz auf der Westseite des Brandenburger Tors weist noch die ursprüngliche Halbkreisform auf, die er nach der Anlage des Quarrees (heute: Pariser Platz) auf der anderen Torseite erhalten hatte; von ihm führten drei Wege in Form eines Patte d'oie (Gänsefuß) in den Tiergarten. Zu einer Gestaltung des Platzes kam es erst 1875/76 im Zug der Errichtung der Siegessäule auf dem Königsplatz und dem Ausbau der Friedensallee. Die auf die Planung des damaligen Königlichen Gartendirektors und Direktors des Großen Tiergartens, Eduard Neide (1818–1883), zurückgehende Ausschmückung mit Springbrunnen und die 1903 von

Ernst von Ihne (1848–1917) geschaffenen Denkmalanlagen in neobarocker Form wurden im Zweiten Weltkrieg stark beschädigt und später abgeräumt. E. T. A. Hoffmann beschrieb in einer Erzählung die Frechheit der »kleinen Bestien von Straßenbuben«, die den Spaziergängern am Pariser Platz auflauerten, um ihnen »Glimmstengel avec du feu« zu verkaufen oder sie anzubetteln. Der Schriftsteller streifte zuvor im Jahr 1808 mittellos, verzweifelt und halb verhungert durch den Tiergarten, »wo mir seit einiger Zeit die einsamen Partien sehr lieb sind, indem mich Lichtenbergs Abhandlungen von lichtscheuen Hasen und dergleichen jetzt etwas näher angehen als sonst«. Mit dem Mauerbau 1961 wurde der Platz in den Grenzstreifen einbezogen, heute wird er zur Tiergartenseite hin wieder halbkreisförmig von Linden gefasst. Hoffmann begrub bei dem nicht weit entfernten Goldfischteich, als der noch ein »Karpfenteich« war, seinen »theuer geliebten Zögling den Kater Murr«, wie einer Traueranzeige vom 1. Dezember 1821 zu entnehmen war.

Der Pariser Platz vor dem Brandenburger Tor. Kolorierte Lithografie von Forst nach Schmidt, um 1820

TORWAGEN UND KREMSER

Mit dem Chausseebau erhöhte sich auch der Verkehr der sogenannten Torwagen, die vom Brandenburger Tor nach Charlottenburg und eine Zeit lang bis nach Spandau fuhren. Die erstere Verbindung entwickelte sich am stärksten, da dieser Ort ein beliebtes Ausflugsziel der Berliner war. 1811 gab es 42 »Fuhrleute auf der Chaussee«, meist Charlottenburger Ackerbürger. Zum Teil waren es elende Fuhrwerke mit entsprechenden Pferden (»klapperdürr und mit hängendem Kopf«) und Kutschern. Die Torwagen stellten offene Pferdekutschen dar, die mehr Personen aufnehmen konnten als Droschken: Auf sechs Doppelsitzen konnten bis zu zwölf Fahrgäste in den einfachen Korbwagen Platz nehmen. Die Torwagen durften nur den Verkehr von den Stadttoren in die Vororte Berlins bedienen, so kamen sie auch zu ihrem Namen. Eine Fahrt in die Stadt hinein war verboten.

Die Fahrzeuge waren jedoch unzuverlässig, denn sie wurden gleichzeitig auch für die Landwirtschaft genutzt. Während die Wagen sonntags in langen Reihen am Brandenburger Tor bereitstanden, war wochentags manchmal kein einziges Fahrzeug zur Verfügung. Auch fuhren die Wagen erst dann ab, wenn alle Plätze besetzt waren, daher auch die Redensart: »Kommen se man ran Herr Baron, et fehlt blos noch eene lumpichte Person.«

Im Jahr 1822 war die Höchstzahl von 550 Torwagen erreicht. Ab 1825 wurden zusätzlich die Wagen des Fuhrunternehmers und preußischen Hofrats Simon Kremser (1775–1851) eingesetzt: Pferdewagen mit eisernen Achsen und Platz für vier bis acht Personen. Die ersten zehn Wagen wurden noch im Frühjahr am Brandenburger Tor aufgestellt. Eine Fahrt in den Kremsern war zwar teurer als in den Torwagen, aber sie hatten neben dem Komfort (Federung und Plüschsitze) den Vorteil, dass sie nach Fahrplan fuhren, auch wenn sie nicht voll besetzt waren. Kremser gilt als der Erfinder des Öffentlichen Personennahverkehrs (ÖPNV) in Berlin. Das Personal war zum Teil uniformiert, und es galten feste Fahrpreise – Standards, die bis dahin unbekannt waren. Der Fuhrunternehmer entwickelte die Torwagen zu überdachten Pferdeomnibussen weiter, welche zehn bis 20 Personen transportieren konnten. So boten die Wagen auch Schutz bei schlechtem Wetter. »Mit dem Kremser int Jrüne« wurde für die Berliner zum festen Begriff. Doch konnten die Berliner auch die Kremser nicht innerhalb der Stadt benutzen, sondern mussten erst einmal eine Droschke zum Brandenburger Tor nehmen und dort umsteigen. Erst 1829 änderte sich das. Da hatte Kremser aber sein Geschäft schon seit zwei Jahren aufgegeben und war fast mittellos nach Russland ausgewandert. Seine Fuhrwerke (»Kremser«) versahen bis zur Einrichtung der ersten öffentlichen Fuhrwerke (1839) bzw. der ersten Pferdebahnen (1865) den Personentransport zwischen Berlin und seinen Vorstädten.

Kremser, um 1850

Der Tiergarten wird zum Landschaftspark

Fast anderthalb Jahrzehnte nach Lennés erstem Tiergarten-Plan kam 1832 Bewegung in einen neugestalteten Tiergarten. Dazu trug offenbar auch ein Schreiben des früheren Leibarztes der Königlichen Familie an König Friedrich Wilhelm III. bei. Eine geordnete Grünanlage biete der Berliner Bevölkerung im Gegensatz zu einem verwilderten Tiergarten besondere medizinisch-hygienische Aspekte. Peter Joseph Lenné machte sich erneut an die Arbeit. Sein neuer Plan beließ in etwa die Grundstruktur der alten Alleen, jedoch entfielen die Bellevueallee sowie weitere kleinere Alleen. Der Gartenkünstler gestaltete das Wegesystem übersichtlicher, in weiten Bögen durchzogen die Spazierwege den Park. Alle Bereiche waren erschlossen, trotzdem zerfiel das Ganze nicht. Lenné vereinte die Wiesen und Lichtungen zu großen Auen und weiten Sichtachsen. Diese Großzügigkeit entstand auch durch zusammengefasste Gehölzkomplexe mit vorgepflanzten Einzelbäumen und ausgedehnteren Wasserflächen rings um den Großen Stern.

Gegenüber dem König ging Lenné inzwischen strategisch vor: »Der König ist gar zu sparsam, komme ich ihm mit großen Zeichnungen, so sagt er frisch weg: ›Lenné, das ist zu kostspielig.‹ daher habe ich mir vorgenommen, S. Majestät mit Miniaturblättern zu bedienen.«[46] Er zerlegte seinen Plan in sieben Teilabschnitte. Überall im Tiergarten begann Lenné damit, das versumpfte Gelände zu entwässern. Mit dem Aushubboden erhöhte er die umliegenden Flächen. Bei der Umgestaltung des Tiergartens war seine Handlungsfreiheit jedoch aufgrund der Einflussnahme Friedrich Wilhelms III. eingeschränkt. Dieser ordnete noch während des Bauablaufs Projektänderungen zur Kostenersparnis an. Er änderte mehrmals die Wegeführungen und ordnete die Erhaltung vorhandener barocker Elemente, darunter das Venusbassin und die Bellevueallee, an. Lenné

An der Siegessäule wimmelt es von Kutschen und Reitern. Kolorierter Holzstich von Hermann Lüders, um 1885

hatte oft die künstlerischen »Ideen des Kronprinzen in die Sprache des Fachmannes umzusetzen«.[47] Zum Beispiel lieferte Friedrich Wilhelm III. Ideen für eine langgestreckte »symmetrische Anlage«, den heutigen Rosengarten, mit regelmäßig gepflanzten Bäumen (›365 Bäume und ein Baum fürs Schaltjahr‹), die er eigenhändig in Lennés Plan eintrug. Diese Anlage wurde 1839 südlich der Charlottenburger Chaussee im Tiergarten eingefügt.

Die Gesamtpläne Lennés zeigen zwei Schwerpunkte der Gestaltung: zum einen die Gegend um den Neuen See mit der südlich angrenzenden Fasanerie und zum anderen den mittleren Teil zwischen Hofjäger- und Bellevueallee um die Rousseau-Insel. In beiden Bereichen war Wasser das wesentliche Element, und in immer neuen Varianten bemühte sich Lenné um die optimale Lösung: »Die Vereinigung von Wald und Wasser ist das Schönste, was die Natur und die Kunstschöpfung darzubiethen vermögen (…) mit den vielen seeartigen Becken, kleinen Inseln, anmuthigen Rasenkanten, den mannigfaltigen Anschwellungen und den reich gruppierten Baumparthien« zeige sich die Umgebung der Rousseau-Insel dem Spaziergänger. Mit den Wasserzügen korrespondierten ebenfalls mehrfach die Wege, und nur die Hauptalleen bilden das immer wiederkehrende Grundgerüst.

Lennés besonderes Interesse galt der südlichen Hälfte des Tiergartens, die von zahlreichen Landhäusern vornehmer Berliner gesäumt wurde. Nur dieses Areal hielt er für geeignet, mit einem langen geschwungenen Parkweg versehen

Bei Lennés Planungen spielte Wasser eine wichtige Rolle.

zu werden. Dieser Weg sollte vielfältige Blickbeziehungen auf die repräsentativen Villen und umgekehrt in den Tiergarten hinein mit der geplanten Seenpartie bieten.

Bürger, die in dem Park Spaziergänge unternahmen, ärgerten sich über zu schnell fahrende Kutschen und ebenfalls rücksichtslose Reiter. Sie berichteten Lenné auch von mit Wagen überfüllten Wegen, besonders bei schönem Wetter. Fortan waren die breiteren Reit- und Fahrwege und die schmaleren Spazierwege gesondert ausgeschildert. Lenné erschloss den Park in seinem neuen Plan systematisch durch zügig geführte Wege. Mit der Vollendung des Tiergarten-Umbaus zum Jahresende 1838 stieg auch wieder seine Besucherzahl.

Die Malerin und Schriftstellerin Marie von Bunsen (1860–1941), die 1937/38 in der Corneliusstraße 4 a am Landwehrkanal wohnte, schrieb: »Damals gab es noch die Tiergarten-Promenade; langsam und gut angezogen erging man sich dort, konnte darauf rechnen, bekannte Gesichter zu sehen. Da nahte sich die Königin (später Kaiserin, H. N.) Augusta und auch als Erwachsene war es nicht ganz leicht, die tiefe Verbeugung auszuführen. Denn der Zug nahte sich überaus langsam.«[48] Dem Zug aus Monarchin, Hofdamen und -lakaien konnte man im Tiergarten fast täglich begegnen, genau wie den Kutschen des Hochadels und der Diplomaten und dem spazierengehenden oder reitenden Kaiser, den eher das Spazieren bevorzugenden hohen Regierungsmitgliedern und Diplomaten, nicht zuletzt auch den eher reitenden Offizieren jeglichen Dienstgrades, vom Fahnenjunker bis zum General. Aber man begegnete auch vielen adligen wie bürgerlichen Damen, die ihre Pferde im nahegelegenen Tattersall (Luisenstraße, heute etwa Müller-Breslau-/Fasanenstraße) stehen hatten und für die es im Tiergarten eigene »Aufsitzsteine« gab, samt Reitknechtbegleitung.

Der französische Botschafter in Berlin, François-René de Chateaubriand (1768–1848), ging oft im Tiergarten spazieren. Hier traf er Friedrich Wilhelm III., der mit ihm freundlich plauderte, und genoss die Begleitung der Herzogin von Cumberland, der Schwester der Königin Luise und Witwe des Prinzen Louis, dem Bruder des Königs. Er beschrieb den Tiergarten, im Jahr 1850 veröffentlicht: »Was man in Berlin den Thiergarten nennt, ist ein Gehölz von Eichen, Birken, Buchen, Linden und holländischen Weißpappeln. (…) Im Parke selbst, durch welchen damals noch keine regelmäßigen Alleen geschlagen waren, sah man Wiesen, Gehege und Bänke von Buchenästen (…). Beim Herannahen des Frühlings krächzten Schwärme von Raben in den Kronen der Bäume (…) und schwarze Frösche wurden auf dem hier und da aufgethauten Wasser von Enten verschlungen; diese Nachtigallen eröffneten den Frühling in den Wäldern von Berlin. Der Park war jedoch auch von einigen hübschen Thieren bewohnt; Eichhörnchen spielten in den Zweigen oder am Erdboden und bildeten sich einen Baldachin aus ihrem Schweife. (…) Nur wenige Spaziergänger besuchten das Gehölz, dessen ungleicher Boden von Gräben durchschnitten und umgeben war. Zuweilen begegnete ich einem alten gichtbrüchigen Offizier, der sich ganz erwärmt und erheitert fühlte, wenn er mit mir von dem matten Sonnenstrahle sprach, unter dem ich vor Frost zitterte, indem er zu mir sagte: ›Es pfeift!‹ Dann und wann fand ich den fast blinden Herzog von Cumberland zu Pferde vor einer Silberpappel haltend, an die er sich gestoßen hatte. Einige sechsspännige Equipagen fuhren vorüber, darin saß entweder die Gemahlin des österreichischen Gesandten oder die Fürstin von Radziwill mit ihrer fünfzehnjährigen Tochter.«

Der Schweizer Schriftsteller Gottfried Keller (1819–1890) lebte ab 1850 für fünf Jahre in Berlin. Er erlebte hier eine seiner vielen unglücklichen Lieben, trank viel, prügelte sich und bekam Ärger mit der Polizei. Keller besuchte eine Vorlesung von Wilhelm Grimm (1786–1859) an der Universität, und seinem Bruder Jacob (1785–1863) »im rostbraunen Rocke begegnete er fast alle Tage im Tiergarten auf seinen einsamen Gängen«. Den Tiergarten suchte er laut eigenem Versbekenntnis von 1854 gerne auf:

»Ich bin ein Fremder hier zu Lande,
Wo Krongewalt herrscht allerwärts,
Mich binden nicht die starren Bande,
Doch dieser Hain erfreut mein Herz!

Um dieses grünen Lebens willen,
Um dieser Weiher sanfte Flut,
Um diese ruhgewiegten, stillen
Baumwipfel in der Abendglut,

Um diesen tiefen milden Frieden,
Den mir ein braver Toter beut*,
Sei ihm ein voller Dank beschieden
Des Herzens, das dies Grün erfreut!«[49]

In der Tiergarten-Literatur vor allem des 19. Jahrhunderts begegnet man der Parkanlage auch als Ort der Verführung. Davon erzählen fallengelassene, verlorene und aufgehobene Taschentücher, Handschuhe und -taschen als Deflorationsmetaphern. So treffen sich in E. T. A. Hofmanns Erzählung *Die Brautwahl* das Mädchen Albertine und Edmund zu einem nächtlichen Rendezvous im Tiergarten: »Albertine entzog ihm ihre Hand, aber nur, um sie von dem feinen Glacé-Handschuh zu befreien, und dann dem Glücklichen wieder zu überlassen, der sie eben feurig küssen wollte, als der Kommissionsrat dazwischen fuhr. Potz tausend, das wird kühl!« Die Anwesenheit des Kommissionsrats verhindert weitergehende Vertraulichkeiten, sodass die Unschuld der jungen Dame offenbar bewahrt bleibt.

Die schlichten Gebäude der Zelte am nördlichen Rand des Tiergartens wurden nach und nach von festeren Bauten abgelöst. Neue Straßen wie die Beethovenstraße, das Schlieffenufer, die Große Querallee und die Straße In den Zelten wurden angelegt. Um 1820 begann die Bebauung dieser Straße, die seit 1832

* bietet.

offiziell so hieß und das Areal durchschnitt. Sie bestand im Wesentlichen aus drei Teilen: den Zelten 1-4, dem Schellhornschen und dem Beerschen Grundstück an der Westecke des Königsplatzes. Mit seiner Umgestaltung in den 1870er-Jahren, dem Bau des Palais Raczynski, Krolls Etablissement und des Lehrter Bahnhofs kam die große Zeit der Zelte. Heute ist das »Zelten«-Gelände mit Kongresshalle, Kanzleramt und Tipi überbaut. Aber im späten 18. und 19. Jahrhundert brummte dort das Leben. Zu Tausenden strömten die Berliner herbei, quer durch alle Schichten, und ließen es sich je nach Geldbeutel bei Champagner oder Molle, Frikassee oder Boulette mit Brot gut gehen, wenn sie nicht gar ihr Essen mitbrachten und in den einfachsten Lokalen – »Hier können Familien Kaffee kochen« – verzehrten.

Zur Mitte des 19. Jahrhunderts besuchten wieder mehr Berliner die Zelte, die sich zu einem neuen Treffpunkt aller Bevölkerungsschichten entwickelten. Das lag bestimmt auch an ihren Umbauten bis hin zu anspruchsvollen Großgaststätten – die am besten besuchten Ausflugslokale Berlins. Protzige historistische Großbauten ersetzten zwischen 1885 und 1905 zunehmend die spätklassizistischen Gebäude. Das Kronprinzenzelt zum Beispiel wurde 1887/88 von Hans Grisebach (1848–1904) aus Backstein ganz neu gebaut. Es hatte nun zwei übereinanderliegende Säle, eine Terrasse und eine große Glasveranda. Die Zelten hießen nun auch anders: Kronprinzenzelt (Zelt 1), das feine Kaiser-Wilhelm-Zelt (Zelt 2) und Viktoriazelt (Zelt 3). Nur Zelt 4 blieb »Webers Zelt«. In den 1880er- und 1890er-Jahren übernahmen so bekannte und große Brauereien wie Adler-, Bötzow-, Löwen- und die Oranienburger Schlossbrauerei die Lokale mit ihren Biergärten. Um 1903 kam ein weiteres Lokal hinzu, nämlich das Zelt 5. Hinter den Zelten, dicht an der Spree, befand sich das Kistenmachersche Etablissement, auch Spreezelt genannt. Es galt als das feinste Lokal, *das* Zelt der besseren Berliner Gesellschaft.

Der Bau des Krollschen Etablissements (s. S. 68–70) und der Ausbau der Zelten-Restaurants sorgten für mehr Verkehr in den anliegenden Straßen, die deswegen ausgebaut wurden. Die meisten der historischen »Zelte« waren inzwischen durch eine Straße von der Spree getrennt. Sie wurde auf dem zugeschütteten Graben, der zuletzt Schlieffenufer hieß, angelegt.

Das Ausgehviertel entwickelte sich dann zu einem recht vornehmen Stadtviertel mit Nobelhäusern und schönen Grünanlagen. Die Straße In den Zel-

Das Palais Raczynski, 1876, musste wenige Jahre später dem Reichstag weichen.

ten war knapp 500 Meter lang, nur 23 Häuser standen zu beiden Seiten. Der Dramatiker Gerhart Hauptmann (1862–1946), der jedoch in der Straße Alt-Moabit wohnte, beschrieb In den Zelten als ein »Quartier der vornehmen Lebensfreude«. In Theodor Fontanes Roman *Stine* besitzt der junge Waldemar von Haldern eine Wohnung »gleich zu Beginn der Zeltenstraße, bestand aus einem zwei Treppen hoch gelegenen Front- und Hinterzimmer, von denen jenes auf die Parkbäume des Krollschen Gartens, dieses auf eine grasbewachsene, bis hart an die Spree sich hinziehende Baustelle sah«. Die Straße In den Zelten war zu Anfang wegen ihrer ruhigen Lage und ihrer Tiergartennähe bei angesehenen Privatpersonen, Beamten, Wissenschaftlern, Diplomaten und Künstlern sehr gefragt. Später verlegten kapitalkräftige Unternehmen, Gesellschaften und Behörden ihren Sitz hierher. In diesen Häusern waren viele bekannte Persönlichkeiten zu Hause. Die Pianistin und verwitwete Ehefrau von Robert Schumann, Clara (1819–1896), lebte von 1873 bis 1878 In den Zelten 11. Mit ihren beiden Töchtern konnte sie zu den Joachims hinüberschauen, die gegenüber wohnten. Der Violinist Joseph Joachim (1831–1907) und seine Frau waren für Schumann der Hauptanziehungspunkt Berlins. Er wohnte zunächst In den Zelten 8, ab 1872 in der neu gebauten Villa Beethovenstraße 3/In den Zelten 1–9. Mit ihm trat Schumann oft und gerne in Berlin auf. Die Wohnung der Pianistin befand sich im zweiten Stock des Eckhauses mit Souterrain, Erdgeschoss und einem kleinen umzäunten Vorgarten. Clara Schumann gab in ihrer Wohnung sowie in Joachims Villa mit Musiksalon auch private Soireen. Sie ging gerne im Tiergarten spazieren. Später nutzten der Arzt und Sexualwissenschaftler Magnus Hirschfeld (1868–1935) und sein Institut für Sexualwissenschaft das Eckhaus, und Hirschfeld kaufte 1910 noch das Haus 9 a hinzu. Der Sanitätsrat richtete einen Vortragssaal für 100 Personen ein. Er war Fachmann auf dem Gebiet der Sexualforschung und trat für die

Die Villa Joachim entstand für den gleichnamigen Musiker. Zeichnung des Architekten Richard Lucae, 1871

Akzeptanz der Homosexualität ein. In die Hausnummer 9 a mietete sich 1926 der Kommunist Willi Münzenberg (1889–1940) ein. Das Haus Nr. 21 gehörte dem Kaufmann und Kunstmäzen Otto Wesendonck (1815–1896) und seiner Frau Mathilde (1828–1902). Das Ehepaar hatte zuvor fünf Jahre zur Miete in der Tiergartenstraße 16 gewohnt. Im Jahr 1887 bezog es die prächtige Villa mit eigenen Museumsräumen für ihre kostbare Bildersammlung. Mathilde Wesendonck hatte mit dem Komponisten Richard Wagner (1813–1883), der von ihrem Mann finanziell unterstützt wurde, eine Liebesbeziehung. Wagner hatte etwa 20 Jahre zuvor, am 28. November 1863, mit Cosima (1837–1930), seiner späteren zweiten Ehefrau, jene schicksalsentscheidende Kutschfahrt durch den Tiergarten unternommen, bei der »unter Tränen und Schluchzen« das »Bekenntnis, uns einzig gegenseitig anzugehören« ausgesprochen wurde, sie ihre gegenseitige Liebe bezeugten. Im Jahr 1902 wurde Wesendoncks Bildergalerie öffentlich zugänglich. Später wohnte in dem Eckhaus zur Großen Querallee Max Reinhardt, der sich hier elegant einrichtete. Im Oktober 1905 gründete er in seinen Räumen die Schauspielschule des Deutschen Theaters. Im Palais Wesendonck fand die Ausbildung des Nachwuchses für das ständig wachsende Ensemble der Reinhardtbühnen statt. Der Theaterleiter residierte in dem Palais mit seiner Frau, der Schauspielerin Else Heims (1878–1958). Immer mehr Künstler zog es aus der Stadt heraus in diese ruhige, beschauliche Gegend. Max Liebermann nannte im Frühjahr 1885 eine großzügige Wohnung Ecke In den Zelten 11/Beethovenstraße sein Eigen. Sie lag Parterre mit einem wild wachsenden Garten, umgeben von einer hohen Mauer. Im Garten hatte er sich ein Atelier bauen lassen und wählte die »Zelte« auch als Motiv. Auf der anderen Straßenseite gegenüber wohnten Carl Bernstein (1842–1894) und seine Frau Felicie (1852–1908), die ersten Sammler von Bildern französischer Impressionisten in Deutschland. 1878 ließen sich die Bernsteins in Berlin nieder und bezogen eine Wohnung im Tiergartenviertel in der Lennéstraße 2. Später wechselten sie in die sogenannte »Präsidentenwohnung« In den Zelten 23, in die zweite Etage. Diese repräsentative Wohnung entstand als Spekulationsobjekt, der Reichstagspräsident wollte jedoch nicht wie geplant darin wohnen. So diente sie den Bernsteins als vornehme Adresse. Ihre Gemäldesammlung wurde zunächst in ihrem literarischen Salon gezeigt, der bis 1891 existierte.

Die mit Goethe befreundete Schriftstellerin Bettina von Arnim (1785–1869) wohnte von 1847 bis 1859 mit ihren drei Töchtern und Hausangestellten im Hochparterre In den Zelten Nr. 5 in zehn Zimmern und einem Saal unmittelbar an der Spree. Dort entstand der *Briefwechsel mit einem Kinde*. Von der Veranda blickte sie in den Tiergarten. Das Spreeufer heißt heute nach ihr Bettina-von-Arnim-Ufer. Die Schriftstellerin traf sich über einen längeren Zeitraum mit dem Philosophen Heinrich Bernhard Oppenheim (1819–1880) abends zum Spazieren in der Parkanlage. In einem Brief Oppenheims heißt es: »Frei und frank, geharnischt gegen Vernichtung ist der Geist. Sie haben sichs versprochen in meiner Gegenwart, mehr als einmal, nachts im Thiergarten, Sie wollten den

Wohnung Bettina von Arnims In den Zelten 5. Undatiertes Aquarell von M. Hoffmann

lebendigen Geistestrieb zur Blüthe bringen in sich, Sie haben noch den letzten Abend gesagt, die nächtlichen Wege im Thiergarten werden Ihnen unvergesslich sein.«[50] Hier schrieb von Arnim auch eines ihrer aufrührerischsten Bücher mit dem Titel *Dies Buch gehört dem König*, das König Friedrich Wilhelm IV. gewidmet war. Darin wollte sie ihm vor allem über die sozialen Zustände in Preußen »die Wahrheit« aufzeigen und ihn zu gerechterem Handeln bewegen – die erste Sozialreportage der deutschen Literatur. Aber der König hielt das 1843 erschienene Buch mit den Anklagen von Arnims nicht für wichtig. Die Schriftstellerin unterhielt einen Salon, der die Romantik als Geisteshaltung förderte. Sie erlebte hier den Vormärz und die bürgerliche Revolution von 1848, als die Revolutionäre dem König die Anklage entgegenschrien.

Die Schreie kamen auch aus den Zelten, die einstigen Vergnügungsstätten wurden zur politischen Arena. Dort hatten sich Bürger versammelt, um vom König ein Parlament und demokratische Freiheit zu fordern. Die Zelte standen auch für den Freiheitsdrang der Berliner, hier schlug die Geburtsstunde des Aufbegehrens gegen den autoritären preußischen Staat. Da sie vor den Toren der Stadt lagen, waren sie dem Zugriff der Berliner Polizei entzogen. Die Protestierenden konnten sich hier ungestört versammeln. Ab dem 7. März 1848 fanden täglich Volksversammlungen statt, bei denen erstmalig Tausende Städter aller Stände ihre Forderungen an den König formulierten. Die Diskussionen zwischen Arbeitern, Handwerkern, Studenten und Kaufleuten bündelten sich in dem Manifest *Adresse an den König*. Es enthielt allgemeine bürgerliche und demokratische Forderungen und wurde von rund 6 000 Versammelten unterschrieben. Das Orchesterpodium geriet zur Politkanzel und Nachrichtenbörse. Der König nahm das Manifest jedoch nicht einmal entgegen. Seine reaktionäre Haltung und die der preußischen Obrigkeit führten zu Demonstrationen und Barrikadenkämpfen. Nach den Märztagen wurden die Zelte lange Zeit gemieden und fast vergessen. Auch der Generalfeldmarschall Helmuth Graf von Moltke (1800–1891) wohnte zeitweilig in den »Zelten«.

Das gesamte »Zelten«-Viertel wurde im November 1943 bei einem Luftangriff zerstört und die Reste 1954 abgeräumt. Heute steht hier das Haus der Kulturen der Welt (die frühere Kongresshalle) in Form eines offenen Zelts (s. S. 170–173). Die alte Zeltenallee wurde zusammen mit dem anschließenden Spreeweg in John-Foster-Dulles-Allee umbenannt.

Friedrich Wilhelm IV. stieg im Frühjahr 1840 auf den Thron, und damit wurden die Pläne zur Abrundung und Vergrößerung des Tiergartens wieder aufgenommen. Den Landwehrgraben hat man zum Kanal mit neuem Verlauf ausgebaut. Zusätzliche Flächen für den Tiergarten entstanden vor allem 1841/42 durch den geplanten Zoologischen Garten auf dem Gelände der Fasanerie. Ihr nördlicher Teil blieb übrig. Damit das Trockenlegen eines Areals durch Aufschüttung nicht zu teuer wurde, ließ Lenné einen See anlegen, den späteren Neuen See. Viele Buchten, Inseln und Brücken prägten diese größte Wasserfläche im Tiergarten.

Westlich des Zoologischen Gartens wurde auf Wunsch des Königs 1846/47 unter Leitung des Garten-Ober-Gehilfen Gerhard Koeber (1809–1852), einem Schüler Lennés, das Hippodrom errichtet. An den Längsseiten des Ovals lagen in zwei rechteckigen Ausbuchtungen die Tribünen. Der Bau der Stadtbahn durchschnitt das Gelände in zwei Hälften: Der westliche Teil wurde 1923 in den »Tiergarten-Sportplatz« umgewandelt, im östlichen Teil entstand das Tiergartenwasserwerk und im Zweiten Weltkrieg an dessen Stelle ein Flakturm (s. S. 129–131).

Im Jahr 1848 bat Lenné darum, nicht weiter direkt für den Tiergarten verantwortlich zu sein. Er behielt jedoch die künstlerische Oberaufsicht und wurde auch als Berater hinzugezogen. Längst – 1839, noch zu seinen Lebzeiten – war eine Straße am Südrand des Tiergartens nach ihm benannt worden. Er wohnte an der Ecke Schulgartenstraße (heute: Ebertstraße) in einer zweigeschossigen Landhausvilla, in die noch drei weitere Mieter einzogen. Betrachtet man Lennés Arbeit kritisch, fehlten am Ende in seinen Entwürfen die weiten Wiesenauen, die wesentlich für einen Landschaftspark sind. Wo möglich, legte Lenné Wiesen an. Diese waren jedoch begrenzt durch größere Gehölzbestände oder Alleen, die stehen bleiben mussten. Charakteristisch für ihn sind die weiträumigen Sichtbeziehungen, die in den Tiergartenplänen jedoch überhaupt nicht vorkamen. Die Berliner waren Friedrich Wilhelm III. für die unter ihm begonnene Erneuerung des Tiergartens dankbar. Sie sammelten Geld und ließen 1849 von dem Bildhauer Friedrich Drake (1805–1882) ein Standbild aus Carrara-Marmor meißeln, das in der Nähe der Luiseninsel an der Großen Querallee aufgestellt wurde.

Die Standbilder Königin Luises und Friedrich Wilhelms III. im Tiergarten, um 1900

Walter Benjamin erinnert sich in seinem Text *Tiergarten* an die Denkmäler Friedrich Wilhelms III. und der Königin Luise. »Auf ihren runden Sockeln ragten sie aus den Beeten wie gebannt von magischen Kurven, die ein Wasserlauf vor ihnen in den Sand schrieb. Lieber als an die Herrscher wandte ich mich aber an ihre Sockel, weil, was darauf vorging, wenn auch undeutlich im Zusammenhange näher im Raum war. Daß es mit diesem Irrgang etwas auf sich hat, erkannte ich seit jeher an dem breiten, banalen Vorplatz, der durch nichts verriet, daß hier, nur wenige Schritte von dem Korso der Droschken und Karossen abgelegen, der sonderbarste Teil des Parkes schläft. Davon empfing ich schon sehr früh ein Zeichen. Hier nämlich oder unweit muß ihr Lager jene Ariadne abgehalten haben, in deren Nähe ich zum ersten Male, und um es nicht mehr zu vergessen, das begriff, was mir als Wort erst später zufiel: Liebe. Doch gleich an seiner Quelle taucht das ›Fräulein‹ auf, das sich als kalter Schatten auf sie legte. Und so war dieser Park, der wie kein anderer den Kindern offen scheint, auch sonst für mich mit Schwierigem, Undurchführbarem verstellt.«

1862 stieg vom Exerzierplatz erneut ein Luftballon, der »Adler« mit dem Luftschiffer Anton Regenti, dem Schriftsteller Hans Wachenhusen (1823–1898) und dem zweimaligen Montblanc-Bezwinger Wilhelm Pitschner an Bord, auf. »Die Füllung des Ballons nahm von 3 Uhr ab ihren Anfang (…). Diese geschah durch Leuchtgas und war zu dem Zwecke ein starkes Gasrohr quer über den Platz gelegt worden. (...) Endlich um 6 Uhr stand der Ballon in majestätischer Fülle, durch mindestens 20 Mann der Feuerwehr an Stricken gehalten, da.« Die Fahrt führte bis in die Gegend von Nauen. Wachenhusen schrieb in einem *Reisebrief aus den Wolken*: »Die Erde versank unter uns, als habe sich ein Abgrund unter ihr aufgethan. Höher und höher stieg der Ballon, prachtvoller und unbeschreiblich großartig ward das Tableau, das sich unter uns ausbreitete. (...) Die erste Wolkenschicht lag unter uns, die erste Flasche Wein ebenfalls.« Es folgte eine zweite Flasche Wein, danach gab es Sekt. »Die ausgeworfenen Papierschnitzel zeigten, daß wir immer noch stiegen, Ballast nach Ballast (wir hatten davon einen Centner) ward über Bord geworfen.«[51]

Ab Mitte des 19. Jahrhunderts wurde vor allem die Charlottenburger Chaussee ausgebaut. Im Jahr 1855 erhielt sie eine Gasbeleuchtung, zehn Jahre später, im Juni 1865, eröffnete eine Pferdebahnlinie vom Kupfergraben nach Charlottenburg entlang der Charlottenburger Chaussee – die erste Straßenbahnlinie Deutschlands. Der Betreiber verfügte zunächst nur über 18 Pferdebahnwagen und 130 Pferde, zehn Jahre später waren es bereits 101 Wagen. Eine ebenfalls genehmigte Zweigstrecke zu den Zelten blieb wegen mangelnder Rentabilität nur bis 1874/75 in Betrieb. 1875 wurde eine weitere Zweigstrecke vom Großen Stern über die Fasanerieallee und Corneliusbrücke zum Zoologischen Garten eröffnet. Knapp einen Monat vor der Inbetriebnahme der Strecken gab der Berliner Polizeipräsident eine Verordnung über den Betrieb der Pferdeeisenbahn heraus. Die 42 Paragrafen umfassende Vorschrift regelte unter anderem die Beschriftung der Wagen, die Dienstkleidung und die Beförderungsbedingungen. Die Kutscher sollten darauf achten, nicht schneller als im Trab zu fahren, vor Straßenkreuzungen war Schritt vorgeschrieben. Frauen war das Betreten des Oberdecks untersagt – andere Fahrgäste könnten ihnen beim Hinaufsteigen auf der Treppe unter den Rock schauen. Bei Fahrten in Kolonne sollten mindestens 60 Schritte, bei stehenden Wagen mindestens zehn Schritte Abstand gehalten werden, damit die Zugpferde die Wagen nicht anknabberten. Im ersten vollständigen Betriebsjahr transportierte die Bahn rund 960 000 Fahrgäste, wobei sich vor allem der Ausflugsverkehr in die damals noch als Sommerfrische geltende Stadt Charlottenburg bemerkbar machte. Zeitungen berichteten, dass die für 45 bis 50 Personen zugelassenen Wagen manchmal doppelt so viele Fahrgäste an der Anfangshaltestelle aufnehmen mussten. Dadurch war der Fahrplan nur bedingt einzuhalten, sodass sich kaum eine Zeitersparnis gegenüber den Fußgängern auf gleicher Strecke ergab.

Aus der Pferdebahn entstand dann ab 1897 die elektrische Straßenbahn mit einem Akku, die mit mehreren Linien den Tiergarten in Ost-West-Richtung nach Charlottenburg und auch die Fasanerieallee in Richtung Zoologischer Garten durchfuhr. Hinzu kam später noch die Nord-Süd-Strecke durch die Brückenallee (heute: Bartningallee), die Altonaer Straße und die Hofjägerallee. Bis ins Jahr 1902 dauerte die Umstellung auf den elektrischen Betrieb. In den 1930er-Jahren fiel der zentrale Abschnitt dieser ersten Straßenbahnstrecke dem Ausbau der Ost-West-Achse zum Opfer.

KROLLOPER

König Friedrich Wilhelm IV. beauftragte den Unternehmer Joseph Kroll (1797–1848) mit dem Bau eines Veranstaltungskomplexes. Der Architekt Eduard Knoblauch (1801–1865) baute zusammen mit Ludwig Persius (1803–1845) und Carl Ferdinand Langhans 1843/44 die sogenannte Krolloper (zeitweilig auch Kroll'scher Wintergarten oder Krolls Etablissement). Die schlossartige Anlage wurde an der Westseite des heutigen Platzes der Republik eröffnet, existiert heute aber nicht mehr. Knoblauch baute auch die Neue Synagoge, Langhans das Alte Palais – er war der Sohn von Carl Gotthard Langhans, der das Brandenburger Tor gebaut hatte. Die Krolloper bestand aus einem zweigeschossigen Mittelteil und zahlreichen Flügeln und Nebengebäuden. Rund 5 000 Gäste konnten in dem Gebäudekomplex bewirtet werden. Ein aus 60 Musikern bestehendes Orchester spielte auf. Es gab zwei Wintergärten, drei große Säle und 14 größere Gesellschaftsräume. Nicht nur Opernaufführungen, sondern auch Maskenbälle, Theater und Zirkus fanden hier statt. »Für Berlin viel zu groß«, meinte der Schriftsteller Willibald Alexis (1798–1871) und behielt recht. Die Stadt lag damals noch weit entfernt, der Gewinn blieb aus, da hier fast nur Konzerte, private Feiern und Ausstellungen stattfanden. Die gerade erst eingeführte Gasbeleuchtung war damals eine Sensation und sorgte mit 400 Flammen für Licht. Sie wurde dem Bau aber auch zum Verhängnis, denn nach einem offenbar nicht sachgemäßen Betrieb brannte im Februar 1851 das gesamte Gebäude nieder. Ein Jahr später wurde es von dem Architekten Eduard Titz (1820–1890; er entwarf auch das Deutsche Theater) wieder aufgebaut und im Juni 1852 wiedereröffnet. Man versuchte es nun mit anspruchsvolleren Opern, trotzdem blieb das Haus defizitär und wechselte mehrfach den Besitzer. Zuletzt kaufte Krolls Schwiegersohn Jakob Engel das Etablissement und führte es nun recht erfolgreich fort. Er baute eine zusätzliche Bühne ein, sodass auch Theater gespielt werden konnte. 1895 ging es an die »Königlichen Schauspiele« und war damit staatliches Eigentum. Das Etablissement hieß nun »Neues Königliches Operntheater« und diente während eines Umbaus von deren Theatern als Ausweichbühne. Alfred Kerr berichtet in seinem Brief am 4. August: »Kroll ist verstaatlicht worden, und sein Charakter scheint sich nun völlig verändert zu haben. Die ursprüngliche berühmte alt-berlinische Institution war zwar nur eine musikdramatische Stehbierhalle; doch in ihrer Art hatte sie manches Lockende. Es lag ein legerer Reiz über dem ganzen Unternehmen, etwas Leichtes, Sommerlich-Flüchtiges. Abends schlenderte man in der Dämmerungskühle hin, durch irgendeine Tiergarten-Querallee mit alten Lindenbäumen. Oder man saß in offener Droschke, neben irgend jemandem, und ließ den Kutscher langsam, langsam durch den abendduftschweren Tiergarten fahren. Dann trat man gegen Erlegung einer Reichsmark in den Garten, wo tausend bunte Lampenglocken durch das Grün der Bäume blickten und ein undefinierbares Licht auf die Menschen fiel, die auf und nieder wandelten.« Kaiser Wilhelm II. (1859–1941) plante an Stelle der Krolloper ein größeres Opernhaus, 1914 begannen die Abrissarbeiten, dann brach der Erste Weltkrieg aus. Die Krolloper diente als Lagerhaus, der Sommergarten als »Nachmittagsheim für verwundete Krieger«. Nach Kriegsende gab es 1918 erneut Pläne für ein »Volksopernhaus« und später für eine Vergrößerung. 1920 pachtete der *Verein der Berliner Volksbühne* das Opernhaus mit der Auflage, das Gebäude wiederaufzubauen, scheiterte aber schließlich an den Kosten. 1924 ging es wieder in Staatsbesitz und diente als Filiale der Staatsoper Unter den Linden (»Oper am Königsplatz«). Ein Erfolg blieb aus, die Verbindung wurde aufgelöst. Erst 1927 begann die künstlerisch bedeutendste Zeit in der Geschichte der Krolloper. Zum Direktor und musikalischen Leiter berief man den Dirigenten Otto Klemperer (1885–1973), der die Oper als Kunstgattung erneuerte. Innerhalb von knapp vier Jahren wurden 44 Werke präsentiert, darunter Uraufführungen von Arnold Schönberg, Ernst Krenek, Paul Hindemith, Igor Strawinsky und Leoš Janáček. Das Opernensemble unter Klemperer lieferte revolutionäre Aufführungen. Trotzdem erlebte die Krolloper 1931 aus wirtschaftlichen Gründen ihre letzte Vorstellung.

Nach der Machtübernahme durch die Nationalsozialisten kam wieder Leben in die geschlossene Krolloper. Am 19. Februar 1933 fand hier der antifaschistische Kongress »Das Freie Wort« statt. Rund 900 liberale, sozialdemokratische und kommunistische Politiker und Bürger beteiligten sich. Die Polizei stürmte das Gebäude und nahm viele der Teilnehmer fest. Als neun Tage später nach einem Anschlag der Reichstag gegenüber brannte, wechselte das Parlament in die Krolloper. Die NSDAP und die Deutschnationale Volkspartei erhielten bei der Reichstagswahl die Mehrheit. Ende 1933 bestand der Reichstag nur noch aus Nationalsozialisten, ein Parlament wurde in der Diktatur nicht mehr gebraucht. Die Nationalsozialisten nutzten die Krolloper nur noch hin und wieder.

Krolls Garten in Berlin. Stahlstich von Johann Poppel, um 1860 (spätere Kolorierung)

Im Garten der Krolloper beleuchteten bei Dunkelheit unzählige Laternen das Geschehen.

So lief dort am 18. April 1934 Deutschlands erste öffentliche Fernsehübertragung. In einem abgedunkelten Vorführraum stand eine kleine, technikinteressierte Besucherschar vor einem klobigen Fernsehgerät. Aus dem Lautsprecherfeld tönte Sprache, und auf der Bildröhre tanzten dazu bleiche Bilder. Der UKW-Testsender stand im »Haus des Rundfunks« in Witzleben. Dieser Tag gilt seitdem als Geburtsstunde des deutschen Fernsehens, obwohl in Berlin bereits seit Jahren Versuchssendungen stattgefunden hatten. Hitlers NS-Regime aber wollte einen Propagandacoup landen. Bis zu einem regulären Programmbetrieb sollte es noch etwa ein Jahr dauern. Der Sender erhielt später den Namen »Paul Nipkow«, nach dem Erfinder einer Scheibe zur optisch-mechanischen Bildabtastung.

Fünf Jahre später, am 1. September 1939, verkündete Adolf Hitler in der Krolloper den Überfall auf Polen. Damit begann der Zweite Weltkrieg. Noch einmal wurde das Gebäude als Opernhaus genutzt: Das Ensemble der Staatsoper spielte hier parallel zu den letzten beiden Reichstagssitzungen, weil ihr eigenes Opernhaus bei einem Luftangriff schwer beschädigt wurde. Die letzte Sitzung des Reichstags fand am 26. April 1942 statt.

Auch das Hauptgebäude der Krolloper wurde im November 1943 teils zerstört. Die Schlacht um Berlin und die Erstürmung des Reichstagsgebäudes durch die Rote Armee am 30. April 1945 führten zu weiteren Zerstörungen. Ab dem Frühsommer 1945 war die Krolloper zum Teil notdürftig für Gastronomiezwecke wiederhergerichtet. Im Kroll-Garten fanden Konzert- und Tanzveranstaltungen statt. Nach einer schlechten Saison 1956 gab der letzte Pächter auf. 1957 wurde der Rest der Krolloper abgerissen.

ZOOLOGISCHER GARTEN UND AQUARIUM

Eine feste Institution zoologischer Lehre entstand aufgrund des Interesses Friedrich Wilhelms III. und seiner Frau Luise an exotischen Tieren in der ersten Hälfte des 19. Jahrhunderts auf der Pfaueninsel. Den Grundstock zu der dortigen »Königlichen Menagerie« hatte bereits Friedrich Wilhelm II. mit der Ansiedlung von Pfauen und anderem Edelgeflügel gelegt. Sein Sohn baute die Vogelhaltung dann zu einem richtigen Zoologischen Garten aus. Im Jahr 1832 befanden sich 847 Tiere in der königlichen Menagerie. Diese bedeutende Tiersammlung vor den Toren der Residenz machte die Berliner neugierig. Der König öffnete die Pfaueninsel für das Publikum. Jeder Besucher konnte dort Pfauen, Schafe und Büffel, Hirsche und Schweine sowie später auch Vögel, Mungos, Waschbären und sogar Kängurus, Affen, Nasenbären und Pekaris bestaunen. Die Menagerie entwickelte sich zu einem der beliebtesten Ausflugsziele der Berliner.

Nach dem Tod des Königs 1840 wurde der Menagerie der größte Teil der Mittel entzogen, sie war in ihrem Bestand bedroht. Sein Nachfolger Friedrich Wilhelm IV. interessierte sich mehr für die Kunst und konnte mit dem Privatzoo nichts anfangen. Martin Hinrich Lichtenstein (1780–1857), der damalige Direktor des Zoologischen Museums und Professor an der Berliner Universität, hatte bereits Friedrich Wilhelm III. beraten und war verantwortlich für dessen Tiere. Der Moment war geradezu ideal, um

Kinder reiten im Zoologischen Garten auf Elefanten und Kamelen. Holzstich nach einer Zeichnung von Robert Geißler, 1880 (spätere Kolorierung)

einen privaten Zoologischen Garten zu gründen. Gemeinsam mit seinem Freund, dem Naturforscher Alexander von Humboldt (1769–1859) und dem Landschaftsarchitekten Peter Joseph Lenné, der den Zoo früher einmal auf einer Insel im Tiergarten vorgesehen hatte, konnte er den König überzeugen, der seine in dem Park gelegene Fasanerie und die auf der Pfaueninsel gehaltenen Tiere der Berliner Bevölkerung schenkte. Die Anfänge des Zoologischen Gartens, ehrenamtlich verwaltet von Lichtenstein, Humboldt und Lenné, waren mühsam und nicht sehr erfolgreich. Der 1845 gegründete Zoo Aktienverein ist bis heute eine gemeinnützige Aktiengesellschaft und befindet sich überwiegend in privater Hand. Auf dem kleineren, südlichen Teil des Fasanerie-Geländes entstand von 1842 bis 1844 der »Zoologische Garten bei Berlin«, denn er lag noch außerhalb der Stadt. Die Tierhäuser waren noch nicht fertig, und es gab überhaupt nur wenig Tiere. Der andere Teil des Fasanerie-Geländes war schon für den Ausbau des Landwehrgrabens zu einem Schifffahrtskanal und zur Verschönerung seiner Ufer bestimmt, sodass für den Zoologischen Garten nur noch das kleinere, südliche Stück zur Verfügung stand. Die Fasanerie selbst verlegte man nach Charlottenhof bei Sanssouci, der Sommerwohnung des Königs.

Einen wissenschaftlich angelegten und betriebenen Tiergarten gründen und zoologische Kenntnisse verbreiten: 1832 entstand erstmals der Gedanke, für Berlin etwas zu schaffen, das der 1793 angelegten Tierabteilung des »Jardin des Plantes« in Paris und dem 1829 gegründeten Zoologischen Garten im Regent's Park in London entsprach. Friedrich Wilhelm III. finanzierte Lichtenstein dafür eine Studienreise in die britische Hauptstadt. Unmittelbar nach seiner Rückkehr stellte Lichtenstein den Plan auf, inmitten des Tiergartens, etwa in der Gegend der Rousseau-Insel, einen Zoologischen Garten (eine Menagerie) zu errichten. In einem Antwortbrief des Gartenbaudirektors Peter Joseph Lenné an ihn vom 7. Dezember 1833 heißt es: »Ich habe nicht gesäumt, meinen Verschönerungsplan des Tiergartens hierauf einzurichten und glaube, Raum und Örtlichkeit auf die entsprechendste Weise dazu ermittelt zu haben. Der Tiergarten wird durch diese Einrichtung sehr an Interesse gewinnen. Indes ist es richtig, daß wir uns bald hierüber besprechen, da die ermittelte Lokalität mit meinen nächstjährigen Anlagen in Verbindung steht«.[52] In einer Notiz fügte Lichtenstein später hinzu, dass der damals geplante Zoologische Garten an der Stelle errichtet werden sollte, wo das Denkmal Friedrich Wilhelms III. steht, und eine Insel werden sollte.

Doch Friedrich Wilhelm III. wollte anscheinend neben seiner Menagerie keinen weiteren Zoo in Berlin haben. Erst nach dessen Tod 1840 konnte Lichtenstein unter dem neuen König daran gehen, seinen Plan zu verwirklichen. Inzwischen hatten Bürger 1838 in Amsterdam die Zoologische Gesellschaft gegründet und einen weiteren Zoo gegründet. Im selben Jahr hatte Lenné auch auf einem Plan »Berlin und Umgebung« auf dem südlichen Gelände der Fasanerie einen Zoologischen Garten entworfen.

Nach der Zusage des Königs übermittelte Lichtenstein 1841 seinem Freund Lenné ein Programm für seine gärtnerische Ausgestaltung. Das Gelände der Fasanerie am Tiergarten schien das am besten geeignete zu sein. Nach einer Besichtigung des Terrains legte Lenné eine Projektzeichnung vor und schrieb: »Ich habe es mir vorzüglich angelegen sein lassen, der Gesamtanlage allein den Reiz eines wohlgeordneten Schmuckgartens zu verschaffen, welcher als solcher schon das Publikum anzuziehen vermag, rechnet man den architektonischen Schmuck der zur Aufbewahrung der Tiere erforderlichen Baulichkeiten und das Interesse, welches die dort versammelten Bewohner der mannigfaltigsten Zonen notwendig erregen müssen, hinzu, so wird es an Besuchern und daher auch der Kasse an Einnahmen nicht fehlen.«

Martin Hinrich Lichtenstein gründete den Zoologischen Garten. Kreidezeichnung von Franz Krüger, 1840

Lennés Aufgabe bestand nun darin, die Fasanerie umzuwandeln und einen geeigneten gärtnerischen und landschaftlichen Rahmen für die unterschiedlichen Gehege und Tierhäuser zu schaffen. Sein Plan zeigt sanft geschwungene Wege um reich gegliederte Baumgruppen und Strauchpflanzungen, zwischen denen die einzelnen Tierhäuser malerisch eingebettet lagen. In der damaligen Zeit gab es westlich des Zoogeländes nur offene Felder und am Mühlenweg nach Schöneberg (heute: Kurfürstenstraße) ein Birkenwäldchen. Den Eingang legte man deshalb an der der Stadt zugewandten Tiergartenseite am Landwehrkanal an.

Am 1. August 1844 eröffnete Martin Hinrich Lichtenstein den Zoologischen Garten ohne jede öffentliche Beteiligung. Denn ein paar Tage zuvor hatte der ehemalige Bürgermeister von Storkow mit zwei Schüssen ein Attentat auf König Friedrich Wilhelm IV. und die Königin von Preußen verübt, wobei das in der Equipage sitzende Paar jedoch unverletzt blieb. Der Zoologische Garten war auch noch nicht fertig, einheimische Tiere wurden ihm für wenig Geld angeboten oder geschenkt.

Problematisch für den neuen Zoo – dem ersten in Deutschland – war seine Lage: Er befand sich ziemlich weit vom Stadtzentrum und noch weiter von den Wohnquartieren der meisten Berliner entfernt. Viele der wohlhabenden Gäste, die in den neueren und schickeren westlichen Vorstädten wohnten, mussten zum Zoo einen anstrengenden Fußmarsch durch den Tiergarten zurücklegen. Die Menschen aus den ärmeren Stadtteilen mussten zuvor auch noch die ganze Stadt durchqueren. Wer eine Droschke oder sogar die eigene Kutsche nahm, hatte es nur wenig besser, da sich die Wege in einem schlechten Zustand befanden. Die Droschkenfahrer ließen ihr Vehikel für den Rückweg gegen eine Gebühr vor dem Zoogelände warten, was einen Besuch nicht unerheblich verteuerte.

Aus Köln kam 1869 Zoodirektor Heinrich Bodinus (1814–1884), und durch ihn ging es mit dem Park aufwärts. Weitere Tierarten sollten in seinem modernen Konzept präsentiert werden, Musikpavillons, Terrassen und ein Restaurant sowie orientalisierende Stilbauten entstanden. Die Besucherzahlen und damit auch die Einnahmen stiegen. Der Zoologische Garten entwickelte sich nun auch zu einem Ort für die feine Berliner Gesellschaft. Am 22. Juni 1865 hatte die Pferdestraßenbahn ihren Betrieb aufgenommen, deren Linie vom Kupfergraben über die Charlottenburger Chaussee durch den Tiergarten führte und Berlin mit Charlottenburg verband. Sie war die erste in Deutschland, später wurde ein Abzweig vom Großen Stern zum Zooeingang gebaut. Das erste Eingangsportal, im Tiergarten hinter dem Landwehrkanal gelegen, wurde nun langsam zum »Hintereingang« des Zoos. Die neuen Verkehrsachsen, die Berlin, Charlottenburg und Wilmersdorf miteinander verbanden, entstanden am westlichen und südlichen Rand. Zunächst wurde daher Ende der 1870er-Jahre ein Eingang an der Budapester Straße eröffnet, die damals noch Kurfürstenstraße hieß. Auch am westlichen Rand des Zoogeländes entstanden neue Verbindungen und ein ganzer Bahnhof.

Unter einem weiteren früheren Zoodirektor aus Köln, Ludwig Heck (1860–1951), entwickelte sich der Zoologische Garten zwischen 1888 und 1931 zu einem der artenreichsten der Welt. Beide Direktoren schufen neben dem Elefantenportal die Häuser für die Antilopen, Elefanten und Strauße, das Affen-Palmenhaus und das Große Raubtierhaus. Diese Häuser dienten auch als Kulisse der »Völkerschauen«, bei denen »exotische« Menschen aus unterschiedlichen Erdteilen zur Schau gestellt wurden.

Der Zoo erhielt 1882 sogar einen eigenen Bahnhof. Fotopostkarte, um 1910

Hecks Sohn Lutz (1892–1983) modernisierte ab 1932 den Park erneut, ließ Gitter durch Gräben ersetzen und großzügige Freianlagen mit Naturstein errichten. Dieses neue Konzept stammte von dem Hamburger Tierhändler und Zoodirektor Carl Hagenbeck (1844–1913). Ihm ging es nicht mehr um die Präsentation einer möglichst vollständigen Sammlung aller Angehörigen einer Art, sondern um ein Publikumsvergnügen, bei dem sich jeder Gast in die Natur einfühlen konnte. Der Zoobestand zählte 1939 mehr als 4 000 Tiere in 1 400 Arten. Während der Bombenangriffe 1943 und 1944 und der Endkämpfe wurde fast alles zerstört, nur 91 Tiere überlebten den Krieg. Tierpfleger kümmerten sich um den beliebten Flusspferdbullen Knautschke, den Elefantenbullen Siam und die Schimpansin Suse. Knautschke wurde im Krieg geboren. Bombertreffer zerstörten in den letzten Kriegstagen das Außenbecken des Flusspferdhauses, das Wasser lief aus, Knautschkes Mutter starb, ihr anderthalbjähriger Sohn aber überlebte. Die Tierpfleger übergossen das Tier mehrmals am Tag mit Wasser, Zoobesucher brachten ihm Futter in den Zoo, und er überstand die schwere Nachkriegszeit.

Als erste Zoodirektorin Deutschlands musste Katharina Heinroth (1897–1989) den zerstörten Zoo wiederaufbauen. Das Aquarium, geplant von ihrem Mann, wurde instandgesetzt und das Antilopenhaus wiedereröffnet. Das Elefantenhaus und auch das Flusspferdhaus entstanden vollkommen neu. In den 1950er-Jahren gab der Zoo Flächen für eine zentrale Omnibushaltestelle und einen Parkplatz vor dem Bahnhof Zoo ab, genauso wie für eine Verbreiterung der Budapester Straße und Einkaufsmöglichkeiten dort. Entschädigt wurde der Zoo dafür mit einer Grundstücksfläche für einen Wirtschaftshof westlich der S-Bahngleise und mit dem Gelände des ehemaligen Flakturmes (s. S. 129–131) bis zum Landwehrkanal. 412 000 Kubikmeter Schutt des gesprengten Flakturms mussten abgetragen werden, bevor auf diesem Gelände in den 1960er-Jahren mit dem Bau eines Vogelhauses begonnen werden konnte. Als neuer Zoodirektor folgte 1956 Heinz-Georg Klös (1926–2014) aus Osnabrück. Viele der heutigen Tieranlagen und Gebäude gehen auf seine Amtszeit zurück, zum Beispiel Affenhäuser, Bärenanlagen und das Raubtierhaus mit Nachttierhaus. In den 1970er- und 1980er-Jahren wurden bedeutende Bauten wie das Elefantentor wieder aufgebaut. Im Jahr 1980 erhielt der Zoo zwei Pandabären aus China, ein weiteres Paar folgte 2017. Auf der anderen Seite des Landwehrkanals eröffnete 1987 das 3,4 Hektar große Erweiterungsgelände im alten Diplomatenviertel. Der Zoologische Garten hatte sein Areal um zehn Prozent vergrößert. An der Lichtensteinallee hat er von der Stadt Berlin weitere Flächen erhalten, die über eine Zugangsbrücke erreichbar sind. Kriegsschäden hatten hier nur wenige Bauten hinterlassen, und das Gelände war noch nicht wieder entwickelt worden. Gründe für die Erweiterung waren die immer strengeren, aber auch notwendigen Vorgaben zur artgerechten Tierhaltung und der damit einhergehende Wunsch, die Gehege zu vergrößern. Hier gibt es vor allem die Afrika- sowie die Südamerika-Anlage. Es sollte ein Landschaftszoo mit vergesellschafteten Tiergruppen nach geografischen Gesichtspunkten entstehen.

Nach dem Mauerfall leitete Hans Frädrich (1937–2003) von 1991 bis 2002 den Zoo. Er ließ das futuristische Flusspferdhaus sowie die Pinguin- und Robbenanlagen entstehen. In den Jahren nach dem Mauerfall gingen die Besucherzahlen zurück. Mit dem grünen Berliner Umland und der Havel waren nun auch andere attraktive Nacherholungsorte erreichbar. Von 2002 bis 2007 lenkte Jürgen Lange die Geschicke des Zoos, als auch das Eisbärjunge Knut, mit der Flasche aufgezogen, zum weltweiten Medienliebling und Publikumsmagneten avancierte. Bernhard Blaszkiewitz (1954–2021) war ab 2007 der erste Direktor, der dem Zoo, dem Aquarium und dem Tierpark in Friedrichsfelde vorstand. In seiner Amtszeit wurde die Schimpansenanlage umgestaltet, die Gorilla- und Orang-Utan-Anlage sowie das Vogelhaus im Zoo eröffnet. Im Frühjahr 2014 trat Andreas Knieriem (* 1965) sein Amt an, der zuvor in Hannover und München gewirkt hatte. Er modernisierte die beiden Berliner Zoos und stellte noch stärker die Themen Artenschutz, Forschung und Bildung zentral.

1913 wurde das von dem Verhaltensforscher Oskar Heinroth (1871–1945) entworfene Aquarium eröffnet. Sein Vorgänger war das 1869 eröffnete Aquarium Ecke Unter den Linden/Schadowstraße mit einer grottenartigen Innenarchitektur, das gegründet und bis 1873 geleitet wurde von Alfred Edmund Brehm (1829–1884), dem Schöpfer von *Brehms Tierleben*. Anschließend wurde es von dem Chemiker Otto Hermes (1838–1910) geleitet, der Miterfinder des künstlichen Seewassers war. 1910 musste es aus wirtschaftlichen Gründen schließen. Für den Bau eines neuen Aquariums auf dem Zoogelände konnte das Areal des ehemaligen Elektrokraftwerks und Kohlenhofs genutzt werden. Die Pläne sahen drei Stockwerke vor: im Erdgeschoss die Aquarienabteilung, im ersten Stock das Terrarium und im zweiten Stock das Insektarium. Die Anlage sollte einen möglichst umfassenden Überblick über Reptilien, Amphibien und Fische sowie wirbellose Tiere bieten. Insgesamt gab es bis zu 25 große Schaubecken mit einer Länge von 2,50 Metern; diese wurden ergänzt durch 50 kleinere Becken für See- und Süßwassertiere. Das Terrarium umfasste 19 große und 60 kleine Schaubehälter für Kriechtiere und Lurche. Sein Herzstück war jedoch die Krokodilhalle. Mit 27 Metern Länge und zehn Metern Breite war hier ein Urwaldfluss nachgeahmt. Die Flusslandschaft unter verglastem Dach war das

weltweit erste begehbare überdachte Freigehege. Als besonders galt eine Bambusbrücke, die quer durch die Krokodilhalle führte und den Besuchern so eine direkte Sicht auf die Panzerechsen ermöglichte. Zudem konnten sie mit der Hitze, der Luftfeuchtigkeit und dem Geruch des Wassers, der Erde und der Tiere auch hautnah die Lebenswelt der ausgestellten Reptilien wahrnehmen. Ein solches »Walkthrough«-Gehege galt vor über 100 Jahren als Sensation. Im obersten Stockwerk befand sich das Insektarium, in dem vor allem Insekten, aber auch Krebstiere und andere Landwirbellose gezeigt wurden.

Die ersten Füllungen der Salzwasseraquarien mit Meerwasser erfolgten noch mit eigens herbeigeschafftem echten Nordseewasser. Es wurde mit Kähnen über Elbe, Havel, Spree und den Landwehrkanal bis zum Zoo transportiert und dann mithilfe der Berliner Feuerwehr über eine etwa 1 000 Meter lange Schlauchleitung ins Aquarium gepumpt. Die Transportkosten waren jedoch so hoch, dass Oskar Heinroth bald künstlich hergestelltes Seewasser verwendete. Im Zweiten Weltkrieg schlug in der Nacht zum 24. November 1943 ein Bombenvolltreffer in die Krokodilhalle ein, der Großteil des Hauses wurde zerstört, die meisten Tiere vernichtet. Die acht getöteten Krokodile wurden zur Versorgung der Belegschaft verwendet: Es gab schmackhafte Krokodilschwanzsuppe. Nur das alte Krokodil »Schwarzer Peter« hatte überlebt, da es immer unter der Betonbrücke lag. 1944 wurde das Aquarium erneut getroffen. Von den Aquariumsbewohnern hatte kein Tier überlebt. Zwischen 1952 und 1959 erfuhr das Aquarium nach seinem Wiederaufbau zunächst im Erdgeschoss, später komplett seine Wiedereröffnung. Zur späteren Modernisierung ergänzte man es 1981 mit einem Anbau, der verschiedene Landschaftsaquarien beherbergt. 1994 wurden sechs Becken zur Quallenhaltung im Übergang zwischen Alt- und Neubau errichtet, eine Reaktion auf die immer erfolgreicher werdende Quallenzucht im Zoo-Aquarium.

Der Reptilienteich im Aquarium war eine Attraktion.
Fotopostkarte, um 1915

Ein Wohn- und Diplomatenviertel

Der Tiergarten, den »der Berliner so gern zu Roß, zu Wagen und zu Fuß aufsucht, um dem ewigen Kalkstaub der Neubauten, dem penetranten Geruch der Rinnsteine und dem staubigen Flugsand zu entrinnen«, wie es im Jahr 1877 in der *Spenerschen Zeitung* hieß, die eine »sofortige Entpestung« des Parks forderte: Ein Problem des Parks entstand bei den Seen und anderen Gewässern durch einen zu geringen Durchfluss und einer mangelnden Erneuerung des Wassers. Es begann im Tiergarten unangenehm zu riechen. Die Situation verbesserte sich, nachdem der Stadtplaner James Hobrecht (1825–1902) zwischen 1873 und 1877 am östlichen Ende des Hippodroms ein Wasserwerk für den Tiergarten baute und die Gewässer nicht länger mit dem Landwehrkanal verbunden waren. Als das Wasser aus dem Wasserwerk zur Auffüllung nicht mehr ausreichte, wurde seit 1893 auch wieder welches aus dem Landwehrkanal dazugeleitet. Später ersetzte das Tiergartenwasserwerk ein neues mit elektrischen Pumpen.

Der ehemalige Exerzierplatz vor der Krolloper hieß seit 1864 Königsplatz und wurde wegen der 1873 in seiner Mitte aufgestellten Siegessäule (s. S. 101–105) umgestaltet. Vom Brandenburger Tor stellte die 1871 neu geschaffene Friedensallee eine Sichtachse dar, während die im selben Jahr nach Süden zum Kemperplatz durchgelegte Siegesallee den Königsplatz mit dem Tiergartenviertel verband. Die Kleine Querallee blieb nur als Torso nördlich der Charlottenburger Chaussee erhalten.

Nach 1870 beleuchtete man die Hauptwege mit Gas, einige Nebenwege mit Petroleum. Es entstanden die ersten Kinderspielplätze, die allerdings nur mit Sandkasten und Bänken ausgestattet waren.

Zu dieser Zeit wurden im Tiergarten viele Denkmäler und Statuen aufgestellt: Vier Sandsteingruppen des Bildhauers Alexander Calandrelli (1834–1903) verkörpern die deutschen Ströme Rhein, Elbe, Oder und Weichsel. Sie sind eigentlich zwischen 1860 und 1870 für den Neubau der Königsbrücke am Alexanderplatz

Kaiser Wilhelm II. mit Gemahlin Auguste Viktoria bei einem Ausritt im Tiergarten, 1910

entstanden. Als die Brücke 1882 wegen des Stadtbahnbaus abgerissen wurde, versetzte man sie in den Tiergarten auf den Großfürstenplatz. Die 1880 hier aufgestellten Denkmäler stehen in Nischen einer neugepflanzten Eibenhecke. Dort wurde 1888 auch der von dem Bildhauer Josef von Kopf (1827–1903) geschaffene Tritonbrunnen aufgestellt. Nicht weit entfernt befinden sich vier Kriegergruppen aus dem Jahr 1874, die ebenfalls von der früheren Königsbrücke stammen: *Der Auszug des Kriegers*, *Der Kampf/Schanzenstürmung*, *Der verwundete Krieger* sowie *Die glückliche Heimkehr des Kriegers*. Seit 1938/39 stehen sie in der Rüsternallee in der Nähe des Zeltenplatzes verloren und zum Teil beschädigt im Gebüsch. 1868 stellte man an der Großen Querallee den Zinkabguss der *Winzerin* von Friedrich Drake auf. Hinter dem Zoo am Landwehrkanal, nicht weit der Lichtensteinbrücke, setzte man dem russischen Diplomaten Constantin von Doppelmair einen Gedenkstein. Er war dort mit dem Pferd 1871 tödlich verunglückt. 1877 erhielt ein Platz zwischen dem Goldfischteich und dem Brandenburger Tor als Schmuck eine von Wilhelm Wolff (1816–1887) zwischen 1872 und 1874 geschaffene Löwengruppe. Das 1880 enthüllte Goethe-Denkmal des Bildhauers Fritz Schaper (1841–1919) steht an der Ebertstraße am östlichen Rand des Tiergartens, zwischen dem Tor und der Lennéstraße. Nach langen Streitigkeiten fand es diesen Standort und nicht, wie zunächst vorgesehen, zwischen Opernhaus und Königlicher Bibliothek. Fontane erwähnt das Goethe-Denkmal in seinem Gedicht *Was mir gefällt* von 1886. Er zählt dort auf:

»Du fragst: ob mir in dieser Welt
überhaupt noch was gefällt?
Du fragst es und lächelst spöttisch dabei.
Lieber Freund, mir gefällt noch allerlei:
Jedes Frühjahr das erste Thiergartengrün,
oder wenn in Werder die Kirschen blühn,
zu Pfingsten Kalmus und Birkenreiser;
der alte Moltke, der alte Kaiser,
und dann zu Pferde eine Stunde später,
mit dem gelben Streifen der ›Halberstädter‹;
Kuckucksrufen, im Wald ein Reh,
Ein Spaziergang durch die Lästerallee,
Paraden, der Schapersche Goethekopf
Und ein Backfisch mit einem Mozartzopf.«[53]

Der Kopf der Statue wurde auch als Einzelplastik geschätzt. Zum Dank für diese Zeilen schenkte die Frau des Bildhauers dem Dichter einen Gipsabguss des »Goethekopfes«, »eine sehr hübsche Büste, ¾ Lebensgröße, die sich nun zwischen Rauch und dem alten Fritzen sehr gut ausnimmt«, schrieb Fontane im Mai 1894 an seinen Sohn Theodor. »Mir lieb, weil so nöthig« war dem alten Fontane der Park.

Ein Gedenkstein erinnert an den Gefreiten Will, der 1889 hier vom Blitz erschlagen wurde.

Das Standbild der Königin Luise wurde dem Denkmal ihres Mannes angeglichen. Gefertigt von dem Bildhauer Erdmann Encke (1843–1896) zwischen 1876 und 1880, steht es auf der Insel der Statue Friedrich Wilhelms III. am Ufer gegenüber. Wo der Ahornsteig vom Großen Weg abzweigt, befand sich der Lieblingsplatz der Königin. Der Journalist und Schriftsteller Julius Rodenberg schrieb 1885: »Wir Berliner datieren den Frühling vom 10. März, dem Geburtstage der Königin Luise, wenn ihr Inselchen in dem Tiergarten sich mit Blumen bedeckt und die beiden Denkmäler, ihres und das des königlichen Gemahls gegenüber, der winterlichen Bretterhüllen entkleidet werden. Dann schimmert ihr Marmor zuerst wieder weißlich durch das keimende Grün, und dann beginnt für uns der Frühling; unabhängig vom Kalender«. Und in *Lebenswege* (1888) von Theodor Fontane heißt es: »Und mitunter, auf stillem Tiergartenpfade, / Bei ›Kön'gin Luise‹ trifft man sich grade. / ›Nun, lieber F., noch immer bei Wege?‹ / ›Gott sei Dank, Exzellenz (…) Trotz Nackenschläge‹.«

An der John-Foster-Dulles-Allee erinnert ein 1889 errichteter Gedenkstein an den Tod eines Gefreiten, den ein Blitz auf der Spreestraße hinter den Zelten erschlagen hat. Das Lessing-Denkmal, von seinem Urgroßneffen, dem Bildhauer Otto Lessing (1846–1912) modelliert, enthüllte man im Oktober 1890 in der Nähe der Lennéstraße. In den Jahren 1991/92 wurde das Denkmal grundlegend saniert und ergänzt, der umgebende Platz erhielt seine historische Form zurück. Noch immer erhebt sich auf dem Floraplatz die *Amazone* (1904/05) von Louis Tuaillon (1862–1919). Des Bildhauers Talent zeigte sich schon recht früh: als Kind soll er in einem verschütteten Eiskeller im Tiergarten auf einem wüsten Gartengelände »hervorragende Schneemänner und kleine Tiere aus Wachs und tonähnlicher Erde geformt« haben. Den Floraplatz umgeben acht Tierfiguren des Bildhauers Rudolf Siemering (1835–1905). Diese sollten an dessen Bedeutung als Jagdrevier erinnern: Das nördliche Halbrund zieren außen zwei Elche und mittig zwei liegende Bisons, während südlich zwei Wapiti-Hirsche, ein Grizzlybär und ein Stier platziert sind. Nach dem Zweiten Weltkrieg waren Bär und Stier verschwunden, und die sechs anderen Tiere wurden zunächst an neuen Plätzen verstreut im Park aufgestellt. Die beiden vermissten Tiere blieben unauffindbar, es entstanden Nachgüsse, alle übrigen wurden wieder zusammengeführt. Kaiser Wilhelm II. ließ von 1898 bis 1901 in der Siegesallee 32 Figurengruppen der ehemals regierenden Fürsten der Herrschergeschlechter der Mark Brandenburg mit je zwei ihrer bedeutendsten Mitarbeiter oder Zeitgenossen aufstellen. Gefertigt wurden sie von 27 Bildhauern aus Carrara-Marmor. Der Journalist und Schriftsteller Kurt Tucholsky (1890–1935) fragte bereits 1918 in seinem Gedicht *Bruch* nach einer möglichen künftigen Instrumentalisierung der Siegesallee durch die neue Republik und bezweifelte, dass die Obrigkeit etwas grundlegend Neues wagen würde:

»Was aber wird nun aus der Siegesallee?
Wird man dieselbe, weil zu royalistisch,
zu aristokratisch und zu monarchistisch,
abfahren in den Neuen See?

Läßt man bei jedem Denkmal die Statur?
und setzt nur neue Köpfe auf die Hälse?
Nun, sagen wir mal, den von Lüders Else
und Brutus Molkenbuhr?

Weckt man den schönen, weißen Marmor ein?
Vor langen Jahren, damals, im Examen,
wußt ich, wie alle nach der Reihe kamen...
Soll das umsonst gewesen sein?

Und sie ist schön! – Laß uns vorübergehen
und lächeln – denn wir wissen ja Bescheid,
Ich glaub, wir lassen still die Puppen stehen
als Dokument einer großen Zeit.«[54]

Der visionäre Gehalt des Gedichts wurde durch die späteren Ereignisse bestätigt. Die Denkmäler blieben zunächst noch an ihrem Standort, bevor sie tatsächlich »eingeweckt« wurden. Nach dem Zweiten Weltkrieg vergrub man die Reste der kriegsbeschädigten »Puppen« zunächst am Schloss Bellevue. Seit 2016 sind sie in der Zitadelle Spandau als »Dokument einer großen Zeit« im Rahmen einer Dauerausstellung zu sehen.

Im Oktober 1903 enthüllte man an der Tiergartenstraße ein von dem Bildhauer Gustav Eberlein (1847–1926) geschaffenes Denkmal für Richard Wagner. Am Sockel befinden sich die bekanntesten seiner Opern verkörpernden Figurengruppen: Wolfram von Eschenbach mit Lyra, Tannhäuser, Kriemhild, vor der Siegfried liegt, und eine der Rheintöchter, die in den Bart von Alberich greift. Im Jahr 1904 erhielt der Tiergarten eine Serie von Denkmälern: Auf der Luiseninsel stellte man eine Figur des Prinzen Wilhelm, des späteren Kaisers Wilhelm I., auf, geschaffen von dem Bildhauer Adolf Brütt (1855–1939). Weiter wurde eine Abbildung des Großen Kurfürsten als Kurprinz im südöstlichen Teil des Tiergartens errichtet. Für die Komponisten Haydn,

Mozart und Beethoven entstand, wie schon erwähnt, südlich des Goldfischteichs ein gemeinsames Denkmal von Rudolf Siemering. Vier Jagdgruppen stehen heute jeweils zu beiden Seiten der Fasanenallee: *Altgermanische Büffeljagd*, *Eberjagd um 1500*, *Hasenhetze im Rokoko* und *Fuchsjagd um 1900*. Sie standen ursprünglich ab 1907 am Großen Stern. Nahe am Teich der Rousseau-Insel richtete man 1906 eine Marmorstatue des Komponisten Albert Lortzing von Eberlein auf. Im Rosengarten stand seit 1909 das Marmorstandbild der Kaiserin Auguste Viktoria (1851–1929) des Bildhauers Karl Begas (1845–1916). Ein Jahr später kam nahe der heutigen Thomas-Dehler-Straße die Marmorfigur des Dichters Theodor Fontane des Bildhauers Max Klein (1847–1908) hinzu. Stock und Hut sollen an sein Werk *Wanderungen durch die Mark Brandenburg* erinnern. 1985 wurde das Denkmal durch eine Kopie aus Feinzement ersetzt. Das Original befindet sich heute in der Großen Halle im Märkischen Museum. Die Dichtersöhne Friedrich und Theodor Fontane jun., der Modell stand, waren mit der Ausführung, insbesondere dem »etwas leeren Gesichtsausdruck«, nicht besonders zufrieden. Die Berliner fanden auch schnell heraus, dass die Knöpfe an Fontanes Rock auf der falschen Seite saßen. Einige kritische Zeilen schrieb für eine Berliner Zeitung Konrad Windmüller anlässlich der Denkmalenthüllung:

Die Enthüllung des Richard-Wagner-Denkmals. Gemälde von Anton von Werner, 1908

»Prangende Rhododendren habt ihr um sein Denkmal gestellt,
Blühende zierliche Bäumchen haben dem Stein sich gesellt.
Warum pflanzt ihr nicht Kiefern, Kiefern trotzig und stark,
Daß ihre Düfte umschmeicheln grüßend den Sänger der Mark?
Warum pflanzt ihr nicht Birken, Birken im bräutlichen Kleid,
Liebe, traute Genossen aus glücklicher Wanderzeit?
Nehmt auch duftende Heide, Ginster mit leuchtendem Schein,
Nur mit märkischen Kindern schmückt unsres Dichters Stein.«[55]

Als letzte Denkmalgruppe dieser Zeit wurde *Das Volkslied* von dem Bildhauer Ludwig Süßmann-Hellborn (1828–1908) aus Marmor in der Nähe der Hofjägerallee aufgestellt.

Die Spaziergänge durch den Tiergarten unternahm Theodor Fontane bis an sein Lebensende. Er fühle sich dabei jedoch immer mehr wie im Parkgarten eines Sanatoriums, bemerkte er 1892 in einem Brief an den Juristen Georg Friedländer: »Alles was alt und leidend ist, sucht auf mittäglichen Spaziergängen Zuflucht in ihm, und nur von Blasenleiden, Kathetrisierung und Strahlschen Pillen« werde noch gesprochen.[56]

Der Schriftsteller spazierte täglich in der Parkanlage, in der er seine »Sport- und Rennstunde« verbrachte. Seine Tagebücher berichten von zahlreichen Promenaden bis zur Luiseninsel mit dem Denkmal der Königin. Manchmal unternahm er die Runden mit Freunden, manchmal traf er sie zufällig. Dabei entwickelten sich angeregte Gespräche, man erzählte sich letzte Neuigkeiten, danach folgte eine kleine Ruhepause. Oder Fontane studierte Abstand haltend die Menschen. Aus der Sommerfrische schrieb er 1889 seiner Frau Emilie: »Die Langeweile ist kolossal und wäre noch kolossaler, wenn ich nicht das Menschenbeobachten zu einer mir lieben, unterhaltlichen und lehrreichen Kunst ausgebildet hätte. Ja, es steckt 'was von Genuß drin, von einer ganz wie sie der künstlerisch beanlagte Mensch immer hat und haben muß, so lange er als Künstler sieht und empfindet.«[57] Manchmal passierte jedoch noch Überraschendes: Im Februar 1894 schrieb er seiner Tochter Martha, er sei kürzlich im Dunkeln von hinten im Tiergarten angestoßen worden. Er sei wie gewohnt mit dem quergelegten Stock im Rücken gegangen und jemand habe das eine Ende nicht gesehen. »Ich wollte mich entschuldigen, weil man den Stock nicht so tragen darf, aber im Augenblick wo ich mich wandte, starrte ich in das schwarze Gesicht eines Mohren, der, trotz seiner Abstammung aus Kamerun oder Dar-es-Salaam, im dialektfreien Deutsch sagte: ›Entschuldigen Sie, mein Herr‹. Es hatte was Gespenstisches, so zwischen Königin Luise und Friedrich Wilh. III. mit 'm Riester*«.[58] Es ist nicht unwahrscheinlich, dass der schwarze Spaziergänger aus einer der nahe gelegenen Botschaften stammte.

Und so wie Fontane selber den Park nutzte, um sich zu bewegen, Menschen zu treffen oder auf einsamen Wegen ungestört nachdenken zu können, so nutzen ihn auch die Figuren seiner Romane. In *Stine* ist es Graf Waldemar, der sich

* Schuhflicken, von den Berlinern vermutlich auf den etwas grob geratenen Schuh der Denkmalsfigur Friedrich Wilhelms III. bezogen.

während eines Tiergartenspaziergangs unvermittelt über seine persönliche Situation klar wird: »Nun schwieg die Musik drüben, und Waldemar, während er zwischen den großen Rondelen auf und ab schlenderte, musterte zugleich die Figuren, die hier mit Hilfe von Sternblumen und roten Verbenen in den Rasen eingezeichnet waren; endlich ging er aber auf eine Bank zu, die, von allerlei dicht dahinter stehendem Strauchwerk überwachsen, einen vollen Schatten gewährte. Da nahm er Platz, denn er war müde geworden. Das viele Gehen in der Hitze hatte seine Kräfte verzehrt, und so schloß er unwillkürlich die Augen und fiel in Traum und Vergessen. Als er wieder erwachte, wußte er nicht, ob es Schlaf oder Ohnmacht gewesen; ›ich glaube, so kommt der Tod‹, und erst allmählich fand er sich wieder zurecht und bemerkte nun ein Marienwürmchen, das sich ihm auf die Hand gesetzt hatte.«

Theodor Fontanes Wohnhaus in der Potsdamer Straße 134 c

Seine letzte Wohnung bezog Fontane 1872 im Haus des Johanniterordens Potsdamer Straße 134 c, drei Treppen links (heute: Nr. 11). Er lebte damit nur fünf Häuser entfernt vom Weinhaus Huth, das er auch besuchte. Das 1871 gegründete Weinhaus wurde 1912 neu errichtet und überstand den Zweiten Weltkrieg. Die Wohnung, in der Fontane 26 Jahre bis zu seinem Tod lebte, hatte fünf Zimmer mit einer Wohnfläche von etwa 140 Quadratmetern, sein Arbeitszimmer war mit 40 Quadratmetern das größte. Hier entstanden die großen Berlin-Romane wie *Effi Briest*. Das dreistöckige graue Haus mit Vorgarten und zwei Seitenflügeln lag auf der Ostseite der Straße, zwischen Eichhornstraße und Potsdamer Platz, auf dem Grundstück der heutigen Staatsbibliothek. Von hier aus unternahm der Dichter seine Spaziergänge am Landwehrkanal, zum Tiergarten, durch die Königgrätzer Straße (heute: Stresemannstraße) und zum Potsdamer Platz, wo Anfang der 1890er-Jahre das Café Josty eröffnete.

1890 blickte Theodor Fontane in seinem Gedicht *Meine Reiselust* zunächst ironisch auf seine früheren, die ganze Welt umfassenden Reisewünsche. Er fuhr dann fort und beschrieb die Route seines obligaten Spaziergangs:

»Jetzt zwischen Link- und Eichhornstraße
Mess' ich meine bescheidenen Maße,
Höchstens bis Königin Luise
Wag' ich mich vor, umschreitend diese,
Bleib' dann ein Weilchen noch in dem Bereiche
Des Floraplatzes, am Goldfischteiche,
Der Wrangelbrunnen bleibt mir zur Linken,
Rechtsher seh' ich Goethe winken.
Zuletzt dann vorbei an der Bismarckpforte
Kehr' heim ich zu meinem alten Orte,
Zu meiner alten Dreitreppenklause,
Hoch im Johanniterhause. –
Schon seh' ich grüßen, schon hör' ich rufen –
Aber noch fünfundsiebzig Stufen!«[59]

Über den Tiergarten schrieb der amerikanische Schriftsteller Mark Twain (1835–1910), der sich zum Jahreswechsel 1890/91 in der Körnerstraße aufhielt, in seinen *Essays*: »Der Park im Herzen der Stadt ist so weitläufig, daß er einen ein weiteres Mal ›großartig‹ denken läßt.«[60]

Außer bei den Zelten konnte man auf dem Neuen See mit Booten fahren. Lange Zeit bestand auch noch eine Verbindung zwischen dem Landwehrkanal und dem Neuen See über das verbliebene Stück Landwehrgraben und zwei weitere Zufahrten, sodass selbst Bootsfahrten an weiter entfernte Orte möglich waren. Die »Bootsschiffahrt und die Eisnutzung« hat man an den Berliner Schlittschuhklub verpachtet, der über eine Flotte von 32 Booten verfügte. Alfred Kerr schrieb 1899: »Dorten gondelten wir im Sommer durch süße Buchten mit überhängenden Zweigen, an kleinen Inseln und Halbinseln vorbei, eh' die Sonne schlafen ging. Ganze Gesellschaften holder junger Elitemenschen schritten zum Bootsverleiher. Und wenn die Gesellschaften zwanzig Mann hoch waren, so machten sie in sechs bis sieben Fahrzeugen bunte Reihe. Wir ruderten; natürlich schweigend. Am Geländer auf kleinen Brücken, unter deren schwarzem Schatten der Nachen* durchglitt, stand manchmal ein schwermütiger Mensch, ein Dichter vielleicht, und spuckte in die grün-rote Flut. Manche blickten auch einsam und anständig hinab, und es schien in den gleitenden Gondeln ihre Sehnsucht hinzufahren. Die jungen Mädchen im Boot klapperten dann mit den Augen, welches das einzige Geräusch weit und breit war. Über die Baumriesen, wie das Sitte ist, sank allmählich das Dunkel, und es geschah, was ein neuer Dichter gesungen hat: Durch die alten Lindengänge, abendduft- und sommerschwer, trug der Wind noch ›Rheingold‹-Klänge, von entfernteren Gärten her.«[61] Der Schriftsteller Franz Hessel notierte 1929: »So zeichne ich in Gedanken die Buchten um seine Bauminseln, wo wir im Winter kunstvoll holländernd große Achten ins Eis schrieben und im Herbst von der Holzbrücke am Bootshaus in den Kahn stiegen mit der Herzensdame, die unser Rudern steuerte.« Der Schriftsteller Günter Grass (1927–2015) schrieb 1995 in seinem Roman *Ein weites Feld*: »Und dort, wo ab Mitte des neunzehnten Jahrhunderts ein Herr Alexander Kähne verlieh, lagen, vom linken Terrassenrand zugänglich, an langem Steg gut zwei Dutzend Plastikboote gereiht, deren Ruderbänke sowie der Bodenrost allerdings hölzern waren, gleichfalls die Ruder. Für ein vormals spottbilliges Vergnügen zahlt man heute zweiundzwanzig Mark die Stunde.«

Um die Jahrhundertwende nahm der Verkehr in Berlin so stark zu, dass die Reiter allmählich völlig aus dem Straßenbild verschwanden. Die einzige noch verbliebene Gelände-Reitfläche im Stadtzentrum war der Tiergarten. Der Veterinärmediziner und Hochschullehrer Kurt Neumann-Kleinpaul (1882–1958) ritt noch in den 1930er-Jahren oft vor Beginn der Vorlesungen mit seinen Studenten in den Park. Für das Fakultätsgelände der damaligen Tierärztlichen Hochschule besorgte der leidenschaftliche Reiter zwölf Reitpferde und einen Reitlehrer. Für andere Reiter aber war der Tiergarten aufgrund der zunehmenden Asphaltierung der Straßen von den Tattersalls aus nicht mehr so leicht erreichbar. Vor allem bis zum Ersten Weltkrieg gab es in der Nähe des Tiergartens mehrere Tattersalls (u. a. am Brandenburger Tor, am Schiffbauerdamm und in der Bendlerstraße), in denen für den Morgenausritt begüterter Berliner Pferde bereitstanden. Die Tattersalls dienten als Reitschulen und als Pensionen für die Pferde von Besitzern, die keine eigenen Stallungen hatten und zum Teil auch dem Pferdehandel und der Vermietung von Equipagen. Der englische Pferdeauktionär Richard Tattersall (1724–1795) hatte 1766 in London eine Reitschule mit Pferdevermietung gegründet. Üblich war es damals in Berlin aber, die Reitpferde in den Tattersalls unterzustellen und die Wagenpferde in eigenen Stallungen am Wohnort. Vom »Tattersall des Westens«, 1893 von den Brüdern Beermann gegründet, ist an der Fassade Grolmannstraße 47 noch der Name erkennbar. Bahnreisende von Berlin in Richtung Westen sehen ihn nach der Ausfahrt aus

* Kleines Boot.

Gebäude des ehemaligen Tattersalls des Westens

dem Bahnhof Zoo auf der linken Seite. In dem Gebäude befindet sich heute die Künstlerkneipe Diener. Früher gelangten die Reiter über eine Rampe auch in die zweite Reithalle im Obergeschoss. In den S-Bahnbögen waren die Stallungen und eine Sattlerei an der Ecke Uhlandstraße untergebracht. Hier pausierte Kaiser Wilhelm II. mit seinen Kürassieren oder die Damen der Gesellschaft erfrischten sich nach ihrem Ausritt mit einem Gläschen Champagner. 1942 wurde der Reitbetrieb eingestellt, man brauchte die Pferde an der Kriegsfront. Die Reittiere, die sich 1945 noch dort befanden, wurden von russischen Soldaten weggeführt oder gleich geschlachtet. Zwei Pferdebesitzer, die sich nicht von ihren Tieren trennen wollten, sollen dabei erschossen worden sein. Die Stallungen wurden nach dem Zweiten Weltkrieg abgerissen. Die erhaltenen Teile eines Tattersalls am Schiffbauerdamm wurden 1997 wegen Baumaßnahmen des Deutschen Bundestags abgerissen.

Infolge des Baus der Stadtbahn ab 1875 durchschnitt das Viadukt den Bellevue-Park an seiner nordwestlichen Ecke. Für die Strecke zwischen der Spree-Überquerung und der Passage durch das neu entstehende Hansaviertel wurde eine Fläche von 4 100 Quadratmetern verkauft und die Parzelle zum Park hin durch eine hohe Mauer abgeschlossen. Wilhelm I. genehmigte die Parkdurchquerung im Vorjahr. Der Bahnhof Bellevue ist noch in seiner ursprünglichen Form erhalten und steht unter Denkmalschutz. Der Historiker Peter Wallé (1845–1904) blickte aus einem Fenster von Schloss Bellevue auf die Stadtbahn: »Über ihrem schlangenartig gewundenen Laufe, den zischend und pfeifend das Dampfroß im Fluge überwindet, ragen die unfreundlich rauchenden Schornsteine von Moabit herüber (...) Wie soll da die Freude an der Natur nicht aus diesem Schlosse gebannt werden?«[62] Nach der Erneuerung der Stadtbahn-Spreeüberquerung konnte man die Brücke nicht mehr zu Fuß passieren. Stattdessen wurde 1914/15 der Gerickesteg errichtet, um einen Zugang zur Stadtbahn aus dem Moabiter Wohngebiet zu ermöglichen.

Der zwei Kilometer weiter westlich gelegene S-Bahnhof Tiergarten ging im Januar 1885 als vorletzte Station der Stadtbahn in Betrieb. Er befindet sich am westlichen Rand des Großen Tiergartens nördlich der Straße des 17. Juni. Die Stationsräume sowie der Hauptzugang sind in den Viaduktbögen untergebracht. Mit der Station sollten vor allem das in den 1880er-Jahren entstandene Hansaviertel sowie die angrenzenden Gebiete der damaligen Stadt Charlottenburg an den Verkehr angebunden werden. Die Station wurde im Jahr 1936 umgebaut, die Bahnsteighalle abgerissen und der Bahnsteig selbst über die Ost-West-Achse verlängert.

Zwischen dem Tiergarten und dem Landwehrkanal entstand entlang der Tiergartenstraße ab etwa 1800 ein Wohnviertel überwiegend für Angehörige des Bürgertums. Für das einstige Ausflugsgelände vor der Stadtmauer Berlins genehmigte König Friedrich Wilhelm III. 1828 den Bebauungsplan. Wohlhabende Berliner errichteten hier und auch entlang der Lennéstraße ihre Sommerhäuser. Diese Bauten wurden schließlich durch ganzjährig bewohnbare Villen und Landhäuser und diese teilweise wieder durch drei- bis viergeschossige Mietshäuser ersetzt.

Auf seinem Grundstück Tiergartenstraße 21 ließ Hoflieferant Theodor Hildebrand eine Privatstraße anlegen.

Zu den ersten Grundstückskäufern an der Lennéstraße gehörten neben dem Rechtswissenschaftler Clemens August Carl Klenze (1795–1838) und dem Garten- und Landschaftsgestalter Peter Joseph Lenné unter anderem die drei Architekten Friedrich August Stüler (1800–1865), Martin Friedrich Rabe (1756–1856), Friedrich Hitzig (1811–1881) sowie der Regierungsrat im Kultusministerium Wilhelm Ludwig Credé (1795–1849). Der Bildhauer Johann Gottfried Schadow (1764–1850) nannte die Straße wegen ihrer berühmten und bedeutenden Bewohner ironisch »die Geisterlinie«. Zu ihnen gehörten auch die naturverbundenen Literatur- und Sprachwissenschaftler Jacob und Wilhelm Grimm, die nach ihrer Ankunft in Berlin im Frühjahr 1841 mehr als fünf Jahre in der Lennéstraße 8 wohnten. Die Gebrüder waren einem Ruf an die Berliner Akademie der Wissenschaften gefolgt. Wie sehr der Tiergarten seinen Charakter verändert hatte, zeigen zwei Äußerungen Wilhelm Grimms. 1809 urteilte er in einem Brief an den Rechtsgelehrten Friedrich Karl von Savigny (1779–1861): »Berlin liegt ganz in einer großen flachen Sandebene und hat nur auf der einen Seite einen großen ausgedehnten Wald, welcher der Tiergarten heißt, und worin es sehr schön ist.«[63] 1841 berichtete er dem Historiker und Freund Friedrich Christoph Dahlmann (1785–1860) über die neue Umgebung seines Wohnorts: »Wir wohnen in einer erst seit vier Jahren aufgebauten Straße an dem Rande des Tiergartens fast wie in einem Landhaus, auf der einen Seite von Gärten, auf der anderen von Eichbäumen umgeben (...) Was der Sandboden nicht vermag, wird durch die große Sorgfalt, mit welcher der ganze Tiergarten erhalten, gepflegt und geziert wird, ersetzt, und daß ich meinen Spaziergang machen kann, ohne die geräuschvolle heiße Stadt zu berühren, ist auch etwas wert«.[64] Jacob machte sich, unterstützt von Bettina von Arnim und dem Juristen Karl Hartwig Gregor von Meusebach (1781–1847), auf Wohnungssuche. Der Neubau biete, wie er Wilhelm versicherte, eine hübsche und bequeme Wohnung, »die euch gefallen und über manches andere trösten wird«. Die Wohnung sei zwar ein wenig abgelegen und teuer, aber darüber solle sich sein Bruder keine Sorgen machen. Seinem jüngeren Bruder Ludwig berichtete er nach dem Einzug Ende März: »Aus dem Fenster rechts sehe ich nach dem Tiergarten, der doch recht hübsch ist, und links in den Garten und gegen ein neugebautes Haus mit einer türkischen zierlichen Altane.« Die Lennéstraße war damals ein abgelegener Ort, aber für Jacob war sie in Berlin der Ort, der seinem früheren Wohnort Kassel mit seinen Parklandschaften am nächsten kam. Denn Berlin und seine geräuschvolle leere Geschäftigkeit strengten ihn an. »Still, frei und heiter« sei die Lage, »fast wie in der Aue, und werden nicht so wie in der Stadt überlaufen«. In der von Friedrich Hitzig erbauten dreigeschossigen »Turmvilla« mieteten sich die Gebrüder Grimm eine im zweiten Obergeschoss gelegene komfortable Wohnung mit zehn Zimmern und führten ein »offenes Haus«, das schnell zu einem kulturellen Treffpunkt des Berliner Geisteslebens wurde.

Später dankte Wilhelm seiner Freundin Bettina von Arnim, dass sie für seinen Bruder und ihn ein »Haus ausserhalb der Mauern ausgesucht« habe, »wo am Rande des Waldes eine neue Stadt heranwächst, von den Bäumen geschützt, von grünendem Rasen, Rosenhügeln und Blumengewinden umgeben, von dem rasselnden Lärm noch nicht erreicht.« Fußgänger wie die Grimms fanden im Tiergarten, nun im englischen Stil gestaltet, geschwungene Wege, die zu abgeschiedenen, ruhigen Orten führten. »Nicht weit von mir«, schrieb Wilhelm in einem Brief an den Kasseler Justizrat Friedrich Christoph Gervinus, »in einem langgestreckten regelmäßigen Teich schwimmen Tausende von Goldfischen, rund umher hochstämmige Rosen mit Weingehängen verbunden, um welche stattliche Bäume in die Höhe ragen.«[65] Ihre Spaziergänge führten die beiden Brüder häufig in den Tiergarten. Jacob war ein rüstiger Wanderer, Wilhelm bewegte sich wegen seines Herzleidens eher bedächtig fort. »Er ging langsam, Jacob rasch. Zusammen sind sie nie gegangen«, schrieb Herman Grimm, der Sohn Wilhelms. Täglich machten die Brüder ihre Promenaden, wobei sie sich bei gelegentlichen Begegnungen freundlich, aber wortlos grüßten. Ihre letzten 20 Lebensjahre verbrachten die Geschichtenerzähler in Mitte und lehrten an der Humboldt-Universität. Ab 1847 wohnten sie in der Linkstraße 7.

Zu der wohlsituierten bürgerlichen in der Lennéstraße ansässigen Klientel zählte vor allem der hohe Beamtenstand. Im Haus Nr. 12 richtete sich zwischen 1875 und 1890 die Vertretung des Königreichs Belgien ein. Und im repräsentativen Gebäude Nr. 10 nahm die Königlich Schwedisch-Norwegische Gesandtschaft ihren Sitz, wo sie bis 1912 blieb.

In dieser Straße findet in Theodor Fontanes Roman *Cécile*, erschienen 1887, der Zivilingenieur Robert von Gordon-Leslie eine Wohnung: »Die Fenster standen auf, und er sah hinaus auf den Tiergarten. Ein feiner, von der Morgensonne durchleuchteter Nebel zog über die Baumspitzen hin, die, trotz der schon vorgerückten Jahreszeit, kaum ein welkes Blatt zeigten; denn am Tag vorher war es windig gewesen, und das wenige, was sich bis dahin von gelbem und rotem Laube mit eingemischt hatte, lag jetzt unter den Bäumen und bildete Muster auf dem Rasenteppich.« Seine Wohnung ist von Gordon-Leslie dann aber fast zu ruhig: »Alles ist so still und verkehrslos hier, als ob es eine Privatstraße wäre mit einem Schlagbaum links und rechts (...) und wenn ich Glück habe, so sehe ich auch ein Stück von dem Schaperschen Goethe. Wahrhaftig, da blitzt so was zwischen den Bäumen.« Später wird erwähnt, dass nachts – wohl wegen des unübersichtlichen Tiergartens – sogar ein Wächter dort patrouillierte.

In der ersten Hälfte des 20. Jahrhunderts genoss der Schauspieler Hans Albers (1891–1960) ab 1928 in der Lennéstraße 7 den Panoramablick auf den Tiergarten. Albers besaß bis 1944 einen Zweitwohnsitz in Berlin. Seine Lebenspartnerin, die Schauspielerin Hansi Burg (1898–1975) besorgte ihm die Dreizimmerwohnung in der ersten Etage eines viergeschossigen villenartigen Hauses, zuvor hatte Albers im Hotel Adlon logiert. Albers spielte 1926 die Rolle des Baron Etville in dem Stummfilm *Die Villa im Tiergarten* unter der Regie von Franz Osten (1876–1956). Der Film handelt von dem unbeschwerten Leben eines Playboy-Junggesellen und seiner Freunde, die im Tiergartenviertel leben. Dieses Leben wird durch die Ankunft einer neuen disziplinierten Haushälterin bedroht. Zu Beginn der 1930er-Jahre zog Reichskanzler Franz von Papen (1879–1969) in die Lennéstraße 9.

Hans Albers auf dem Balkon seiner Wohnung in der Lennéstraße, 1935

Weiter westlich entwickelte sich in der zweiten Hälfte des 19. Jahrhunderts entlang der Tiergartenstraße eine ausgedehnte Villenkolonie, und höhere Beamte, Unternehmer, Künstler und Wissenschaftler zogen dorthin. Die zentrale Lage zwischen Alt-Berlin, Charlottenburg und Schöneberg war mit den Vorzügen von Vororten verbunden. Um das Jahr 1900 galt das Tiergartenviertel südlich der Tiergartenstraße als eines der attraktivsten Wohngebiete Berlins. Hier hielt die Moderne Einzug, hier wurden die ersten französischen Impressionisten präsentiert, hier ließen sich innovative Künstler und Galeristen, Sammler und Mäzene nieder. Neben reichen Industriellen in prächtigen Villen lebten an diesem Ort Kulturschaffende zur Miete, sie tauschten sich aus in den Kulturstätten und Salons sowie in den Cafés und Gaststätten. Der in Berlin lebende französische Journalist Jules Huret (1863–1915) schrieb: »Im Westen, am Eingang des Tiergartens liegt das vornehme Viertel, das Viertel der feinen Leute, das W., wie der Berliner sagt, die privilegierte Residenz der verschiedentlichen Aristokratien. (...) Im Norden von der Spree begrenzt, erstreckt sich eine breite, schattige Chaussee, an der sich, inmitten von Gärten, zwischen Efeu und wildem Weingerank, die Villen und griechisch-italienischen Palais neubackener, reicher Bankiers, Industrieller und Spekulanten erheben, deren Väter noch die Kartoffeln auf den Äckern des nahen Schöneberg pflanzten.«[66] Der Schriftsteller Heinrich Mann (1871–1950) lässt seinen Roman *Im Schlaraffenland* (1900) über die Berliner Gesellschaft im Tiergartenviertel spielen. Alfred Kerr, der nördlich vom Tiergarten im alten Hansaviertel wohnte, beschrieb 1895 den im Park aufkommenden Frühling: »Und auch die dunklen Gänge des Tiergartens sind abends belebter als sonst. Die kleinen Geschäftsmädchen gehen dort mit liebenswürdigen Jünglingen spazieren. Durch die großen Queralleen und über die schmäleren Reitwege gehen sie, aber die ganz schmalen und einsamen Stege am Neuen See und an der Schleuse werden bevorzugt – da, wo das Wasser melancholisch rauscht und von Zeit zu Zeit ein verlorener Schrei aus dem Zoologischen Garten hinübertönt. Wer um diese Zeit durch die schweigenden, dunklen Gänge schreitet, sieht mitten im Wege Menschenpaare stehen, eng umschlungen, die sich küssen, und von den Bänken an der Seite sind flüsternde Stimmen vernehmbar.«

Zu den prominenten Tiergartenviertel-Bewohnern gehörten auch der Bildhauer und Maler Georg Kolbe (1877–1944) und der Maler Max Liebermann (1847–1935). Eine Reihe von Galerien und Kunsthandlungen eröffneten, darunter die der Cousins Bruno (1872–1941) und Paul (1871–1926) Cassirer. Schriftsteller und Dichter wie Joseph von Eichendorff (1788–1857), Julius Elias (1861–1927) und Carl Zuckmayer (1896–1927) wohnten neben wohlhabenden Unternehmern und Kunstmäzenen wie Emil Rathenau (1838–1915) und James Simon (1851–1932). Von den Frauen sind noch heute Hedwig Dohm (1831–1919), Marie von Olfers (1826–1924) und Cornelie Richter (1842–1922) durch ihre gesellschaftlichen Salons sowie die Schauspielerin Tilla Durieux (1880–1971) bekannt.

In die Tiergartenstraße 5 zog 1841 Joseph von Eichendorff, nachdem ihm die Bellevuestraße zu laut geworden war. Der Lyriker und Schriftsteller vermisste in der Stadt die Natur und das Landleben und ging, sooft er konnte, in den Tiergarten. Auf seinen Spaziergängen führte er, zum Schrecken der Promenierenden, eine Schlange in der Brusttasche mit sich.

Georg Kolbe zog 1906 in die Regentenstraße 20 (heute ist die Ecke Hitzigallee/Tiergartenstraße überbaut), wechselte dann 1916 in eine große Atelierwohnung in der Nr. 24, wo er bis 1929 in einer stattlichen bürgerlichen Mehrfamilienvilla

Die Siegesallee bot sich zum Flanieren an: Paar vor dem Standbild Albrechts des Bären. Kolorierte Fotopostkarte, um 1902

aus den 1860er-Jahren wohnte. Hinter reich geschmückten Fassaden befanden sich großzügig geschnittene Wohnungen. In der Doppelvilla Regentenstraße 23/24 wohnte die Familie Kolbe in der Beletage. Jede Wohnung besaß zur Straßenfront sechs große Repräsentationsräume. Zwei Schicksalsschläge ließen den wichtigsten deutschen Bildhauer der Weimarer Republik schließlich nach Berlin-Westend ziehen: Sein langjähriger Freund und Förderer, der Kunsthändler Paul Cassirer, nahm sich 1926 das Leben, und ein Jahr später starb Kolbes Frau Benjamine (1881–1927), eine Sängerin.

Max Liebermann lebte mit seiner Frau ab 1884 zunächst In den Zelten 11 und von 1889 bis 1892 in der Bendlerstraße 9 (heute: Stauffenbergstraße) in der ersten Etage. Das Gebäude gehörte seinem Vetter Emil Rathenau. Kurz vor dem Tod seiner Mutter zog die Familie in das Palais seiner Familie am Pariser Platz, um seinem Vater beizustehen. Mit großer Selbstdisziplin ging Liebermann dort einem geregelten Tagesablauf nach: »Ich bin in meinen Lebensgewohnheiten der vollkommene Bourgeois; ich esse, trinke, schlafe, gehe spazieren und arbeite mit der Regelmäßigkeit einer Turmuhr.« Der Tiergarten war der natürliche Garten des Palais, das selbst keinen besaß. Seit seiner frühen Jugend hielt sich Liebermann dort sport- und spaßeshalber auf. Reiten war seine Leidenschaft, er

Kinderspielplatz im Tiergarten zu Berlin. Gemälde von Max Liebermann, 1885

machte Bootsfahrten und lief Schlittschuh, gewöhnlich auf der Eisbahn an der Rousseau-Insel. Der Tiergarten war auch das Einzige, was ihn je in Berlin als Motiv anregte. Sein Leben lang hat er ihn in Zeichnungen, Pastellen und Ölbildern festgehalten. Sein steter Anblick trug wohl mit dazu bei, dass keine Farbe ihm so gut gelang wie das Laubgrün. In jungen Jahren hatte er sich mit seinen beiden Brüdern im Palais ein kleines Zimmer geteilt, das zum Tiergarten hinausging. An seinen schulfreien Nachmittagen erhielt Liebermann privaten Malunterricht, unter anderem von dem Maler und Grafiker Carl Steffeck (1818–1890), der durch seine Bilder von Pferden und Hunden bekannt wurde. Statt die Vorlesungen an der Universität zu besuchen, ritt Liebermann im Tiergarten aus und malte. Eines Tages traf er dort auf Steffeck, der seinen gewohnten Morgenritt machte. Dieser lud ihn ein, in seinem Atelier ein Pferd mitzumalen. Später als Maler fand Liebermann bis 1900 seine Motive größtenteils in Holland, wohin er viele Jahre lang jeden Sommer reiste. In den Wintermonaten, die der Künstler in Berlin verbrachte, malte er aber Szenen aus dem Tiergarten, zum Beispiel die Schlittschuhläufer, die über die zugefrorenen Gewässer glitten. Nach Ausbruch des Ersten Weltkriegs musste Liebermann seine Arbeitsaufenthalte in Holland beenden und nahm in den Jahren 1917/18 wieder mit dem Tiergarten vorlieb. Neben seinem Garten am Wannsee bot der Park durch seine Besucher und Vegetation zahlreiche Motive. Auf seinen täglichen Spaziergängen nach dem Mittagessen fasste Liebermann häufig ein Motiv auf, das er beim Nachhausekommen aus dem Gedächtnis skizzierte. So entstand auch die Idee, einen Kinderspielplatz darzustellen. Liebermann malte im Atelier nach seinen Notizen, und zwar so, dass er jedes Mal ein Stück, das er draußen in der Natur studiert hatte, in das Bild eintrug. So entstand beispielsweise ein sehr sonniges Bild mit vielen Figuren mit zwei im Sand spielenden Mädchen im Vordergrund, die ebenso zum festen Inventar seiner Tiergartenbilder gehören wie die Spreewälder Ammen, die Nannys mit ihren Kinderwagen (s. S. 108–110).

Im Jahr 1898 eröffnete Paul Cassirer mit seinem Vetter Bruno in einem dreigeschossigen Wohnhaus in der Viktoriastraße 35 einen Verlag und eine Kunsthandlung. Als Erweiterungsbau entstand ein Jahr später im Garten eine provisorische Kunsthalle. Nach Differenzen trennten sich beide 1901. Bruno Cassirer übernahm den Verlag und verließ die Viktoriastraße, Paul Cassirer blieb mit der Kunsthandlung dort, in der er erfolgreich moderne französische und deutsche Künstler vertrat. Nachdem Paul Cassirer 1910 Haus und Grundstück gekauft hatte, ließ er zwei Jahre später einen neuen Oberlichtsaal bauen. 1908 hatte er in dem gegenüberliegenden Haus Viktoriastraße 5 einen eigenen Verlag gegründet. Cassirer war mit der Schauspielerin Tilla Durieux verheiratet, die 1903 nach Berlin kam. »Ein fünfjähriger Vertrag (…) verwirrte mich derart, daß ich den Zug zurück nach Breslau versäumte. Mein Geld reichte nicht zu einer Übernachtung im Hotel und so brachte ich meine erste Nacht in Berlin auf einer Bank im Tiergarten zu.«[67] Das Tiergartenviertel war für sie »eine stille Ecke, fast eine (…) Kleinstadt in der Großstadt. Ein paar Minuten vom lärmenden Potsdamer Platz entfernt, lagen die stillen Straßen, die Häuser, deren Mieter und Besitzer kaum wechselten, in kleine grüne Gärten eingebettet.«[68] Am Morgen ritt sie mit ihrem Ehemann von acht bis neun Uhr im Tiergarten, nur am Sonntag wurde ein größerer Ausflug zu Pferde in die Umgebung von Berlin gemacht.

Der Schweizer Schriftsteller Robert Walser (1878–1956) lebte ab 1906 in Berlin und veröffentlichte im Verlag von Bruno Cassirer. »Menschen machen den Tiergarten erst schön«, so der Autor. Walser war ein Flaneur in Bewegung, dessen Blick sich in die beobachteten Dinge und Szenen einfühlte, der selbst Teil des Bildes wurde, das er beschrieb. In seinem 1911 veröffentlichten Text *Tiergarten* taucht er quasi als Frühlingssonne in den durchsonnten Park ein und wird mit seiner Umgebung eins: »Ach, ist doch Berlin und sein Tiergarten jetzt schön! Es wimmelt von Menschen. Die Menschen sind starke, bewegliche Flecke im zarten, verlorenen Sonnenschimmer. Oben ist der lichtblaue Himmel, der wie ein Traum das untenliegende Grün berührt. Die Leute gehen leicht und bequem, so, als fürchteten sie, in Marschierschritt und in grobes Gebärden zu verfallen. Es soll Leute geben, die nie daran denken oder die sich zieren, sich am Sonntag auf eine Tiergartenbank zu setzen. Wie doch solche Leute sich des reizendsten Vergnügens berauben.« Walser zog 1912 in ein möbliertes Zimmer am Schöneberger Ufer.

Der Schriftsteller, Verleger und Kunstsammler Carl Zuckmayer war mit der Schauspielerin und Lektorin Annemarie »Mirl« Seidel (1894–1959) liiert. Beide bewohnten 1921/22 im Souterrain des Hauses Matthäikirchstraße 4 »eine erstaunlich billige Wohnung, denn sie lag im Keller, unter der Portiersloge. Sie bestand aus einem großen Zimmer, dessen unvergitterte Fenster nur zur Hälfte über den Vorgarten aufragten, so daß es stets im Dämmer lag. (…) Ich hatte eine fensterlose Kammer mit nackter Deckenbeleuchtung neben dem Kohlenschuppen«. Trotzdem meinte er, mit Seidel eine »Behausung, die wir als eine trouvaille empfanden« gefunden zu haben – dabei war sie feucht. Zuckmayer wusste nicht, dass Julius Elias im selben Haus wohnte. Der Übersetzer, Schriftsteller, Verleger und Kunstsammler besaß zwei Stockwerke über ihm eine »prächtige Wohnung«. Gemeinsam mit seiner Frau hatte er 1890 das ererbte Haus bezogen. Die stärkste Verbindung hatte Elias zu Max Liebermann, über den er allein vier Bücher schrieb.

Der Maschinenbauingenieur und Unternehmer Emil Rathenau besaß bereits seit den 1860er-Jahre das Gebäude Viktoriastraße 3. Im Jahr 1911 ließ er es ebenso wie das Haus Nr. 4, das er kurz zuvor gekauft hatte, abreißen. In dem errichteten Neubau wohnte er bis zu seinem Tod. Rathenau war Gründer der Allgemeinen Electricitäts-Gesellschaft (AEG) und ein Cousin Max Liebermanns.

An der Tiergartenstraße 15 blickt aus der Fassade der baden-württembergischen Landesvertretung heute der Bauwollfabrikant James Simon. Unter dem Bronzerelief des gutmütigen Charakterkopfes würdigt eine Inschrift den »Mäzen, Wohltäter, Patrioten und jüdischen Weltbürger«, der bis 1927 hier wohnte und die Berliner Museen um zahlreiche Kunstschätze, darunter die

Nofretete, bereichert hat. Mit seiner Frau und den drei Kindern wohnte er in einer 1885/86 errichteten Villa. Im Jahr 1909 ließ er sie umbauen, um im Erdgeschoss seine umfangreiche Kunstsammlung zu präsentieren. Bevor die Nofretete ins Neue Museum auf die Museumsinsel kam, stand sie in Simons Wohnung im Tiergarten. Ein Blick auf die Büste blieb lange nur ausgesuchten Gästen vorbehalten, darunter Kaiser Wilhelm II., der gleich mehrmals kam, um sie zu bewundern.

Der Schauspieler und Regisseur August Wilhelm Iffland (1759–1814) wohnte ab 1801 in einem von ihm gebauten Sommerhaus in der heutigen Tiergartenstraße 29. Jeden Morgen stand Iffland um fünf Uhr auf, ging im Tiergarten spazieren und memorierte seine Rollen oder überdachte Theaterpläne.

Gedenktafel für James Simon an der Landesvertretung Baden-Württembergs in der Tiergartenstraße

Der Gastronom, königliche Hoflieferant und Hotelier Lorenz Adlon (1849–1921) wohnte seit 1903 in der Bendlerstraße 43 (heute: Stauffenbergstraße), an der östlichen Ecke zur Tiergartenstraße, und der Warenhausbesitzer Georg Wertheim (1857–1939) hatte in der Matthäikirchstraße 33 sein Domizil.

In Zeiten, in denen Frauen das Parlament als öffentlicher Raum rechtlich verwehrt war, konnten sie sich zum Beispiel in einem Salon austauschen. Dabei handelte es sich um eine Form von halböffentlichem geselligem Beisammensein unter Freunden und Bekannten, das immer auch einen politischen Aspekt hatte. Viele Frauen nutzten dies, um auf die Öffentlichkeit einzuwirken und einen gesellschaftlichen Wandel anzustoßen. Die private Wohnung gehörte zu den Räumen, die man der Frau zusprach. Dort kam es zu den anregendsten Intellektuellentreffen: Teegesellschaften, zu denen sich Adlige und Bürger, Frauen und Männer einfanden, um gemeinsam die Bildung ihrer Persönlichkeit zu pflegen.

Der Salon der Schriftstellerin Hedwig Dohm, die von 1900 bis 1909 in der Tiergartenstraße 19 wohnte, stand in dieser Tradition. In diesem letzten großen Salon Berlins verkehrten einflussreiche Frauen wie die Politikerinnen Helene Lange und Adele Schreiber sowie berühmte Männer wie etwa der Komponist Franz Liszt und der Dichter Fritz Reuter. Dohm schrieb 1894: »Ich mache weite Spaziergänge. Früher ging ich nur aus, um Besorgungen zu machen. Nun aber gehe ich wirklich spazieren, langsam, durch den Tiergarten. Das Wetter ist seit Tagen schon trüb und regenschwer. Luft und Himmel grau, immer grau. Die noch grünen Blätter verschossen, schwarzfleckig. Der Boden bedeckt mit bräunlichem und schmutziggelbem Laub, dazwischen abgebrochene, morsche Zweige. In der Luft liegt etwas Modriges. Die feuchte, schwere Erde scheint die Blätter in sich zu saugen. Sie nährt sich ja davon. Das ist nun mein Los auch, so abzusterben in Muffigkeit und Grämlichkeit, aufgesogen. (...) Im Tiergarten ist's jetzt so trübe.«[69] Ihr Roman *Christa Ruland* handelt von den Bildungschancen der Frau im ausgehenden 19. Jahrhundert, und die Schriftstellerin schilderte 1902 die folgende Szene ihrer Protagonistin: »Sie hüllte sich in ihren Mantel und ging hinaus in den erleuchteten Tiergarten. Es war schon ganz einsam dort. Durch den Schleier bildeten all die elektrischen Bogenlampen flammende Kreuze. Sie wandelte durch eine Kreuzallee. Schlug sie den Schleier zurück, so verschwanden die Kreuze und verwandelten sich in große stille Monde, die von allen Seiten den Dahinwandelnden mit sanfter Feierlichkeit grüßten. Über der breiten Bellevue-Allee hingen die Lampen quer über den Weg in der Luft – Riesenperlenschnüre. Die vornehme Villenstraße begrenzt auf der einen Seite den Park. Die elektrischen Birnen in den Zimmern und die Laternen vor den Portalen durchglühten mit ihrem rötlichen Licht die schwarzen Baummassen und schufen einen Zauberwald aus dem bei Tageslicht so korrekten Tiergarten.«

Regnerischer Herbsttag am Neuen See

Die Schriftstellerin und Malerin Marie von Olfers wohnte bis 1896 in einem Mietshaus aus dem Jahr 1861/62 in der Margaretenstraße 7. Sie war zunächst an dem Salon ihrer Mutter beteiligt, die 1891 verstarb. Einmal wöchentlich empfing sie vor allem Schriftsteller, Musiker, Kunsthistoriker und Bildende Künstler. Cornelie Richter, wohnhaft in der Bellevuestraße 5, öffnete ab 1890 täglich ihr Haus für einen Salon, in dem sich zahlreiche prominente Künstler und Kunstfreunde trafen, aber auch Schriftsteller der aufkommenden Moderne.

Die Schriftstellerin Helene von Nostitz (1878–1944) führte in Schöneberg und später in Zehlendorf einen Salon. Sie war die Tochter des Generalmajors Conrad von Beneckendorff und von Hindenburg und verbrachte ihre Kindheit in der Roonstraße (heute: aufgelöst), unweit des Kronprinzenufers. 1924 schrieb sie:

> »Gleich in der Nähe liegt der Tiergarten, in dem mein Vater seine täglichen, regelmäßigen Spaziergänge unternahm, manchmal auch nur die ›kleine Schleife‹ machte, wie er es nannte. Allmählich verschwanden dort die Gestalten (...) vor allem die merkwürdige Erscheinung des unglücklichen alten Herrn mit dem gefärbten schwarzen Backenbart, der stets zu derselben Zeit auf der Tiergartenstraße mit der Uhr in der Hand auf einer Bank saß und noch immer auf die Frau wartete, die ihn vor Jahren verlassen hatte und nicht zurückkehrte. Manchmal kamen wir gerade im Augenblick vorbei, wenn er enttäuscht wieder aufstand, weil die Stunde wieder vorüber war, zu der sie ihre Rückkehr versprochen hatte, und langsam, kopfschüttelnd entfernte er sich. Und dann der etwas geistesgestörte Reiter, der uns immer grüßte und wohl der Verfasser dieser wirren, anonymen Briefe war, die uns vor allem in jeder Lebensnot den Genuß von Honig empfahlen.«[70]

Auch in der sich östlich anschließenden Lennéstraße etablierte sich in den 1920er-Jahren in ausgebauten Ladengeschäften oder auf den Etagen der großzügigen Häuser der Kunsthandel. Hinzu kamen zahlreiche elegante Modesalons der Luxusklasse. Im Berliner Adressbuch von 1927 finden sich allein für die Lennéstraße fünf Antiquitäten- und Kunsthandlungen sowie acht Modesalons.

Für »alle, die Rang und Namen« hatten, »oder haben wollten«, war der »allabendliche Wagen- und Fußgängercorso in der Tiergartenstraße (...) ein gesellschaftliches Muß«.[71] Für den Bankierssohn und Kunstmäzen Werner Weisbach (1873–1953; Margaretenstraße 19) geriet das vom Tiergarten ausgehende »Muss« zum »Hass gegen den Tiergarten mit seinen eingezäunten Rasenflächen und vorgeschriebenen Wegen, wo ich in adretter Kleidung täglich Spazieren geführt wurde«.[72] Auch der Bankier Carl Fürstenberg (1850–1933) betonte »die übliche Sonntagspromenade in der Tiergartenstraße« als repräsentative kulturelle Praxis des Bürgertums: »Dort drängte sich alles zusammen, was in Berlin irgendwie zur bürgerlichen Gesellschaft gehörte, und wandelte im Sonntagsstaat um die Mittagsstunde auf und ab. Die Damen zogen ihr bestes Kleid an, und die Familienväter pflegten sich ihren Bratenrock* anzulegen und ihren Zylinderhut aufzusetzen.«[73]

* Festliches Herrenkleidungsstück.

Die im Tiergartenviertel stehengebliebene Villa Gontard in der Stauffenbergstraße 41 entstand 1907 anstelle eines älteren Hauses von 1841. Heute ist sie Sitz der Generaldirektion der Staatlichen Museen zu Berlin. Die Stiftung nutzt auch die in der Sigismundstraße 4 a stehengebliebene Villa (1895/98) des Verlegers Paul Parey. Diese sollte in den 1980er-Jahren der Gemäldegalerie weichen. Proteste von Studenten konnten den Abriss verhindern. Die Villa wurde schließlich in den Bau der Gemäldegalerie integriert. Baulich ist aus dieser Zeit auch noch die St.-Matthäus-Kirche in der Mitte des heutigen Kulturforums übriggeblieben. Dieses ehemalige Wohnviertel mit seinen freistehenden Villen und weitläufigen Gartenanlagen zählte zu den gehobenen Stadtquartieren, weshalb der Volksmund vom »Geheimratsviertel« sprach. Da war es nur standesgemäß, wenn sich allmählich auch Diplomaten hier niederließen. Aus dem Tiergartenviertel entwickelte sich damit innerhalb kurzer Zeit die älteste und vornehmste Villenkolonie Berlins zur ersten Adresse der Diplomatie. Die rasche Entwicklung der westlichen City rund um die Kaiser-Wilhelm-Gedächtniskirche sowie die Gründung von Villenkolonien wie Grunewald, Wannsee und Wilmersdorf hatten zwischen der alten Stadtmitte und dem sogenannten Neuen Westen zu einem erheblichen Anstieg des Auto- und Droschkenverkehrs geführt. Das Tiergartenviertel verlor dadurch seinen ehemals ruhigen Wohncharakter und entwickelte sich mehr und mehr zu einem Durchgangsgebiet.

Die Villa Parey in der Sigismundstraße in den Morgenstunden

SIEGESSÄULE

»Ohne Begleitung, allein, bog der Reichskanzler (Otto von Bismarck, H. N.) auf seinem schweren Braunen in die Siegesallee ein und ritt langsam heran. (…) Auf der Königshöhe, gegenüber von Sedan, gestern vor drei Jahren, als er dort auf seines Werkes glorreiche Vollendung niederblickte, sah er nicht (…) prächtiger (…) aus als heut und hier im Sonnenglanz auf dem Berliner Königsplatz.«[74] Es ist der 2. September 1873. Das Nationaldenkmal des neuen Kaiserreichs, die Siegessäule, wird auf dem heutigen Platz der Republik, ihrem ursprünglichen Standort, eingeweiht. Mit fünf Minuten Verspätung gab Kaiser Wilhelm I. um 11.05 Uhr den Befehl, das Denkmal zu enthüllen. Nach einer kurzen Ansprache erschallten der Donner von 101 Kanonenschüssen und die Klänge von *Heil Dir im Siegerkranz*, alle Glocken der Stadt läuteten. Eine generalstabsmäßig geplante Zeremonie, die beinahe schief verlaufen wäre.

Kaiser Wilhelm I. dankt dem Fürsten Bismarck bei der Enthüllung der Siegessäule. Ölskizze von Robert Warthmüller, 1894

Denn am Vortag, zur Mittagszeit, meldete sich im Polizeipräsidium am Alexanderplatz ein Arbeiter. Er berichtete dem entsetzten Polizeipräsidenten Guido von Madai (1810–1892) persönlich: »Neun Männer werden die Reihen der Menge durchbrechen und von verschiedenen Seiten Bomben gegen Seine Majestät und die Säule werfen.«[75] Der Arbeiter hatte die Männer in ihren Wohnbaracken belauscht. Terroristische Anarchisten fanden vor allem in den Arbeiterschichten zahlreiche Anhänger. Der Polizeipräsident schickte alle verfügbaren Kräfte zum Königsplatz. Doch es geschah nichts. Die Attentäter wussten, dass sie belauscht worden waren. Sie standen in der Jubelmenge, hatten aber ihre Bomben zuhause gelassen.

Den Platz nannte der Volksmund aufgrund der den gesamten Tiergarten bestimmenden Sandigkeit lange Zeit die »Sahara von Berlin«. Zwischen 1843 und 1846 ließ Peter Joseph Lenné dort spiegelbildlich angeordnete Pflanzen- und Rasenflächen anlegen, durch die sich ein geometrisches Wegesystem zog. 1864 bestimmte König Wilhelm I. den Namen »Königsplatz« zum Andenken daran, dass unter vier preußischen Königen die Berliner Regimenter auf dem ehemaligen Exerzierplatz ihre Ausbildung erhielten. Mit der Fertigstellung der Siegessäule zwischen der Krolloper, dem Raczynskischem Palais und dem seit zwei Jahren fertiggestellten Generalstabsgebäude fand die Ausgestaltung des Königsplatzes vor den Toren des alten Berlin einen städtebaulichen Höhepunkt.

Die 60,50 Meter hohe Siegessäule entwarf der Architekt und königlich-preußische Oberhofbaurat Johann Heinrich Strack (1805–1880). Von ihm ist auch das Joachimsthalsche Gymnasium in Wilmersdorf erhalten. Der Sockel der Siegessäule zeigt an allen vier Seiten ein Friesrelief aus Bronze: den deutsch-dänischen Feldzug an der Westseite, den preußisch-deutschen Krieg von 1866 an der Südseite, den deutsch-französischen Krieg im Osten und im Norden den Einzug der siegreichen Truppen in Berlin. Die Kanneluren der drei Säulentrommeln enthalten je 20 erbeutete und vergoldete Kanonenrohre aus den drei siegreichen Kriegen. Mit den eroberten Waffen wird der Triumph über den Feind verherrlicht. 285 Stufen führen in der Siegessäule auf die Aussichtsplattform. Von ihr erhebt sich die 8,32 Meter hohe, knapp 40 Tonnen schwere blattvergoldete Bronzestatue der Siegesgöttin Viktoria, geschaffen von Friedrich Drake. Versehen mit Feldzeichen und Eisernem Kreuz, hält sie den Lorbeerkranz mit ihrem rechten Arm in die Höhe. Auf ihrem Kopf trägt sie den preußischen Adlerhelm. Damit zeigt sie sich auch als Borussia, als Personifikation Preußens. Drake orientierte sich an der Antike und hatte eigentlich eine nackte Viktoria vor Augen. Wilhelm I. sah das anders und ließ sie bekleiden.

Der König persönlich verband Drakes Entwurf einer Viktoria mit dem Säulenentwurf Stracks. Der Architekt hatte jedoch im Verhältnis zur Architektur eine deutlich kleinere Plastik vorgesehen als der Bildhauer. Drake, der selbst auch einen Säulenentwurf fertigte, reagierte kapitulierend auf die Kombination beider Entwürfe: »Er verzichte (...) auf den Allerhöchsten Auftrag zu diesem Werk und bittet, ihn davon Allergnädigst zu entbinden.« Ein Werk könne nicht harmonisch sein, »welches statt durch eine Hand durch mehrere Hände gehe, und daß er fast immer bei seinen Arbeiten die Architektur, wie es die alten Meister getan, selbst angegeben habe.«[76] Seinem Einspruch wurde jedoch widersprochen. Und Viktoria galt im Volksmund fortan als das anständigste Frauenzimmer Berlins, »denn sie hat kein Verhältnis«.[77] Drakes Figur ist auch als »Goldelse« bekannt, benannt nach dem 1866 populären gleichnamigen Fortsetzungsroman der Schriftstellerin Eugenie Marlitt (1825–1887), der in der *Gartenlaube* erschien. Kurt Tucholsky äußert sich dazu wie folgt: »Inmitten des Tiergartens glänzt seit einem runden Jahrhundert auf einem hohen Sockel das respektable Hinterteil der vergoldeten Else, und auch die eiligsten Autos steuern nach wie vor brav um das Monument herum. Nun ist die Säule aber doch das stolze Symbol des preußisch-deutschen Sieges über Frankreich 1870/71, und auch im Zeitalter des Zusammenwachsens Europas (…) scheint das niemanden zu stören. Da sind wir also wieder bei dem Postament, auf das Berlin seine Siege hievt.« Der Königsplatz, an dem sich Ost-West- und Nord-Süd-Achse kreuzten, wurde in der Zeit des Nationalsozialismus zum Mittelpunkt der zukünftigen »Welthauptstadt Germania« auserwählt. Die

Fläche sollte als monumentaler Aufmarschplatz dienen, nur die Siegessäule in der Platzmitte störte. Albert Speer schrieb dazu in seinen Erinnerungen: »Hitler sah (in der Siegessäule) ein Monument deutscher Geschichte, das er, der stärkeren Wirkung wegen, bei dieser Gelegenheit sogar um eine Säulentrommel erhöhen ließ; er zeichnete dazu eine noch erhaltene Skizze und mokierte sich über die Sparsamkeit selbst des triumphierenden preußischen Staates, der sogar an der Höhe der Siegessäule geknausert hatte.«[78] 1938 wurde sie abgetragen und zusammen mit den anderen Denkmälern vom Königsplatz und der Siegesallee an den Großen Stern versetzt. Dabei fielen die letzten großen Eichen, die der Hofjäger Hemmerich um 1700 zur Umrandung des Platzes gepflanzt hatte. Die Denkmäler vertrieben nun die vier Jagdgruppen vom Großen Stern in Richtung Fasanerieallee. Der Hubertusbrunnen verschwand sogar ganz und wurde im Krieg eingeschmolzen. Damit war das Baufeld für die »Große Halle« und den »Großen Platz« im Spreebogen und im Alsenviertel freigeräumt. Der Königsplatz diente wieder als militärischer Aufmarschplatz und sollte mit dem Oberkommando der Marine und weiteren Gebäuden zum »Forum des Großdeutschen Reiches« umgestaltet werden.

Die Viktoria auf der Siegessäule

Als erstes Bauvorhaben plante man für »Germania« die Ost-West-Achse und erweiterte den Großen Stern von etwa 80 Metern im Durchmesser auf rund 200 Meter. Um die Siegessäule ungefährdet vom Verkehr zu erreichen, untertunnelte man die Straße. An der Ost- und an der Westseite wurden jeweils zwei Eingänge gebaut, von denen aus man die andere Straßenseite und die Siegessäule erreichen konnte. Albert Speer entwarf diese Tunnelanlage mit vier Eingangsbauten zur Unterquerung. Die Siegessäule fungierte an ihrem neuen Standort als städtebauliche Wegmarke der Ost-West-Achse vor allem bei Militärparaden. Ihren quadratischen Unterbau verbreiterte man um 6,50 Meter und schob den drei Trommeln auf Anweisung Hitlers eine vierte von ebenfalls knapp 6,50 Metern Höhe unter. Dabei versetzte man die Kanonenrohre und brachte an der obersten Trommel den Kanonenrohren nachempfundene Lorbeergehänge an. Die Gesamthöhe der Siegessäule betrug nun 67 Meter. Einen neuen Ort fanden auch die 32 Standbilder der Siegesallee an der Großen Sternallee. An der Nordseite des Sterns zwischen Altonaer Straße und Spreeweg kamen die Denkmäler von Bismarck, Moltke und Roon vom Königsplatz zur Aufstellung. Das Bismarck-Denkmal kam als das größte in die Mitte, wurde aber um 50 Meter in den Park hineingeschoben, da die Denkmäler sonst zu eng beieinandergestanden hätten und um sie in der Höhe etwas anzugleichen. Der »Reichsgründer« Fürst Otto von Bismarck (1815–1895), im Waffenrock mit Helm und Degen, wurde flankiert von den Generälen, die die »Einigungskriege« gegen Dänemark, Österreich und Frankreich zum Sieg geführt hatten. Eine Sandsteinbalustrade mit Vasen umgab den ganzen Platz. Den Großen Stern baute man zu einem repräsentativen Platz in Erinnerung an das »Zweite Reich« aus. 1946 beschrieb der sozialistische Autor Willi Bredel (1901–1964) den »verstümmelten Tiergarten«: »Kalte Ruinen mit klaffenden Wunden im Gemäuer (…) mit leeren Fenstern, zusammengebrochenen Säulen, zerfetzten Eingängen. Nur die Siegessäule unversehrt inmitten der Zerstörung, und über ihrer in der heißen Julisonne golden glitzernden Viktoria weht (…) die Trikolore.« [79] Im selben Jahr beantragte Frankreich im Zusammenhang mit der alliierten Anordnung der »Liquidierung deutscher militärischer und nazistischer Denkmäler und Museen« in der Kommandantur, die Siegessäule zu sprengen. Es lag nahe, dass sich Frankreich durch die Siegessäule besonders gestört fühlte. Das Denkmal bildete jedoch einen Sonderfall, weshalb der Antrag nicht angenommen wurde und die Siegessäule stehenblieb. Bereits im Vorjahr hatten die Franzosen aber drei der vier Sockelreliefs demontiert und als Beutestücke nach Frankreich gebracht. Fünf Jahre später vertraten der Magistrat und der Landeskonservator die Ansicht, dass die Siegessäule ein »erhaltenswertes Baudenkmal der vergangenen Zeit« sei. Die Debatte um die Reliefs aber hielt an. Seit 1975 war bekannt, dass sich mindestens zwei der drei vermissten Arbeiten in Paris, im Armeemuseum und im Stadtmuseum, befanden. Das vierte zum Deutschen Krieg war in der Zitadelle Spandau verblieben. Nur das Relief über den deutsch-dänischen Krieg vermutete man in Kopenhagen. Bis 1988 wurden alle vier Reliefs wieder am Sockelunterbau angebracht. Sie sind bewusst nicht rekonstruiert, sondern nur für die Wiederanbringung konserviert.

In zahlreichen Filmen tritt die Siegessäule als Motiv auf. Am bekanntesten ist wohl eine Szene in dem Film *Der Himmel über Berlin* von Wim Wenders (* 1945) aus dem Jahr 1987: Die Engel Damiel und Cassiel, gespielt von Bruno Ganz und Otto Sander, sitzen auf der Schulter der Viktoria und reflektieren über das Dasein der Engel und das Schicksal der Menschen, während unterhalb von ihnen der großstädtische Verkehr fließt.

Am 15. Januar 1991 wäre ein Sprengstoffanschlag auf das Bauwerk fast erfolgreich gewesen. Die linksextremistische Terrorgruppe »Revolutionäre Zellen« bezeichnete das Denkmal in einem Bekennerschreiben als »Symbolobjekt für Nationalismus, Rassismus, Sexismus und Patriarchat«. Der Sprengsatz hatte aber nicht vollständig gezündet.

Als Route für politische Demonstrationen sind die Straße des 17. Juni und auf halber Wegstrecke die Siegessäule bis heute außerordentlich beliebt. Immer wieder nutzen spektakuläre politische Protestaktionen, bei denen Banner von der Säule herabgelassen werden, die Prominenz des Denkmals für sich.

In einem der Tunnelhäuschen am Großen Stern befindet sich das Café Viktoria mit Biergarten. Die Gesellschaft »Monument Tales« hat als Pächter der Siegessäule vom Bezirk das Torhaus zu einem gastronomischen Betrieb ausgebaut. Das Café bietet 43 Sitz- und acht Stehplätze sowie 60 Plätze im Außenbereich.

Demonstration gegen den russischen Angriff auf die Ukraine an der Siegessäule, 27. Februar 2022

REICHSTAGSGEBÄUDE

Nach der Gründung des Deutschen Reiches 1871 beschloss man, ein neues Parlamentsgebäude zu bauen. Es galt zunächst, den Bauplatz dafür festzulegen. Die nachfolgenden 23 Jahre tagte der Reichstag jedoch provisorisch in der Leipziger Straße 4, dem vorherigen Sitz der Königlichen Porzellan-Manufaktur. So lange zog sich die Diskussion und Wahl eines geeigneten Standortes sowie anschließend der Bau des Reichstagsgebäudes hin. Zunächst bestimmte die Parlamentsbaukommission einen Bauplatz auf der Ostseite des damaligen Königsplatzes (heute: Platz der Republik). Allerdings stand dort noch das Palais des polnischen Grafen Athanasius Raczynski (1788–1884), eines preußischen Diplomaten und Kunstsammlers. Es war eines der schönsten Palais im Berlin des 19. Jahrhunderts. Die Kommissionsmitglieder waren davon überzeugt, mit der Unterstützung des Kaisers und damit letztlich auch der Zustimmung des Grafen rechnen zu können und schrieben einen internationalen Wettbewerb aus. Der Graf weigerte sich aber entschieden, sein Grundstück zur Verfügung zu stellen, und Wilhelm I. wollte kein Enteignungsverfahren einleiten, obwohl auch er den Standort passend fand. Die Kommission sah daraufhin den Platz des Etablissements Kroll als den geeignetsten und kostengünstigsten an, obwohl der Reichstag gegen den Vorschlag stimmte und die Kommission noch 56 weitere Bauplätze prüfte. Der Abgeordnete Adalbert Freiherr von Nordeck zur Rabenau (1817–1892) wendete gegen Krolls Etablissement ein: »Jeder von ihnen ist wohl schon an häßlichen kalten Winterabenden nach Kroll gegangen und zurück. Wenn man das einmal tut, dann kann's gehen und die Unannehmlichkeit ist zu tragen; aber jeden Abend hingehen während der Session und im Winter und vielleicht während 24 Stunden zwei-, dreimal und um Mitternacht zurück, im Schnee und Eis, das ist etwas ganz anderes.« Nun lag das Kroll'sche Etablissement zwar nur auf der anderen Seite des Königsplatzes, aber wenn man aus der Stadt kam, war die Entfernung weiter als zu dem ursprünglich favorisierten Palais. Der Reichstagsabgeordnete August Reichensperger (1808–1895) sprach sich später sogar gegen beide Standorte aus. Auf den Vorschlag, einen »Reichstagspferdeomnibus« einzurichten, reagierte er mit der Frage, »ob das mit der Würde des Reichstags und seiner Mitglieder verträglich ist, wenn man Abends nach einer Kommissionssitzung oder nach parlamentarischen Vereinigungen (…) zu solcher Zeit immer einen Pferdeomnibus zur Verfügung haben müßte (…) denken Sie sich das Gedränge der verehrten Herren Kollegen (…) wo Jeder zuerst in den Omnibus kommen will; man müßte für je 10 Mann einen Omnibus zur Verfügung stellen (…) und ob das würdig ist, wenn um die Winternachtszeit die Ver-

treter der deutschen Nation schlotternd oder triefend durch das Brandenburger Tor einmarschiren – das scheint mir doch sehr zweifelhaft zu sein.« Dem Abgeordneten Ludwig Bamberger (1823–1899) war das Grundstück Kroll schlichtweg zu zugig. Er wunderte sich, »daß ein Gebäude gesetzt werde auf einen großen, weiten, unabsehbaren, unbebauten Platz (…), hier wird der Horizont begrenzt durch einige Bahnhöfe, Kasernen, einen Exerzierplatz und ein Mustergefängnis.« Zwischenzeitlich favorisierte der Reichstag sogar den Alsenplatz.

1881 konnte auf die erste Standortwahl zurückgegriffen werden, da der Graf sieben Jahre zuvor 1874 verstorben war. Sein Sohn hatte das Raczynski-Palais noch im selben Jahr an den Preußischen Staat verkauft. Der Architekt Paul Wallot (1841–1912) gewann den zweiten Reichstagswettbewerb 1882 und erhielt den Auftrag zur Ausführung. Nach zehn Jahren Bauzeit konnte der Reichstag 1894 eingeweiht werden.

Das Reichstagsgebäude konnte 1894 nach zehnjähriger Bauzeit eingeweiht werden. Farbdruck, 1896

SPREEWALDAMMEN

Bei Theodor Fontane sitzt der attraktive Zivilingenieur Robert von Gordon in *Cécile* im Tiergarten auf einer Bank, »die, trotzdem die Oktobersonne einladend darauf schien, unbesetzt war«. Eine Spreewaldamme erscheint mit einem Säugling im Kinderwagen und bringt von Gordon dazu, die Parkbank zu räumen: Sie »nahm neben ihm Platz. Er sah nach ihr hin, aber die gewulsteten Hüften samt dem Ausdruck von Stupidität und Sinnlichkeit waren ihm in der Stimmung, in der er sich befand, geradezu widerwärtig, und so stand er – übrigens zu sichtlicher Verwunderung seiner Bankgenossen – rasch auf, um weiter in die Parkanlagen hineinzugehen.« Es sind seine eigenen sinnlichen Wünsche in Bezug auf Cécile, die er damit abstreifen will. Bei seiner Ankunft in der Lennéstraße hatte er noch nach diesen Ammen Ausschau gehalten, weil er sich erinnerte, wie sonst der Tiergarten »aus lauter roten Kopftüchern und blauweißen Kinderwagen zu bestehen« schien. Die in der Frühzeit roten Hauben sind später aber offenbar durch weiße Hauben ersetzt worden. Auch im *Stechlin* wird eine »Madamm« erwähnt, die mit einer Spreewaldamme zusammen die Pferdebahn benutzt und damit Offizieren die Mitfahrt eigentlich verhindert: »Denn es giebt mir immer einen Stich, wenn ich mal in Berlin bin, so die Offiziere zu sehen, wie sie da hinten stehen und Platz machen, wenn eine Madamm aufsteigt, manchmal mit 'nem Korb und manchmal auch mit 'ner Spreewaldamme. Mir immer ein Horreur.« Und auch Fontanes Frau selbst hatte bei ihrem Sohn Friedrich zwischen selber Stillen, Päppeln (die Flasche geben) und Amme zu entscheiden. Sie wählte die letzte Variante. Was Fontane in seinem Gedicht *Land Gosen* zum Thema reimt, beruht also auch auf eigener Erfahrung:

> »Nichts entlehnt und nichts geborgt,
> Für Großes und Kleines ringsum gesorgt,
> Und gesorgt vor allem auch (und nicht schlecht)
> Schon für unser kommendes Geschlecht, –
> D e s sind uns Gewähr unsre lieben, strammen
> und fast unmöglichen Spreewaldammen.«[80]

Die sorbischen und wendische Frauen galten als vertrauenswürdige Kindermädchen und Statussymbol wohlhabender adliger oder bürgerlicher Familien. Die in weißer Tracht gekleideten Frauen mit ausladenden Hauben aus bestickten Tüchern fielen im Tiergarten und allgemein im Stadtbild auf. Sie hatten den Vorteil, dass sie bei der Familie einzogen und die Kinder nicht weggegeben werden mussten. Bis in die Neuzeit hielt sich das Bild, dass Frauen sich durch das Stillen verausgaben und vorzeitig altern würden. Überhaupt galt Stillen als »animalisch« – es schickte sich nicht für die Damen der bürgerlichen Gesellschaft, ruinierte angeblich die Figur und hinderte sie an der Erfüllung ihrer ehelichen und gesellschaftlichen Pflichten. Sollten doch andere diese lästige Aufgabe erledigen. Die Amme galt als zuverlässiges Personal mit gesunder Muttermilch. Die Autorin Sibylle Niemoeller-von Sell (1923–2022) schrieb über ihre Berliner Kindheit: »Kein Ausgang (…) ohne Haube. Sie war sozusagen das Markenzeichen, das nicht nur die Trägerin, sondern auch die Familie erst ins rechte Licht rückte, die sich ein solches Prachtexemplar leisten konnte.« Das öffentliche Stillen im Park beobachtete der Grafiker Heinrich Zille (1858–1929) als Vorbote einer Jahreszeit:

»Wenn in'n Tiergarten de Ammen
Unscheniert die kleenen Strammen
Frische Nahrung lassen ziehn –
Denn is Frühling in Berlin!«[81]

Spreewaldammen mit ihren Zöglingen im Tiergarten, 1901

Um das Jahr 1900 soll es in Berlin etwa 1 000 Ammen aus dem »Venedig des Nordens« gegeben haben. Aber warum ausgerechnet der Spreewald? Der erste Hinweis auf sorbische Ammen in Berlin führt zur Familie des deutschen Kaisers. Anna Cludi aus Burg war den kaiserlichen Spähern wegen ihrer prächtigen Brust aufgefallen und wurde mit einer Kutsche abgeholt. Sie stillte Prinz Adalbert von Preußen (1884–1948), das dritte Kind von Wilhelm II. und Auguste Viktoria, und erwarb dabei hohes Ansehen. Auch der zweite Sohn des Kronprinzen Wilhelm und seiner Frau Cecilie Herzogin zu Mecklenburg, Louis Ferdinand Prinz von Preußen (1907–1994), wurde von einer Amme aus dem Spreewald genährt. Die Spreewaldammen wurden wegen ihres guten Rufs, ihrer gesundheitlichen Robustheit, Sauberkeit und Genügsamkeit zum Markenzeichen des Berufsstands. Eine Amme war teuer, dafür aber mit Milch gesegnet. Sie zählte zu den am besten verdienenden Dienstboten in den herrschaftlichen Häusern. Eltern in der armen Spreewald-Region ließen ihre Töchter schwängern, um sie dann gewinnbringend als Amme nach Berlin zu schicken. Als Väter rekrutierte man gerne Soldaten, die bald weiterzogen und keinen Ärger machten. Wer aber die eigenen Kinder dieser jungen Mütter aufzog, die ihre Milch den Berliner Kindern gaben, ist noch nicht erforscht. Die meisten Frauen lebten in intakten familiären Verhältnissen und ließen ihre leiblichen Kinder nur für einen begrenzten Zeitraum in der Heimat in der Obhut ihrer Familien. Der Arzt Carl Ferdinand von Graefe (1787–1840) schrieb in seinem 1828 erschienenen *Encyclopädischen Wörterbuch der medicinischen Wissenschaften* über das praktische Problem, eine geeignete Säugamme zu finden. Er empfahl unter anderem, in welchen Situationen man einer Amme den Beischlaf erlauben oder untersagen sollte und welche Nahrung einer Amme verträglich sei. Graefe kaufte ein etwa zwölf Morgen großes Grundstück am nördlichen Tiergartenrand und ließ sich 1824 von Schinkel darauf ein Sommerhaus errichten, den umgebenden Park gestaltete Lenné. Die klassizistische Villa trug den Namen »Finkenherd« nach dem Vogelherd (d. h. Vogelfangplatz) aus kurfürstlicher Zeit, der sich an dieser Stelle im Tiergarten befand. Der Ort war ein beliebter Treffpunkt der Berliner Gesellschaft.

Wendische Ammen waren ledige Mütter, die sich durch den Wechsel in herrschaftliche Dienste eine soziale Sicherung versprachen. Der Beruf der Amme bedeutete für einfache Frauen vom Land ein einträgliches Geschäft. Sie wurden über Gesindemärkte und -vermietungsbüros, durch ärztlich kontrollierte Ammenvermittlungsstellen, über persönliche Kontakte oder Zeitungsannoncen vermittelt. War eine gute Milchfrau gefunden, konnte das Verhältnis zwischen »Amming« – so die Bezeichnung für einen von Ammen gestillten Säugling – und Stillmutter ein sehr herzliches werden und ein Leben lang bestehen.

Viele Künstler setzten den Spreewälder Ammen, die mit den ihnen anvertrauten Kindern oft im Tiergarten zu sehen waren, ein Denkmal: Max Liebermann malte sie, und Heinrich Zille zeichnete sie – biertrinkend und stillend. In seinen Berliner Bildern prägten die in ihre weiße Tracht gekleideten Spreewaldfrauen das Stadtbild. Anfang des 20. Jahrhunderts wurden in den randnahen Gebieten verstärkt Kinderspielplätze angelegt. Als das Stillen durch Lohnammen ab den 1920er-Jahren stark zurückging, weil Ersatzmilch verfügbar wurde, verschwanden auch die Spreewälder Ammen.

CHARLOTTENBURGER TOR

Ansicht des Charlottenburger Tores von Osten, 1912/13

Entworfen von dem Architekten Bernhard Schaede (1855–1943), entstand in den Jahren 1907/08 das Charlottenburger Tor im Stil des Neobarock. Sophie Charlotte, vor einem der beiden Torpfeiler stehend, weist auf ein Modell des nach ihr benannten Charlottenburger Schlosses. Der Gründer der Stadt, König Friedrich I. steht, ausgestattet mit den Insignien Zepter und Hermelinmantel, vor dem zweiten Torpfeiler. Die beiden Figuren schuf der Bildhauer Heinrich Baucke (1875-1915). Dabei war es zu einem Fehler gekommen: Die Schlossminiatur hat bereits den prägenden kuppelartigen Turm in der Mitte. Diese Version kann Sophie Charlotte aber nicht präsentieren, weil sie diese gar nicht kannte. Die Kuppel entstand erst ab 1709, da war Sophie Charlotte bereits vier Jahre tot.

Das Charlottenburger Tor galt als Eingang zur der bis 1920 selbstständigen Stadt Charlottenburg und als Gegenstück zum Brandenburger Tor. Die Straße sollte nicht überbaut, dafür an den Seiten architektonisch betont werden. Zwei Wettbewerbe verliefen ohne Ergebnis, schließlich beauftragte die Stadt ihre eigenen Bauämter mit einem Entwurf. Das Charlottenburger Tor besteht aus zwei leicht gekrümmten Säulenhallen, die sich mit ursprünglich 15 Metern Abstand gegenüberstanden. Vor den Säulenhallen steht, aus Richtung Charlottenburg kommend, auf jeder Straßenseite ein 20 Meter hoher, geschmückter Kandelaber für die Bogenlampen. Die im Krieg zerstörten Kandelaber wurden zwischen 2007 und 2010 wieder aufgebaut.

Dem Tor fehlen jedoch seit Kriegsende die es einst bekrönende Pferde- und Hirschgruppen von Georg Wrba (1872–1939). Diese beiden Bronzeplastiken lagerten hoch oben auf den Steinpfeilern an der Straße. Die eine Figur zeigte eine auf einem Hirsch reitende Frau, ein Schleier über dem Kopf; die andere einen auf einem Pferd reitenden Mann, in der Hand Schild und Schwert. Das Bezirksamt Charlottenburg plante 1986, anstelle der verschollenen Figurengruppen moderne Plastiken aufzustellen. Die so wieder überhöhten Türme sollten die Torwirkung verstärken. Trotz eines Wettbewerbs, an dem sich vier Künstler beteiligten, wurde nichts geändert.

Der Freundeskreis Charlottenburger Tor unterhält in dem Bauwerk ein kleines Museum, in dem historische Ansichten und Pläne zu sehen sind.

ROSA LUXEMBURG

Ein Denkmal an der Lichtensteinbrücke, der Schnittstelle von Zoologischem Garten und Tiergarten, erinnert seit 1987 an die Ermordung der Sozialistin Rosa Luxemburg (1871–1919). Am Ufer ragt ihr stählerner Schriftzug, dessen Verlängerung ins Wasser hinabläuft. Die Leiche der Sozialistenführerin wurde am 15. Januar 1919 an dieser Stelle von der Brücke in den Landwehrkanal geworfen. Erst vier Monate später, im Mai 1919, hat man ihren Leichnam geborgen. Das Denkmal wurde geschaffen von den Architekten Ralf Schüler (1930–2011) und Ursulina Schüler-Witte (1933–2022), die auch das ICC und den Steglitzer Bierpinsel entwarfen.

Luxemburg und der Sozialist Karl Liebknecht (1871–1919) wurden von Angehörigen der Garde-Kavallerie-Schützen-Division, einer konterrevolutionären Einheit, ermordet. Freiwillige Bürgerwehren waren der Einheit untergeordnet. Ein fünfköpfiges Bürgerwehr-Kommando drang am Abend des 15. Januar in ein Haus in der Mannheimer Straße 27 (damals 43) in Wilmersdorf ein, in dem sich die beiden aufhielten. Die Bürgerwehr-Männer brachten ihre Gefangenen in das Hauptquartier der Divisionsführung im Hotel Eden. Das Luxushotel verfügte als erstes Berliner Hotel über einen Dachgarten mit einem freien Blick auf den Zoo und den Tiergarten. Das Haus lag am Dreieck Kurfürstenstraße, Nürnberger Straße und der heutigen Budapester Straße, wurde im Zweiten Weltkrieg schwer beschädigt und später abgerissen. Mit Liebknecht und Luxemburg brachte man dem Offizier Waldemar Pabst (1880–1970) die Anführer des Spartakusbundes und zwei politische KPD-Führer, die ihm als die gefährlichsten Feinde, »die geistigen Führer der Revolution« erschienen. Dass sie den Abend nicht überleben durften, war klar. Nach einer Beratung mit seinem Stab ließ Pabst aus Freiwilligen einer In den Zelten 4 einquartierten, für Spezialaufträge eingesetzten Einheit von Marineoffizieren ein Mordkommando zusammenstellen und ins Hotel kommen. Liebknecht wurde nach einer kurzen Vernehmung von Hotelgästen und Soldaten beschimpft und bespuckt zum Hoteleingang gebracht. Dort warteten ein Wagen und ein siebenköpfiges Begleitkommando auf ihn. Im Wagen erhielt er einen Kolbenschlag und einen Fausthieb. Der Wagen fuhr in Richtung Tiergarten, bog in den Großen Weg ein und hielt an der Nordseite des Neuen Sees. Dort, wo seit 1987 ein Ziegelturm mit vertikalen Namenslettern und gebrochener Zinne an den Sozialistenführer erinnert, wurde er von Angehörigen des Killerkommandos erschossen.

Auch die gehbehinderte Luxemburg hatte man kurz verhört, danach ebenfalls beschimpft, und nach zwei Kolbenschlägen lag sie bewusstlos im Wagen. Noch auf dem Kurfürstendamm (heute: Budapester Straße), etwa dort, wo damals die Nürnberger Straße einmündete, sprang ein Mann aufs Trittbrett des vorbeifahrenden Wagens und tötete sie mit einem Kopfschuss. Die Männer fuhren bis zum Landwehrkanal, bogen ins heutige Katharina-Heinroth-Ufer ein, hielten an der Lichtensteinbrücke und warfen die Leiche ins Wasser. Für den Doppelmord wurde Pabst nie belangt. Auch Luxemburgs mutmaßlicher Mörder kam nie vor Gericht.

Noch heute hängt bei der Lichtensteinbrücke ein Schwimmreif, so wie es der Schriftsteller Egon Erwin Kisch (1885–1945) in seinem Gedenktext *Rettungsgürtel an einer kleinen Brücke* 1928 beschrieb. Scheinbar harmlos beginnt Kisch mit der Beschreibung einer Vorrichtung, die für die Rettung Ertrinkender gedacht ist und sinniert über deren Nutzen. Danach steigert sich der Text in eine wütende Anklage gegen die rechten Freikorps-Mörder im Hotel Eden, wo »der Stab der Gardekavallerie-Schützendivision hauste, forsche Herren, monokelnd und näselnd, die nun kurzerhand übereinkamen, die ›Galizierin‹ um die Ecke zu bringen«. Der letzte Band der Roman-Tetralogie *November 1918* des Psychiaters und Schriftstellers Alfred Döblin (1878–1957) ist den Ermordeten gewidmet *(Karl und Rosa)*. Das Kapitel trägt den Titel *Abends nach zehn Uhr, im Edenhotel und im Tiergarten*: »Abfahrt (der Mörder), langsam, es geht aus dem Tiergarten heraus. Und nun singen wir: Ein Jäger aus Kurpfalz, der reitet durch den grünen Wald und schießt das Wild einher, grad wie es ihm gefällt.«

Rosa-Luxemburg-Denkmal am Landwehrkanal

Umbauten für die »Welthauptstadt Germania«

Während des »Dritten Reichs« hat man im Tiergarten zunächst die Erhaltungsarbeiten wie bisher weitergeführt. Lennés Konzept wurde beibehalten, Ausholzungen fanden statt, um im Park bessere Blickachsen zu erzielen. Die Wasserversorgung wurde verbessert und 1935 sogar eine neue Wasserleitung mit einer elektrischen Pumpe, einem Rohrnetz von 50 Kilometern Länge und 400 Hydranten verlegt. Die alte Wasserleitung stammte noch aus den 1870er-Jahren und war mit ihrer Dampfpumpe nicht mehr leistungsfähig genug. Neue Wege entstanden, deren Gesamtlänge jetzt rund 60 Kilometer betrug. Die Straßenbahngleise entlang der Charlottenburger Chaussee waren 1934 verschwunden, damals wurden auf beiden Seiten Radwege angelegt. Bis 1924 war die Straßenbahn an der Nordseite entlanggefahren und wurde danach aus der Straße herausgenommen.

Bald nachdem die Nationalsozialisten an die Macht kamen, gab es erste Pläne zur Neugestaltung der Reichshauptstadt »von Berlin nach Germania«, die teilweise noch bis heute die Gestalt des Tiergartens prägen. Wären sie realisiert worden, hätten sie einen verheerenden Eingriff in die vorhandenen Strukturen und den völligen Untergang der östlichen Hälfte des Tiergartens bedeutet. Mehrfach betonte Adolf Hitler (1889–1945), dass er gern Architekt geworden wäre. Schon in seiner politisch-ideologischen Programmschrift *Mein Kampf* offenbarte er seine Ansichten über Architektur und Stadtplanung: »Unsere heutigen Großstädte besitzen keine das ganze Stadtbild beherrschenden Denkmäler, die irgendwie als Wahrzeichen der ganzen Zeit angesprochen werden könnten.« In der Antike sei das noch der Fall gewesen.[82] Berlin sei »nichts als eine ungeregelte Anhäufung von Bauten«. Bereits wenige Monate, nachdem er 1933 zum Reichskanzler berufen wurde, trat Hitler an die Stadtverwaltung heran. Etwa zwei Jahre lang bemühte er sich vergeblich um den Bau einer überbreiten, mehrere Kilometer langen Nord-Süd-Achse. Oberbürgermeister Julius Lippert (1895–1956) sei, so Hitler, »ein Nichtkönner, ein Idiot, ein Versager, eine

Der von Albert Speer neu gestaltete Große Stern mit Siegessäule und Kandelabern, 1939

Null.« Schließlich errichtete er aufgrund der ergebnislos geführten Gespräche eine neue, allein ihm unterstellte Behörde und beauftragte den Architekten Albert Speer (1905–1981) als »Generalbauinspektor (G.B.I.)« 1937 mit der Neugestaltung Berlins: »Mit dieser Stadt Berlin ist nichts anzufangen. Von jetzt an machen Sie den Entwurf. (...) Wenn Sie etwas fertig haben, zeigen Sie es mir. Dafür habe ich, wie Sie wissen, immer Zeit.«[83] Er ließ Speer in das Gebäude der Akademie der Künste am Pariser Platz ziehen. Von der Reichskanzlei aus konnte Hitler regelmäßig und unbemerkt durch die dazwischenliegenden Ministergärten dorthin gelangen und Speers Fortschritte verfolgen. Am meisten faszinierte ihn dort die aufgestellte Modellstadt mit einer 30 Meter langen Straße durch die ehemaligen Ausstellungsräume. Auch Speers Vater schaute sich die Arbeiten an und meinte nur: »Ihr seid komplett verrückt geworden!«

Die wichtigsten Vorhaben zu »Germania« waren im Entwurf 1939 fertiggestellt, im Jahr zuvor wurde bereits an einigen Stellen mit der Umsetzung begonnen. Ein sogenannter Interessengebietsplan vom 1. August 1938 legte fest, in welchen Bereichen nicht ohne das Einverständnis des »G.B.I.« gebaut werden konnte. Das betraf vorerst unter anderem die Ost-West-Achse entlang bestehender Straßenzüge sowie die Nord-Süd-Achse, die den bisherigen Stadtgrundriss weitestgehend ignorierte, dazu die Grünflächenzüge und einen Teil der Wälder.

Östlich des Brandenburger Tors sollte auf der Ost-West-Achse das Straßenprofil von Berlins altem Prachtboulevard Unter den Linden dem der Charlottenburger Chaussee (heute: Straße des 17. Juni) auf der Westseite angeglichen werden. Für eine verkehrsstarke Durchfahrtsstraße hätte man am Brandenburger Tor die westlich am Pariser Platz gelegenen Häuser abgerissen und den Verkehr an beiden Seiten des Tors vorbeigelenkt. Die Seitenpavillons des Haupttors wären abgetrennt und seitlich der Straße wieder aufgebaut worden.

Modell des freigestellten Brandenburger Tors, Ansicht von der Tiergartenseite, 1938

Westlich des Brandenburger Tors hat man 1937 mit Arbeiten auf dem ersten Teil des Abschnitts bis zum Reichskanzlerplatz (heute: Theodor-Heuss-Platz) begonnen. Die Charlottenburger Chaussee und das sich anschließende Stück der Berliner Straße diente wie eine altrömische »Via Triumphalis« des NS-Regimes. Sie war gradlinig im Verlauf, zum Teil schon recht breit und ließ sich daher leicht und schnell wie vorgesehen ausbauen. Der Aufwand für eine »Paradestraße«, die den repräsentativen Wünschen der NS-Führung entsprach, war hier also relativ gering. Die Charlottenburger Chaussee und die Berliner Straße verbreiterte man von 27 auf nunmehr 53 Meter – fast das Doppelte des vorherigen Maßes.

Weil man die ganze Straßenbreite als Aufmarschstraße für Paraden nutzen wollte, war der Mittelstreifen nur vier Zentimeter höher als die Fahrbahnen. Besonders schmerzhaft für den Tiergarten war der Verlust der insgesamt drei Alleereihen, die vierte war schon der Verlegung des zweiten Straßenbahngleises zum Opfer gefallen. Sie waren noch unter Lenné entlang der Straße angepflanzt worden. Weit über 1 000 Linden wurden gefällt. Auf eine Neupflanzung von Alleebäumen verzichtete man bei der Vergrößerung. Der Durchgang der Straße unter der S-Bahn am Bahnhof Tiergarten wurde auf die doppelte Breite gebracht. Das gesamte Charlottenburger Tor musste zum Neubau der Brücke abgebaut werden. Bei seiner Wiederaufstellung rückte man es auseinander und vergrößerte den Abstand der Säulenhallen von 20 auf 33 Meter.

Ein besonderes Problem stellte die Beleuchtung dar. Die Lampen sollten aus ästhetischen Gründen nicht über den Fahrbahnen hängen, denn damit hätten sie die lange, ungebrochene Perspektive beeinträchtigt. Bei der enormen Straßenbreite war es problematisch, eine ausreichende Beleuchtung vom Straßenrand zu erhalten. Speer zeichnete ein Modell, dem Hitler bei einer Probe im Garten der Reichskanzlei zustimmte. Die gusseisernen doppelarmigen Laternen mit zylindrischen, mattglasigen Leuchtkörpern »verschönten« anstelle der Linden nun die Straßenränder. Sie stehen noch heute entlang des Straßenzugs vom S-Bahnhof Tiergarten bis zum Theodor-Heuss-Platz.

Bereits vor ihrem Ausbau diente die Charlottenburger Chaussee in der NS-Zeit als festlich geschmückte Repräsentationsstraße mit Schmuckpylonen sowie Fahnengruppen, etwa anlässlich der Olympischen Spiele 1936 oder des Mussolini-Besuchs 1937. Zum »Führergeburtstag« paradierten die Truppen am Kleinen Stern vorbei, wo Hitler die Huldigungen entgegennahm. 1937 feierte die Stadt ihr 700-jähriges Jubiläum. In einem Festzug ging es von der Moltkebrücke an der Siegessäule vorbei, die Siegesallee, Charlottenburger Chaussee entlang und durch das Brandenburger Tor in die Stadt. Auch Adolf Hitler folgte dieser Route, als er 1938 aus Italien zurückkam, allerdings in Richtung Königsplatz. Hier begrüßten ihn abends die Formationen der Partei mit einem obligaten Lichtdom und einem Feuerwerk über der Siegessäule.

Der Platz vor der architektonisch beeindruckenden Kulisse der Technischen Hochschule Charlottenburg (TH; heute: Technische Universität) war zum Schauplatz für Militärparaden bestimmt: Vor dem Hauptgebäude entstand ein granitgepflasterter Vorplatz mit einer Treppe zum Haupteingang und Raum für eine Zuschauertribüne. Der Vorplatz sollte auch einen repräsentativen Hintergrund für die Ehrentribünen bilden und gleichzeitig die Westachse akzentuieren. Hitler nahm hier mit Staatsgästen zahlreiche Paraden ab. NSDAP-Formationen und Militäreinheiten der Wehrmacht dienten auf der Ost-West-Achse als Staffage für eindrucksvolle Masseninszenierungen. Trotz einer fehlenden Randbebauung beeindruckte sie durch ihre Sichtachse, durch die die großen Aufmärsche besonders effektvoll wirkten. Die zusätzliche Inszenierung durch Dekorationen, Licht und Klang war ein wichtiges Instrument der Massenmanipulation: Die »Paradestraße« diente der Machtdemonstration des NS-Systems – ein bedeutendes Mittel der Herrschaftsausübung und -stabilisierung.

Das Haus des Deutschen Gemeindetages des Architekten Walter Schlempp (1905–1979) zwischen dem Charlottenburger Tor und dem S-Bahnhof Tiergarten gegenüber dem Park entstand in den Jahren 1938 bis 1956 (mit einer zehnjährigen, kriegsbedingten Pause). Der Bau war Teil der Planungen von Albert Speer für die »Welthauptstadt Germania« und ist der einzige an der Ost-West-Achse realisierte Bau. Nach dem Tod des ersten Regierenden Bürgermeisters 1953 wurde er in Ernst-Reuter-Haus umbenannt und wird heute vom Bundesamt für Bauwesen und Raumordnung genutzt.

Das Haus des Deutschen Gemeindetages während des Baus, 1940. Es ist das einzige an der Ost-West-Achse realisierte Gebäude.

Beginn der Bauarbeiten für die Nord-Süd-Achse im Tiergartenviertel, 1938

Während der umfangreichen Arbeiten entlang des Straßenabschnitts durch den Tiergarten vergrößerte man den Großen Stern und setzte die Siegessäule in seine Mitte (s. S. 101–105). Der eigentliche Grund für die schnelle Durchführung dieser Baumaßnahme lag vor allem darin, dass der Königsplatz und das Alsenviertel im Spreebogen dringend für den Bau der Großen Halle und des Großen Platzes benötigt wurden. Am Vorabend des 50. Geburtstags Adolf Hitlers sollte ein Teilstück der Ost-West-Achse, festlich beleuchtet und geschmückt, dem Verkehr übergeben werden – Hitler wollte die Einweihung selbst vornehmen. Vor dem Brandenburger Tor sprach Speer am 19. April 1939 unerwartet kurz nur zwei Sätze: »Mein Führer, ich melde die Fertigstellung der Ost-West-Achse. Möge das Werk für sich selber sprechen!« Beide fuhren an der Reihe der aufgestellten Parteimitglieder und den Bauarbeitern entlang. Ab 11 Uhr folgte eine zweistündige Geburtstagsparade. Einen Tag später veranstaltete die Wehrmacht vor der Technischen Hochschule in Charlottenburg ihre größte Parade während der NS-Zeit.

Die erheblichen Veränderungen der Planung Albert Speers betrafen auch den Tiergarten. Der *Völkische Beobachter* berichtete am 3. September 1938 über die Anlage neuer, ausgedehnter Grünanlagen mit Wasserflächen, die mit über 1,6 Millionen Quadratmetern fast doppelt so groß waren wie seine bisherige Fläche. Man wolle für den Tiergarten alles unternehmen, »ihn mehr als früher dem Fuß- und Spaziergänger ungestört zur Verfügung zu stellen. Dazu dient u. a. die Pflanzung einer dichten Laubwand zu beiden Seiten der Achse (…). So ist auch festgelegt, mehrere Straßen im Tiergarten für jeden Fahrverkehr zu sperren und sie in Promenaden umzuwandeln. Betroffen werden hiervon u. a. die Bellevueallee, die Zelten-Allee, der Große Weg und das Tiergartenufer. Neu angelegt wird eine Promenade, die nördlich und parallel der Ost-West-Achse, etwa von der Nord-Süd-Achse am Kurfürstenplatz und am Schloß Bellevue vorbei bis zur Brücken-Allee verläuft.«

Neben der Ost-West- war eine Nord-Süd-Achse geplant. Am Schnittpunkt der Achsen sollte das neue Machtzentrum der Reichshauptstadt entstehen. Heute befindet sich an gleicher Stelle das Parlaments- und Regierungsviertel. Stellte Albert Speer mit seinen Mitarbeitern einen Generalbebauungsplan auf, so galt Hitlers Interesse fast ausschließlich dem etwa sieben Kilometer langen Mittelstück dieser zweiten Achse, als monumentale »Prachtstraße« angelegt. Den endgültigen Plan stellte der Generalbauinspektor 1942 fertig. Von der »Großen Halle« (bis zu 180 000 Menschen fassend) aus nach Süden begann die Nord-Süd-Achse zunächst mit dem zu einer riesigen Aufmarschfläche umfunktionierten Königsplatz. Auf seiner Ostseite sollte der Reichstag stehen bleiben, auf der Westseite hätte die Krolloper dem »Führer-Palast« als Residenz Hitlers weichen müssen. Die Südseite des Platzes hätten eine Neue Reichskanzlei und das Oberkommando der Wehrmacht begrenzt, zwischen denen die große Achse nach Süden führte. Diese Achse sollte etwa anstelle der heutigen Yitzhak-Rabin-Straße und Ben-Gurion-Straße auf Linie der ehemaligen Siegesallee verlaufen, also den östlichen Teil des Tiergartens abtrennen. Südlich der Kreuzung mit der Ost-West-Achse hätte die Achse den Tiergarten durchlaufen, an dessen Südrand anstelle des Kemperplatzes ein Stück weiter der »Runde Platz« entstehen sollen, heute das Gebiet des Kulturforums. Und erst von hier an hätte die Achse ihre eigentliche Breite von 120 Metern erreicht.

Für Adolf Hitler bildete die Nord-Süd-Achse nur ein »dekoratives Prunkstück und hatte ihren Zweck in sich«. Entlang dieser »Prachtstraße«, die bis

Tarnnetze überspannen die Charlottenburger Chaussee, um 1941

zum neu zu bauenden Südbahnhof in Tempelhof geführt werden sollte, hatte er Repräsentationsbauten für Regierung, Partei und Verwaltung geplant. Jedoch: Seine Leidenschaft für »Bauten der Ewigkeit ließ ihn völlig desinteressiert an Verkehrsstrukturen, Wohngebieten und Grünflächen«.[84] Alle Bauten, auch die »Große Halle«, sollten entlang der Nord-Süd-Achse 1950 fertiggestellt sein. Neubauten wie Speer sie plante, mussten zwangsläufig zur Vernichtung ganzer Stadtviertel führen. Die Abbrucharbeiten begannen 1938 unter anderem im Spreebogen nordwestlich des Reichstags im Alsenviertel (»Große Halle«) und zwischen Kemperplatz und Landwehrkanal im Viktoria- und Tiergartenviertel (»Runder Platz«). Abgerissen wurde der ganze Komplex um die St.-Matthäus-Kirche, nur die Kirche selbst blieb noch stehen. Sie hieß auch »Polkakirche«, weil sich in den Lokalen am Tiergartenrand die Berliner vergnügten. (Der Berliner Ausdruck »Polka« steht für eine komische Erscheinung.) Die Arbeiten erstreckten sich bis ins Jahr 1942 hinein. Der Beginn des Zweiten Weltkriegs am 1. September 1939 hatte auf die Hitler-Speerschen Pläne zunächst keinen Einfluss. Britische Bomber »erleichterten« manchmal die Arbeit der mit dem Abriss beauftragten Firmen, was Speers Tagebuch 1941 als »wertvolle Vorarbeit für Zwecke der Neugestaltung« würdigte.[85] Für den Bau der Nord-Süd-Achse sollten etwa 45 000 und für den der Ost-West-Achse knapp 7 000 Wohnungen abgerissen werden. Insgesamt wären etwa 150 000 bis 200 000 Menschen Opfer von »Entmietungen« geworden. Erst im März 1943 erfolgte die endgültige Einstellung aller Arbeiten für die Neugestaltung Berlins.

In der Nacht zum 2. März 1943 erlitt Berlin einen ersten schweren Angriff, der auch im Tiergarten zu Schäden führte. Acht Monate später flog die Britische Luftwaffe zum 19. November in der »Battle of Berlin« die schwersten Angriffe. Die vier Tage bis zum 23. November brachten dem Tiergarten die stärksten und schwersten Schäden. Auch der Zoologische Garten bekam verheerende Treffer ab. Der Journalist Hans Georg von Studnitz (1907–1993) berichtete: »Jenseits des Brandenburger Tores gleicht der Tiergarten einer Waldlandschaft aus dem ersten Weltkrieg. Zwischen Bataillonen gefällter Parkbäume ragen die Stümpfe ihrer Kronen beraubter Eichen und Buchen. Die Charlottenburger Chaussee bedecken zerrissene Tarnnetze, versackte Autos, ausgebrannte Lastzüge, zwischen denen eine Völkerwanderung von Obdachlosen verstört dem Großen Stern zustolpert.« Weitere Angriffe folgten. Anfang Mai 1944 warfen die Amerikaner tagsüber eine große Zahl an Bomben dicht nebeneinander zwischen dem Bahnhof Tiergarten und dem Großen Stern ab. Der letzte schwere Bombenangriff traf das Berliner Zentrum am 3. Februar 1945. Der Reichstag wurde nach einem Befehl vom 9. März zur Festung ausgebaut. Es entstanden Panzersperren quer über den Königsplatz mit Kampfrichtung Moltkebrücke, am heutigen Ernst-Reuter-Platz und zwischen den Säulen des Brandenburger Tors. Der Tiergarten gehörte zum unteren, letzten Verteidigungsbereich Berlins.

Die Ost-West-Achse überspannten Tarnnetze, um den angreifenden Flugzeugen über dem Stadtgebiet die Orientierungslinie zu nehmen. Auf der heutigen Straße des 17. Juni fehlen zwischen der Siegessäule und dem Brandenburger Tor deshalb die alten Kandelaber, wie sie auf dem übrigen Verlauf aufgestellt waren. Sie mussten entfernt werden, damit auch Ju 52-Flugzeuge dort landen konnten. Der entsprechende Befehl dazu erging am 26. April. Obwohl diese Strecke da schon unter dem Feuer der russischen Artillerie lag, fungierte die Siegessäule als militärische Luftleitzentrale. So wurden auch Marinesoldaten über diese Luftbrücke eingeflogen, um in den Kampf um Berlin einzugreifen. Wegen des Beschusses kam ein regelmäßiger Flugbetrieb jedoch kaum zustande. Die Luftwaffe musste sich darauf beschränken, über dem Tiergarten Versorgungsgüter abzuwerfen. Am Vormittag des 26. April waren zwei Ju 52 mit panzerbrechender Munition gelandet, und noch am gleichen Tag setzte dort die erfolgreiche Fliegerin Hanna Reitsch (1912–1979) in einer Fieseler Storch mit dem Luftwaffengeneral Robert Ritter von Greim (1892–1945) vom Flugplatz Gatow kommend auf dem Boden auf. Er war zum Nachfolger Görings ernannt worden. Berlin war von der Roten Armee bereits eingeschlossen, und beide befanden sich auf dem Weg in den »Führerbunker«. Beim Einschweben wurde der Maschinenboden durch ein Artilleriegeschoss aufgerissen, die Maschine geriet ins Schlingern, und Greim wurde am rechten Fuß verletzt. In der Nacht zum 29. April gelang ihnen mit dem letzten Flugzeug, einer Arado Ar 96, der Rückflug. Die Sowjets standen da bereits in Charlottenburg.

Der Endkampf in den letzten Apriltagen 1945 verwüstete den Tiergarten in einem unvorstellbaren Maß. Schützengräben durchzogen das Gelände, Panzer und Granaten pflügten es regelrecht um. Der Baumbestand litt außerordentlich unter den Bombenabwürfen, besonders in der Nähe des Zoos, und durch den Beschuss, da sich die letzten schweren Kämpfe gerade auf den Reichstag, das Brandenburger Tor und die in der Wilhelmstraße gelegene Reichskanzlei konzentrierten. Was blieb, war eine baumlose Brache. Der Schriftsteller Georg Holmsten (1913–2010) war damals Wehrmachtsoldat: »Auf dem von Bombentrichtern aufgewühlten Gelände nahe dem Komponistendenkmal sollten wir (...) eine Feuerstellung ausgraben. Wir hatten es nicht eilig damit, denn es dunkelte bereits. Ganz in der Nähe detonierten Granaten der sowjetischen Artillerie. Von Soldaten, die neben unseren Geschützen kampierten, erfuhren wir, daß die Tiergartenregion immer wieder beschossen wurde, weil die Reichskanzlei mit dem Führerhauptquartier und dem Befehlsbunker Hitlers nur wenige Meter entfernt war. (...) Auf dem naßkalten Gelände im Tiergarten verbrachten wir eine schlaflose Nacht. Am nächsten Morgen, pünktlich wie immer um fünf Uhr, begann die russische Artillerie mit dem Beschuß. Einige Granaten schlugen ganz in unserer Nähe ein. Der Batteriechef protestierte lautstark, als kurz nach dem sowjetischen Artillerieangriff ein Offizier vom Stab der 18. Panzergrenadierdivision eintraf und befahl, wir sollten das Feuer erwidern. Unser Chef wies vergeblich darauf hin, daß wir kaum noch Geschosse für eine wirkungsvolle Kanonade hätten. Er mußte sich der Anordnung des Stabsoffiziers fügen, und unsere Geschütze ließen ein paar Salven los.«

Der 30. April begann morgens mit sowjetischem Artilleriefeuer auf den Reichstag. Der Sturmangriff setzte um 14 Uhr ein, am Abend war das Gebäude erobert, und auf dem Dach wehte die sowjetische Fahne. Für die Sowjets war mit der Eroberung des Reichstags der Krieg zugleich beendet. Die Gebäude im Tiergarten, die Krolloper, die Zelten, der Reichstag und die Wohngebäude brannten im Krieg aus oder wurden so schwer beschädigt, dass außer dem Reichstag alles abgerissen werden musste.

Hitlers »Generalbauinspektor« Albert Speer bezog das Tiergartenviertel ab 1937 in die »Neugestaltung der Reichshauptstadt« ein. Die »Welthauptstadt Germania« brauchte ein standesgemäßes Diplomatenviertel.

Bereits zu Zeiten Berlins als Hauptstadt Preußens ließen sich Staaten diplomatisch in Berlin vertreten. Das Adressbuch von 1812 enthält dazu zwölf Einträge. Nachdem Berlin 1871 Reichshauptstadt wurde, war neben den Großmächten auch anderen Staaten eine Vertretung vor Ort wichtig. Bis etwa 1900 siedelten sich fast alle Gesandtschaften und Botschaften an vier Standorten an: Pariser Platz, Unter den Linden, Wilhelmstraße und Leipziger Platz. Auch das nördlich an das Reichstagsgebäude angrenzende Alsenviertel entwickelte sich zu einem Ort der Diplomatie. In den 1920er- und 1930er-Jahren kam das Tiergartenviertel hinzu. Viele Botschaften benötigten größere Räumlichkeiten, weil sich ihre

Ein Soldat der Britischen Luftwaffe inspiziert das Wrack der Fieseler Storch von Hanna Reitsch und Robert Ritter von Greim.

Der 1940 fertiggestellte Neubau der Dänischen Botschaft in der Drakestraße 1

Aufgabenbereiche erheblich ausweiteten. Das vornehme Tiergartenviertel mit seinen repräsentativen Gebäuden kam solchen Ansprüchen entgegen. Hintergrund war die prekäre wirtschaftliche Situation älterer Bewohner, die ihre Villen nicht mehr unterhalten konnten und deswegen verkaufen mussten. Aber nur dieser Standort südlich des Tiergartens wurde auch als Diplomatenviertel bezeichnet. Das Berliner Adressbuch im Jahre 1938 verzeichnet 55 Botschaften und Gesandtschaften sowie 48 Konsulate, die Hälfte von ihnen im Tiergartenviertel. Diese Konzentration war auch der Grund für die Nationalsozialisten, hier langfristig alle diplomatischen Vertretungen zu vereinen. Ihre Ansiedlung wurde staatlicherseits gefördert.

Zur Jahresmitte 1938 begannen die Arbeiten für die große Nord-Süd-Achse der »Welthauptstadt Germania«: Am Königsplatz (heute: Platz der Republik) begannen für eine »Volkshalle« und im östlichen Tiergartenviertel für einen »Runden Platz« großflächig Abrissarbeiten. Dort war die »Soldatenhalle« geplant, dahinter sollten sich nach Westen bis zur Bendlerstraße (heute: Stauffenbergstraße) die Bauten für ein neues Oberkommando des Heeres erstrecken. In beiden Bereichen befanden sich einige Botschaften und Gesandtschaften, auf die die sonst üblichen rigiden Kauf- und Enteignungsverfahren – schon aus politischen Gründen – nicht anwendbar waren. Als Ersatz sollten entsprechend attraktive Neubauten im westlichen Tiergartenviertel zwischen Lichtensteinallee und Bendlerstraße herhalten, die man den Ländern zum Tausch anbot. Das sollte sie zum schnellen Verkauf ihrer alten Grundstücke und Häuser veranlassen. Die Planungen zu elf Botschaftsgebäuden endeten bereits Anfang 1938. Das geplante Umsiedlungsprogramm umfasste folgende Projekte: aus dem Bereich Königsplatz die Gebäude der Schweiz, Dänemarks, Finnlands und Norwegens; aus dem Bereich »Runder Platz« die Botschaften Spaniens, Argentiniens, Jugoslawiens, der Tschechoslowakei, Italiens, Japans und das Französische Generalkonsulat. Die Franzosen und die Finnen nutzten vorhandene alte Gebäude für einen Umbau. Für alle anderen diplomatischen Vertretungen waren Neubauten geplant. Realisiert wurden davon die Residenzen für die Schweiz, Spanien, Dänemark, Norwegen, Jugoslawien, Italien sowie Japan. Als erste Bauwerke wurden die großen und aufwendig gestalteten Botschaften der beiden befreundeten letztgenannten Staaten errichtet. Für die neue italienische Botschaft legten zunächst die Italiener einen Entwurf vor, den die »Generalbauinspektion« jedoch ablehnte. Albert Speer genehmigte persönlich den eigenen Entwurf seiner Behörde – errichtet im Stil der Palastarchitektur der italienischen Hochrenaissance. Im Oktober 1938 wurde mit dem Bau begonnen, für den allein sechs Gebäude wichen.

Einen Monat später startete der Bau der Japanischen Botschaft auf einem Areal, auf dem zuvor fünf Häuser standen. Wie schon im Fall Italiens musste auch Japan seine seit 1919 genutzte Villa in der Tiergartenstraße räumen, weil das Grundstück in den Bereich der geplanten Umbaumaßnahmen fiel. Der Staat kaufte zahlreiche Liegenschaften, deren jüdische Besitzer zum Teil zwangsenteignet wurden. Es kam auch zu einem Neubau für die Firma Krupp 1937/38 (heute: Canisius-Kolleg, ein katholisches Jesuiten-Gymnasium) in der Tiergartenstraße 30/31.

Bei den Botschaftsneubauten ging es darum, die Gastländer der künstlerischen Gestaltung der vorherrschenden Baugesinnung anzupassen, um den eigenen Machtanspruch zu materialisieren. Der monumentalistische Stil dieser Bauten drückte das ästhetische Selbstverständnis seiner Erbauer aus. Aufgrund des Zweiten Weltkriegs brachen verschiedene Staaten ihre diplomatischen Beziehungen zu Deutschland ab, die Fertigstellung oder Nutzung ihrer neuen Botschaften war nicht mehr vorrangig. Schwere Bombenangriffe zerstörten zudem 1943 einen Großteil der Gebäude im Tiergartenviertel wenige Monate nach ihrer Fertigstellung. Die Schriftstellerin Gabriele Tergit (1894–1982) schrieb im Epilog zu ihrem Exil-Roman *Effingers*, der im Tiergartenviertel spielt, über die Nachkriegssituation: »Das Haus, in dem Klärchen und Paul gewohnt hatten, war nicht mehr zu finden. (...) Aber das Haus des Bankiers Mayer (...), das war da. Es wirkte wie eine pompejanische Ausgrabung. Das Souterrain war kaputt, aber die Säulen standen noch. Die kleine Treppe in die erste Etage war stehengeblieben und sogar die gewundene Steintreppe in die zweite. (...) Auch Theodors Haus stand noch bis zur ersten Etage, die wunderbare Säulenhalle und die fast zu flache Treppe. Zwischen den Steinen wuchs Gras, und kleine Ahornbäumchen reichten schon fast bis in Theodors Arbeitszimmer. (...) Im Tiergarten blühten die Rhododendren nicht mehr, die Bäume waren abgehackt, die Wege (...) waren aufgerissen und mit Kohl bepflanzt. (...) Die ganze Tiergartenstraße lag in Schutt und Asche. Nur der alte Fontane aus weißem Stein, den Mantel über der Schulter, der war stehengeblieben und sah mit weisen Augen auf die Trümmer. Überall wuchs Unkraut und viel Mohn.«

SCHWEIZERISCHE BOTSCHAFT

Wo sich heute Rasenflächen im Spreebogen ausweiten, befand sich bis 1945 das Alsenviertel. Es war eine mondäne Wohngegend mit Villen und Stadtpalais für das Großbürgertum, für Adlige, Offiziere, Unternehmer, Wissenschaftler, Bankiers und Ärzte. Im Alsenviertel gab es um 1900 zwölf ausländische Vertretungen. Das Schweizer Botschaftsgebäude baute 1870/71 Friedrich Hitzig, ein Schüler Karl Friedrich Schinkels, ursprünglich für den Obermedizinalrat Friedrich Theodor Frerichs (1819–1885). Es liegt heute seitlich vor dem Bundeskanzleramt und diente verschiedenen Privatpersonen als Stadtpalais. Als Gesandter kaufte Alfred von Planta (1857–1922) das Haus 1919 für die Schweiz. Es ist das einzige Haus des Alsenviertels, das den Krieg überstanden hat.

Nach den Plänen von Albert Speer sollte auf diesem Gebiet eine riesige Halle, die »Große Halle« entstehen: 290 Meter hoch, hätte sie 150 000 bis 180 000 Menschen Platz geboten. Dem Plan standen die Stadtvillen und Häuser des Alsenviertels zwischen dem Generalstabsgebäude und dem Reichstag am Königsplatz im Weg. Anstelle der Schweizerischen Botschaft hätte sich die nördlichste Ecke des überdimensionierten Aufmarschplatzes vor der Halle befunden.

Im Jahr 1938 wurden die Grundstückseigentümer im Alsenviertel enteignet. Den ausländischen Vertretungen bot man Ersatzgrundstücke am südlichen Rand des Tiergartens zum Tausch an. Die Dänen und Norweger zogen 1940 auch dorthin. Der Umzug der Schweizer in die Lichtensteinallee 4/Rauchstraße 15 (gegenüber dem Neuen See) aber scheiterte. Im November 1943 wurde der noch unvollendete Neubau wenige Tage vor seiner Eröffnung durch einen Bombenangriff zerstört.

Die »alte« Schweizerische Botschaft im Alsenviertel aber wurde während der schweren Bombardements 1943 und 1945 nur teilweise beschädigt. Die Publizistin Ursula von Kardoff (1911–1988) beschrieb in ihrem Tagebuch am 11. April 1944 den Spreebogen, »ein riesiges Gelände für Parteibauten ausgeschachtet«: »So entstand inmitten einer Hieronymus-Bosch-Landschaft ein See, mehrere Meter tief, umrahmt von der Ruine des ehemaligen Generalstabsgebäudes (…) und den zerstörten Villen der diplomatischen Vertretungen (…). Auf diesem See spielen verbotenerweise Kinder, die sich aus verkohlten Brettern Flöße gebaut haben. Ein Kind wäre neulich beinahe dabei ertrunken, ein Schweizer Attaché konnte es noch im letzten Moment retten. Ringsum blühen die Schnittblumen, gelb und giftig, aber die Luft ist rein und das Unkraut grün, und Fische haben sich auch schon angesiedelt.«[86]

Die Rote Armee rückte am 28. April 1945 über den Spreebogen vor. In dem Botschaftsgebäude richtete die 150. Division ihr Hauptquartier ein und bereitete den Angriff auf den nahegelegenen Reichstag vor, der auch von dem früheren Palais aus geleitet wurde. Die letzten Schweizer Diplomaten sperrte man fast zwei Wochen in den fensterlosen, gekachelten Botschaftskeller. Danach wurden sie in Richtung Moskau abgeführt.

Nach dem Krieg zog die schweizerische Heimschaffungsdelegation, 1949 in ihrer Nachfolge die Schweizerische Delegation in das Haus. Als die Mauer noch stand, befand sich in dem Gebäude das Schweizerische Generalkonsulat für West-Berlin, das der Bonner Botschaft unterstellt war. Eigentlich hatte die Schweiz die Berliner Immobilie längst verkaufen wollen, ließ sich damit aber Zeit. Leicht war ein solcher Verkauf nicht, denn vor dem Mauerfall war am Reichstagsgebäude für den Westen quasi das Ende der Welt. Niemand interessierte sich dort für eine Immobilie, nicht einmal der Berliner Senat.

Inzwischen liegt die Botschaft in der heutigen Otto-von-Bismarck-Straße wieder im Zentrum der Macht. Dem historischen Stadtpalais wurde 2000 ein moderner Anbau angegliedert, entworfen von den Schweizer Architekten Diener & Diener. Das Alsenviertel als ehemaliger Standort diplomatischer Vertretungen in Berlin existiert nicht mehr.

Die »alte« Schweizerische Botschaft im Alsenviertel bei Kriegsende

ACHSENKREUZ

Zwischen Tiergarten- und Bahntunneln liegen ein U-Bahn- und zwei Straßentunnel eines Achsenkreuzes, die zu Hitlers Großprojekt »Germania« gehören. Es sind »blinde Tunnel«, Tunnelfragmente aus der Zeit des »Dritten Reichs«. Der Weg vom Brandenburger Tor bis zur Siegessäule – das war Hitlers »Paradestraße«. Kein weiteres Auto durfte während der Parade stören. Deswegen sollten andere Fahrzeuge unterirdisch passieren. Die Nord-Süd-Achse war als eine vierspurige Autobahn unter dem Tiergarten nach Schöneberg geplant. Mit der Ost-West-Achse sollte sich der Straßenzug etwa in Höhe des heutigen Sowjetischen Ehrenmals kreuzen. Eine Kreuzung der Verkehrsströme war jedoch mittels der zweigeschossigen Straßentunnel zu vermeiden, die den Verkehr über neun Rampen ohne den Einsatz von Verkehrszeichen oder Ampelanlagen von einer Achse zur anderen leiten sollten. Der von Süden kommende Verkehr wäre unterirdisch in Richtung Brandenburger Tor, dann nach links und hinter dem Reichstag gen Norden geleitet worden. Dazu kam ein 200 Meter langes Tunnelstück für eine ganz neue U-Bahnlinie G von Lübars nach Marienfelde, eine unterirdische Nord-Süd-Achse. Sie hätte die beiden geplanten Personenbahnhöfe miteinander verbunden, die zugehörigen U-Bahnhöfe sollten südwestlich der »Großen Halle« und am »Runden Platz« entstehen.

1938 begann man mit dem Bau des Tunneleinfädelungssystems, dann kam der Krieg dazwischen. Fertiggestellt wurden lediglich auf Wunsch des für Tiefbau zuständigen Stadtbaurates H. Langer die Unterführungen unter der Ost-West-Achse. Er stellte sich dabei gegen Albert Speer. Im Jahr 1941 endeten die Arbeiten. Die Tunnel sind 90 bis etwa 220 Meter lang, besitzen eine Breite von 6,80 bis 14,90 Meter und liegen in einer Tiefe von bis zu 16 Meter unter Straßenniveau. Nach dem Krieg wurden die Baureste zugeschüttet oder zubetoniert. Erst in den 1960er-Jahren hat man sie wiederentdeckt. Inzwischen stehen die Tunnelanlagen unter Denkmalschutz.

Heute gelangt man in Höhe des Sowjetischen Ehrenmals unter einem Gullideckel zu dem unterirdischen Straßensystem. Acht Meter geht es einen Schacht hinab in die Tiefe.

Eingang zum unterirdischen Achsenkreuz

FLAKTURM

In der Nacht zum 26. August 1940, knapp ein Jahr nach Kriegsbeginn, gelang es der Britischen Luftwaffe erstmals, Berlin zu bombardieren. Bis Ende September 1940 heulten die Sirenen fast täglich. Die Luftverteidigung der Stadt erwies sich als unzureichend. So legte Hitler bei einer Besprechung am 9. September 1940 fest, mehrere »Luftwehrtürme« zu errichten, die er auch sogleich skizzierte. Im April 1941 wurde am Standort des alten Tiergartenwasserwerks der große Geschützturm »Gustav« (auch »Zoobunker« oder Flakturm I genannt) fertiggestellt. Der zugehörige Leitturm war bereits in den beiden Vorjahren auf dem gegenüberliegenden Ufer des Landwehrkanals auf einer Insel im Neuen See entstanden. Er galt als Leitstelle für die gesamte Berliner Flakartillerie. Entsprechend verwüstet lag der Tiergarten nach Kriegsende da. Die nationalsozialistischen Machthaber hatten den Landschaftspark zum Ziel von Bombardements der Alliierten gemacht.

Während des Zweiten Weltkriegs entstanden im Rahmen des »Führer-Sofortprogramms« in der Reichshauptstadt insgesamt sechs große Bunker. Die weiteren Berliner Flaktürme standen in den beiden Volksparks Friedrichshain und Humboldthain. Ein geplantes viertes Flakturmpaar in der Hasenheide kam nicht mehr zur Fertigstellung. Die Geschütztürme unterschieden sich in Konstruktion und Ausführung nur wenig voneinander.

Schwere Flak auf dem »Zoobunker«, April 1942

Der Abwehr feindlicher Flugzeuge dienten jeweils zwei Flaktürme: Vom Leitturm (L-Turm) wurden die anfliegenden Flugzeuge mithilfe von Radar und optischen Entfernungsmessern erfasst. Daraus errechnete man die Richtwerte für die schweren Flakgeschütze, die an den Ecken des Geschützturms (G-Turm) eingebaut waren. Der Bau von Leittürmen war zwingend erforderlich, weil die Geschütze im Abwehrkampf eine starke Rauchentwicklung verursachten und man die Ortungsgeräte in ausreichender Entfernung aufstellen musste, um ihre Wirkung nicht zu beeinträchtigen. Die G- und L-Türme hat man mit einem unterirdischen Kanal für die Kommunikationsleitungen, aber auch für Strom-, Wasser- und Heizleitungen miteinander verbunden.

Der Geschützturm im Tiergarten erhob sich bei einer quadratischen Grundfläche von 70 mal 70 Metern auf eine Höhe von etwa 39 Meter, da der Geschützturm die Bäume des Tiergartens überragen musste. Der Zoologische Garten hatte vergeblich gegen den Bau protestiert. Man befürchtete, die Zooumgebung würde zum Angriffsziel werden und die zu erwartenden Flugzeugabschüsse den Zoo gefährden. Rein äußerlich erinnerte der G-Turm mit seinem Grundriss, den viereckigen, herausragenden Ecktürmen und den achteckigen »Turmkronen« der schweren Geschützstände an ein mittelalterliches Kastell. Ein halbes Jahr dauerte der Bau der Türme im Tiergarten.

Die Flakbunker hatten bis zu 2,60 Meter dicke Wände und eine Abschlussdecke von 3,80 Metern. Die G-Türme umfassten sechs Stockwerke und die obere Gefechtsplattform. Die ersten drei Etagen dienten Zivilisten als Schutzräume bei Luftangriffen. Diese Türme boten offiziell 15 000 Menschen Schutz, waren allerdings regelmäßig stark überbelegt. Die vierte Etage enthielt das Lazarett, Büros oder Rüstungsproduktion. In den beiden letzten Etagen waren die Flaksoldaten untergebracht. Weiter lagerte man in den Türmen Kunst- und Kulturgüter sowie Archive vor den Bomben gesichert ein.

Im Mai 1945 beschlagnahmte eine sowjetische Trophäenkommission im Flakturm eingelagerte Kunstgegenstände aus Berliner Museen. Darunter befand sich der größte Goldfund aus der Antike, der aus 8 900 Teilen bestehende Schatz des Priamos. Er gelangte als Beutekunst in die Sowjetunion, sein Aufenthalt wurde geheim gehalten – er galt als verschollen. Erst 1994 offenbarte sich das Puschkin-Museum in Moskau als Besitzer. Noch heute befindet sich dieser Schatz in Russland, Berlin besitzt nur eine originalgetreue Nachbildung. Zwei Monate vor der Beschlagnahme erging im März 1945 ein »Führerbefehl«, die Kunstschätze aus Berlin heraus in den Westen zu transportieren. Sie sollten den Russen nicht in die Hände fallen. Der Direktor des Museums für Vor- und Frühgeschichte, Wilhelm Unverzagt (1892–1971), widersetzte sich jedoch diesem Befehl teilweise und hielt drei Kisten zurück.

Die Türme und ihre Besatzungen ergaben sich als letzte Festungen erst nach der Kapitulation am 9. Mai 1945. Kaum zerstört, waren die Betonkolosse in der Nachkriegszeit gefragt. Im Gefechtsturm im Tiergarten zum Beispiel befand sich noch ein ehemaliges Luftwaffenlazarett, das seit August 1945 von dem früheren Krankenhaus Moabit genutzt wurde. Die Alliierten setzten die Flaktürme ganz oben auf die Liste der zu beseitigenden Bauwerke. Im Juli 1947 sprengte die britische Besatzungsmacht den Leitturm mit zwölf Tonnen Dynamit. An jenem Tag ruhte im ganzen westlichen Berlin der Verkehr. Erst im Juli 1948 gelang es nach zwei gescheiterten Sprengungen, den Geschützturm mit 40 Tonnen TNT in drei Teile zu zerbrechen. Bei den Versuchen wurde der Zoo erneut verwüstet. Alle gerade geflickten Dächer waren wieder abgedeckt, alle mühsam reparierten Tierhäuser ein weiteres Mal zum großen Teil beschädigt. Der Zoo erlitt einen sehr hohen finanziellen Schaden durch die Bunkersprengungen. Die Reste der Türme wurden mit Trümmerschutt und Erde überdeckt. Um den Trümmerberg des eingeschütteten Leitturms zog man einen Wasserarm aus dem Neuen See herum. Dadurch entstand eine Insel mit einem etwa 15 Meter hohen Berg, der heute als Vogelschutzgebiet dient. Der Trümmerberg des Geschützturms wurde von 1955 bis 1958 abgetragen, die Bunkerreste durch kleinere Sprengungen zertrümmert und das Gelände dem Zoo zugeschlagen. Der Bunker behinderte angeblich den Bau der späteren U-Bahnlinie 9. Der Zoo errichtete dort später Gehege für Kamele und Nashörner sowie das Vogelhaus.

Der Flakbunker nach der Sprengung im Juli 1948

Die grüne Lunge West-Berlins

Nach dem Krieg waren die Gewässer im Tiergarten verschlammt und mit Müll gefüllt, aber intakt geblieben. Alle Brücken waren zerstört, die Denkmäler umgestürzt und beschädigt, viele nicht mehr zu restaurieren. Manche standen beziehungslos auf einer kahlen Fläche umher. Der größte Teil der erhalten gebliebenen Statuen wurde im Park Bellevue in der Nähe der Schlossruine vergraben. Es gab Überlegungen, die Teiche und Fließe im Tiergarten mit Trümmerschutt aufzufüllen. Von ehemals rund 200 000 Bäumen waren noch etwa 700 vorhanden. Vom S-Bahnhof Tiergarten konnte man nun bis zum Reichstag oder Brandenburger Tor sehen. Und die übriggebliebenen Bäume und Sträucher dienten aufgrund des Kohlemangels in den Wintermonaten der frierenden Bevölkerung zum Holzeinschlag.

In den letzten beiden Kriegsmonaten hatte sich die Versorgungslage der Berliner Bevölkerung deutlich verschlechtert. Die russischen Besatzer versuchten zwar sofort nach Kriegsende, die Versorgung wo möglich zu stabilisieren. Wegen des Ernteeinbruchs im Sommer 1945 verschlimmerte sich die Situation jedoch bald wieder dramatisch. Auf den Freiflächen im Tiergarten baute man fortan Kartoffeln und Gemüse an, um dem schlimmsten Hunger entgegenzuwirken. Pferde und Ochsen zogen Pflüge durch den Parkboden. Ein Teil des Geländes wurde nach der Teilung der Stadt vom Senat dem Anbau von Grünfutter für die West-Berliner Milchkühe vorbehalten. Schafe weideten auf dem 1948 abermals umbenannten Platz der Republik. Für die Fläche des Tiergartens genehmigte die britische Militärregierung im April 1946 einen riesigen Kleingarten mit etwa 2 550 Parzellen. Denn die Berliner Bevölkerung litt große Not. Die Tiergartenverwaltung bat den Polizeipräsidenten, gegen den Holzdiebstahl vorzugehen. Bereits zuvor, am 15. Februar 1946, hatte Oberbürgermeister Arthur Werner (1877–1967) die Berliner angesichts der kritischen Ernährungslage dazu aufgerufen, auch den kleinsten Flecken Boden zu Anbauzwecken zu nutzen.

Das Carillon im Großen Tiergarten

Der Winter 1946/47 sollte für die Bevölkerung zur härtesten Bewährungsprobe werden. In Berlin gab es bis Mitte Februar 1947 bereits 305 Kältetote, 1 155 Personen hatten schwere Erfrierungen erlitten. Es herrschten Temperaturen von minus 20 Grad. Die Deutschen hatten bereits sechs Monate lang im Durchschnitt mit nur 1 046 Kalorien pro Tag auskommen müssen. Nun kam zu allem Übel noch eine lang anhaltende Kälteperiode hinzu. Die Straßen waren wie leergefegt.

Die Brachlandaktion im Tiergarten lief Ende Oktober 1949 aus. An dieser Aktion hatten sich rund zehn Prozent der Tiergarten-Bevölkerung beteiligt. Weitere 850 Parzellen lagen außerhalb des Parkgeländes im Bezirk. Pro Ernte erbrachten die Brachlandsiedler einen Ertrag von bis zu 20 Tonnen Gemüse und Kartoffeln. Insgesamt ernteten sie 20 000 Zentner. Im Herbst 1949 verschwanden die letzten Kleingärten.

Der Schweizer Schriftsteller Max Frisch (1911–1991), der im November 1947 nach Berlin kam, schrieb in seinem Tagebuch: »Mittagsrast im Tiergarten. Eine baumlose Steppe mit den bekannten Kurfürsten, umgeben von Schrebergärten. Einzelne Figuren sind armlos, andere mit versplittertem Gesicht. Einer ist offenbar vom Luftdruck gedreht worden und schreitet nun herrisch daneben. Anderswo ist es nur noch ein Sockel mit zwei steinernen Füßen, eine Inschrift; der Rest liegt im wuchernden Unkraut. Außer einem Hund, der mein Picknick riecht, bin ich allein. Im Hintergrund ragt das Denkmal der Roten Armee, das in der Nacht beleuchtet ist.«[87] Bei dem Denkmal handelt es sich um das Sowjetische Ehrenmal (s. S. 168/169).

Unmittelbar nach dem Ende der Kämpfe begannen die Berliner, ihren Bedarf und ihre Angebote auf Zetteln mitzuteilen, die sie an Bäumen, Zäunen und Mauern befestigten. Der Magistrat versuchte die Bevölkerung davon zu überzeugen, die Straßen- und Parkbäume auch im Tiergarten nicht als Anschlagsäulen zu benutzen, um sie nicht zu beschädigen. Jede Form des staatlich oder privat organisierten wirtschaftlichen Lebens war beendet. Löhne und Renten wurden nicht mehr bezahlt, neue Arbeitsverhältnisse waren noch nicht absehbar, die NS-Lebensmittelkarten ungültig. Das Bargeld ging schnell zur Neige, die Ban-

Gemüseanbau im Tiergarten, 1946

ken waren geschlossen. Der Hunger blieb für die Berliner eines der größten Probleme. In den kommenden Jahren sollten Lebensmittelmarken und Rationierung zum Alltag gehören, im Westteil der Stadt bis 1948, im Ostteil noch zehn Jahre länger. Die Lebensmittelzuteilungen waren jedoch fast immer unvollständig. Unzulänglich waren sie sowieso. Die meisten Berliner konnten das Gesuchte ohnehin nicht auf legale Weise erhalten. Solche Bedingungen trieben den Schwarzhandel in der Stadt zu neuen Blüten. Dabei wird oft vergessen, dass der illegale Warentausch und Schleichhandel bereits in den frühen Kriegsjahren begann, sobald Lebensmittel und Haushaltsprodukte knapper wurden.

US-Soldaten auf dem Schwarzmarkt am Reichstag, 1946

Der Schwarzmarkt vor dem zerstörten Reichstagsgebäude war der größte und beliebteste von etwa 60 in Berlin. Er »öffnete« um zehn Uhr morgens und fand täglich statt. Fast alle Berliner beteiligten sich, ihnen blieb zum Überleben auch keine andere Wahl. Die Not zwang selbst ehrbare Bürger in die Illegalität des Schwarzmarktes. Auf diesem Markt wurde alles verkauft, gekauft oder getauscht, was die Berliner entbehren konnten oder benötigten. Der Bereich vor dem Reichstag, günstig an der Sektorengrenze gelegen, diente den Schwarzmarkthändlern bereits unmittelbar nach Kriegsende als Treffpunkt. Er war so bekannt, dass ihn die Schaffner der öffentlichen Busse ausriefen. Und die Schauspielerin und Sängerin Marlene Dietrich (1901–1992) besang ihn: »Black Market / Peek around the corner / ›La police qui passe‹ / Come! / I'll show you things you cannot get elsewhere«.

Trotz aller Illegalität kamen neben Zigtausenden von Berlinern auch alliierte Soldaten der vier Besatzungsmächte dorthin. Die Soldaten handelten mit Waren aller Art. Uhren und Schmuck waren besonders bei den englischen und amerikanischen Besatzern beliebt; die Russen kauften Kleidung, Schuhe, Fotoapparate, Ferngläser und legten auf den Preis häufig noch ein Stück Lebensmittel obendrauf. Die Zeitzeugin Rosa Baer schilderte den Weg zum Schwarzmarkt am Reichstag: »Durch Tausende und Abertausende von Menschen musste ich durch, es blühte ein herrlicher Schwarzhandel. Viele russische Soldaten hatten Butter, Speck, Zucker und andere nahrhafte Sachen, die man kaum noch kannte. Ausgehungerte, abgehärmte Menschen brachten ihr letztes Schmuckstück und tauschten dafür Essbares ein.«[88]

Auf dem Schwarzmarkt zahlte man nicht mit Geld, sondern vor allem mit Ware, »kompensieren« nannte man das. Als Leitwährung galt die amerikanische Zigarette. Ihre vielseitigen Eigenschaften als Tauschgut machten sie zum »Maß aller Dinge«: wertbeständig, teilbar, ein Umlauf in beliebigen Mengen, Wertaufbewahrungs- und Zahlungsmittel. Zigaretten erfüllten die Funktionen, die bis dahin für das Geld galten. Auf dem Schwarzmarkt am Reichstag kostete eine Zigarette (Chesterfield, Lucky Strike oder Camel) sechs Reichsmark, ein Päckchen 120, fünf Päckchen 600 RM. Durch den Lebensmittelmangel stiegen auch die Preise auf dem Schwarzmarkt sprunghaft in die Höhe. Ein Pfund Butter sollte beispielsweise bis zu 450 RM, ein Pfund Kaffee 1 000 RM kosten.

Der Schwarzmarkt wuchs, je mehr die zugeteilten Rationen unter das Existenzminimum sanken, der Hunger sich ausbreitete, es an den wichtigsten Gebrauchsgütern und Heizmaterial mangelte und sich die Wohnungsnot zur Wohnraumkatastrophe steigerte.

Nicht selten machten sich die Teilnehmer regelrecht »fein«, bevor sie den Schwarzmarkt besuchten. Jeder Schwarzhändler prüfte zunächst das äußere Erscheinungsbild seines Handelspartners, ob er auch vertrauenswürdig schien. Auffällig war das offene Tragen von Schmuck aller Art, wenn Schwarzhändler ihren Körper als »Auslage« nutzten. Der Anbieter konnte seine Ware »ausrufen« oder er bot sie stumm an, wobei kleinere Gegenstände schnell in Jackentaschen, Beuteln oder Koffern verschwinden konnten. Der Jurist Dietrich Wilde (alias Güstrow, 1909–1984) berichtet vom Brandenburger Tor: »Die Menge – Deutsche, alliierte Soldaten aller vier Mächte, Versprengte aus aller Herren Länder – schob sich scheinbar ohne Ziel und Absicht aneinander vorbei, wobei ein halb flüsterndes, halb zischendes Stimmengewirr in der Luft lag (…) Zweier-Gruppen bildeten sich angesichts der Militärstreifen nur für ein, zwei Minuten, dann hatten sich Käufer und Verkäufer wieder im schiebenden und stoßenden Gedränge verloren.«[89]

Der Warentausch auf dem Schwarzmarkt war für viele die einzige Möglichkeit zum Überleben. Und jeder musste Gewinne auf dem Schwarzmarkt machen, um am nächsten Tag Lebensmittel kaufen zu können. Wer nicht über Bargeld verfügte oder persönliche Sachen gegen Lebensmittel tauschen konnte, musste durch Kettenhandel so viel einnehmen, dass er kaufen konnte, was er brauchte. Die Lebensmittelpreise auf dem Schwarzmarkt stiegen mit jeder Kürzung der Lebensmittelrationen. Bekleidung und Schuhe, wenn auch gebraucht, gab es fast nur auf dem Schwarzmarkt. Denn Bekleidung wurde auf den amtlichen Bezugsscheinen kaum ausgeliefert.

Die Razzien der westalliierten Stadtkommandanten und der Berliner Polizei bewirkten nicht im Geringsten, dass vor dem Reichstagsgebäude und in den angrenzenden Teilen des Tiergartens weniger Menschen verbotene Geschäfte abwickelten. Kam es zu Razzien, wurden leicht über tausend Personen auf einen Schlag festgenommen. Der Tiergarten mit seinen ausgedehnten Grünanlagen erschwerte allerdings eine effektive Verfolgung. Die zögerliche Haltung der britischen Militärpolizei bei der Bekämpfung trug mit dazu bei, dass der Tiergarten ein beliebter Schwarzhandelsort bleiben konnte. Die Briten und Sowjets warfen sich gegenseitig vor, den Handel im jeweils anderen Sektor nicht ausreichend zu kontrollieren. Viele Berliner hatten hier zum ersten Mal mit der Polizei zu tun, wurden in einem Sperrring eingekreist, auf Lastwagen verladen, wenn sie fremdes Geld oder bewirtschaftete Waren mit sich führten, und zur Kontrolle ins Polizeipräsidium in der Dircksenstraße gebracht. Mitunter konnte noch am selben Tag eine weitere Gruppe auf gleiche Weise »aufgebracht« und verhaftet werden. Mit polizeilichen Mitteln war dem Schwarzhandel nicht beizukommen, selbst wenn gleich dreimal hintereinander Razzien stattfanden. So kesselten beispielsweise an einem Tag um 11 Uhr Angehörige der deutschen Polizei und der sowjetischen Militärpolizei etwa 1 500 Personen ein und durchsuchten sie. Auch Beamte der zuständigen Magistratsabteilungen waren beteiligt. Dreieinhalb Stunden später hatten sich erneut 600 Personen versammelt, als die Polizei zugriff. Ihnen wurde alle schwarzmarktverdächtige Ware abgenommen. Gegen 17 Uhr fanden sich wiederum 500 Personen in einem Sperrring gefangen. Viel konnten die neu eingesetzten Polizisten auch nicht ausrichten, zumal die Besatzer oft genug selber in die Tauschgeschäfte verwickelt waren. Obschon die Razzien im Tiergarten täglich stattfanden, konnten sie den Handel nicht unterbinden. »Die Razzia

Abtransport von Verhafteten nach einer Polizei-Razzia auf dem Schwarzmarkt, 1946 (Foto koloriert)

selbst wurde am Sonnabend wie eine militärische Aktion vorbereitet und durchgeführt. (...) Punkt 15:00 Uhr stürmten plötzlich aus den Gebüschen des Tiergartens 80 britische und 250 deutsche Polizisten, während Panzer, Panzerwagen und bewaffnete Lkw's die Zugangsstraße absperrten, so daß um den ganzen Schwarzen Markt ein Stahlring gezogen war. Militärpolizisten mit Maschinenpistolen trieben die Menge auf dem Schwarzen Markt zusammen. Etwa 1 000 Personen waren bald eingekesselt. (...) Im Untersuchungsgefängnis Moabit wurden alle Festgenommenen durchsucht und listenmäßig erfaßt.«[90] Die Zeitung *Der Berliner* berichtete am 16. Oktober 1945 weiter, dass am nächsten Montag 20 Männer und 17 Frauen vor dem britischen Militärgericht in Moabit standen. Der Schwarzhandel wurde von den Behörden schließlich gezwungenermaßen geduldet.

Die Währungsreform ab dem 21. Juni 1948 brachte den Schwarzmarkt zum Einsturz. Die alte Reichsmark sollte abgeschafft und durch neues Geld, die Deutsche Mark, ersetzt werden. Innerhalb weniger Tage kletterten die Preise auf dem schwarzen Markt in astronomische Höhen. Für Zigaretten wurden bis zu 15 RM verlangt und auch bezahlt. Pro Stück! Schwarzhändler zündeten sich ihre Zigaretten mit 100-RM-Scheinen an. Die Schaufenster zeigten Fleisch und Butter, Wurst und Fett. Doch nur drei Tage später, am 24. Juni, begann die Zeit der Berlin-Blockade mit der Folge, dass alle notwendigen Versorgungsgüter eingeflogen werden mussten.

Etwa zwei Monate nach Kriegsende, am 2. Juli 1945, hatte der Magistrat von Berlin beschlossen, den Tiergarten wiederherzustellen. Der Leiter des Stadtgartenamts, Reinhold Lingner (1902–1968) und Georg Pniower (1896–1960), Hochschullehrer für Gartenkunst und Landschaftsgestaltung an der Humboldt-Universität, legten 1946/47 die ersten Entwürfe für eine Neugestaltung vor. In Lingners Entwurf waren die Charlottenburger Chaussee sowie alle anderen durch den Tiergarten führenden Straßen verschwunden, der Verkehr wurde um den Park herumgeführt. Eine große Lichtung durchzog den Park und endete in einem großen See. Bei Pniower blieb nur die Chaussee als Allee erhalten. Er stellte weitläufige baumfreie Flächen kompakten Waldgebieten gegenüber. Für die Parkränder plante er Schrebergärten und Gartensiedlungen. Die Reichstagsruine wollte er in einen Trümmerberg einschütten, daneben sollte eine Freilichtbühne entstehen. Beide Planungen wurden fallengelassen, und der Wiederaufbau des Tiergartens erfolgte schließlich nach Plänen von Wilhelm Alverdes (1896–1980), seit 1950 Gartenamtsleiter des Bezirks Tiergarten.

Er plante eine weiträumige, landschaftlich geprägte Erholungsanlage mit weiten Wiesenflächen und waldartigen Gehölzen, angelehnt an Lennés Vorstellung von einem Volksgarten. Die typische Synthese barocker und landschaftlicher Elemente, die den Tiergarten bis dahin geprägt hatten, wurde aufgegeben. Insbesondere die Alleen und Plätze, die trotz Zerstörungen noch erhalten geblieben waren und auch für Lenné unentbehrliche Orte der Kommunikation und der Orientierung darstellten, wurden aufgegeben.

Geblieben sind von den Straßenführungen aus der Vorkriegszeit die Charlottenburger Chaussee und die Hofjägerallee, angebunden nach Moabit durch den Spreeweg. Herausgenommen wurden dagegen die Bellevueallee, die alte Siegesallee (die Denkmäler waren bereits geräumt), die Große Sternallee und die Fasanenallee. Die Altonaer Straße wurde belassen und sollte vom neu aufzubauenden Hansaviertel zum Großen Stern führen. In seiner fünfstrahligen Form existiert der Große Stern bis heute.

Die ersten Wiederbepflanzungsaktionen 1947/48 konnten mit Zustimmung des Magistrats aufgenommen und dank der Hilfe großer Bevölkerungsteile aus allen Sektoren durchgeführt werden. Der Park wurde im Rahmen eines Notstandsprogramms – die Voraussetzung für einen raschen Beginn der Arbeiten – zwischen 1949 und 1959 weiter aufgeforstet. Diese Notstandsarbeiten dienten der Verringerung der Arbeitslosigkeit – nur jeder vierte hatte Arbeit. Am 17. März 1949 pflanzte der Berliner Oberbürgermeister Ernst Reuter (1889–1953) als ersten Baum eine Linde an der Ecke Großer Stern/Hofjägerallee. Es war der erste Baum, der wie einige weitere Tausend Setzlinge zur Zeit der Berlin-Blockade per Flugzeug in die Stadt gelangten. Reuter sagte: »Die Zerstörung unseres Tiergartens ist die schmerzlichste Wunde, die unserer Stadt durch den Krieg geschlagen wurde.« Eine Gedenktafel erinnert an diese Pflanzung. Und Reuter brachte die britische Militärregierung dazu, noch am gleichen Tag dem Magistrat die Beschaffung von 250 000 jungen Bäumen zu genehmigen. Über 30 westdeutsche Städte übernahmen Patenschaften, aus dem gesamten Bundesgebiet kamen die gespendeten Jungbäume in die Stadt. Die ersten 150 000 Junggehölze wurden aus Holstein eingeflogen. Der Deutsche Städtetag appellierte an seine Mitglieder, zu spenden. Anders wäre die Wiederaufforstung des Tiergartens nicht bis Mitte der 1950er-Jahre abgeschlossen gewesen.

Aufforstungs- und Wiederherstellungsarbeiten im Tiergarten, 1950

Bereits im Jahr 1950 waren zeitweise bis zu 1 000 Notstandsarbeiter im Einsatz. Etwa 50 000 Quadratmeter stark beschädigter oder nicht länger benötigter Fahrstraßen mussten beseitigt, 1 500 Tonnen Trümmermassen und 350 Tonnen Wellblech abgefahren sowie acht Hektar der fast vollständig erhalten gebliebenen Lennéschen Tiergartengewässer gereinigt und entschlammt werden. Daneben galt es große Mengen Munition, Blindgänger und sonstiges versenktes Kriegsmaterial zu entsorgen. Zunächst räumte man das Gebiet zwischen der S-Bahn und der Hofjägerallee auf.

Der Boden für die Neuanpflanzungen wurde vorbereitet und die ersten Junggehölze gepflanzt. Bei seinem Berlin-Besuch am 6. Dezember 1949 entschloss sich der Bremer Bürgermeister Wilhelm Kaisen (1887–1979), erschüttert vom trostlosen Anblick des Parks, zu einer ersten Spende von 35 000 jungen Bäumen. Andere deutsche Städte schlossen sich der Hansestadt an. Diese Bäume wurden hauptsächlich entlang einer neuen, südlich der Charlottenburger Chaussee angelegten Promenade gepflanzt. Deshalb wurde sie »Bremer Weg« genannt, ein Gedenkstein erinnert an seinem Anfang am S-Bahnhof Tiergarten an die Spendenaktion. Ein »Baumdank-Mal« für die Spenden der anderen deutschen Städte steht im mittleren Teil des Tiergartens. Berlin ließ seinen Dank und die Namen der beteiligten Patenstädte 1951 für die Nachwelt in Stein meißeln. Der 3,40 Meter hohe Obelisk aus Muschelkalkstein steht am Großen Weg, südlich gegenüber der Rousseau-Insel. Beide Steine hat der Bildhauer Karl Wenke (1911–1971) entworfen.

Ein Gedenkstein am Anfang des Bremer Weges erinnert an die Baumspenden nach dem Zweiten Weltkrieg.

Das Prinzip der »Ammenbäume« war schon bekannt. Im Tiergarten wurde es allerdings zum ersten Mal in großem Stil angewandt. Um einen Eichen- oder Buchenwald zu erhalten, pflanzte man zunächst Pappeln. Diese sind robust und wachsen schnell, während Eichen und Buchen langsamer wachsen und auch empfindlicher sind. Gedeihen sie aber in den ersten Jahren unter dem Schutz kräftiger Pappeln (als »Ammenbäume«), wird ihr Wachstum beschleunigt. Zwischen 1949 und 1953 pflanzte man rund 18 000 »Ammenbäume«, die ersten wurden nach zehn Jahren wieder abgeholzt. Über diese Neubepflanzung des Tiergartens schrieb Alverdes: »Als Vorwuchs wurden in losem Verband in 6–8 m Abständen rasch wachsende Pappeln gepflanzt, in den Randgebieten, um den Trümmerhorizont für die Besucher des Tiergartens bald auszuschalten, raschwüchsige Populus robusto. In den extrem trockenen Gebieten des östlichen Tiergartens tritt an Stelle der Pappeln bzw. zu deren Unterstützung die Schwarzerle. In Gebieten, die später vorherrschend mit Rotbuche bestanden sein sollen, übernimmt die Rolle des Vorwuchses die Roteiche.«[91]

Neben Bäumen und Sträuchern wurden insgesamt über 300 000 winterharte Stauden gepflanzt. Im Südteil wurde längs des Wasserlaufs von der Rousseau- zur Luiseninsel ein Rhododendronhain geschaffen. Man legte 35 Kilometer Wege neu an und reparierte die 13 zerstörten Brücken. Heute stehen die Tiergartengewässer miteinander durch Rohrleitungen in Verbindung. Einen gleichbleibenden Wasserstand garantiert das Pumpwerk am Landwehrkanal in der Nähe des Zoologischen Gartens.

1951 sprengte man die Ruine der Krolloper und beseitigte bis 1957 ihre Überreste, dabei verschwand auch der dortige Garten.1952 wurde ein Teil des Tiergartens südwestlich von Schloss Bellevue zu einem Englischen Garten umgestaltet. Der Name bezieht sich nicht auf die Stilform, sondern auf die Initiatoren. Dem Britischen Stadtkommandanten General Geoffrey Bourne (1902–1982) kam die Idee, mit dem Park an die gute britisch-deutsche Zusammenarbeit während der Blockadezeit zu erinnern. Er wollte einen Garten schaffen, wie er besonders in England außerordentlich beliebt ist. Sein Vorhaben wurde unterstützt durch mehr als 5 000 Baumspenden aus den Privatgärten König Georgs VI. (1895–1952) und britischer Bürger. Zur Eröffnung im Mai 1952 kam der britische Außenminister Anthony Eden (1897–1977), nach ihm hieß die Anlage bei den Berlinern lange Zeit »Garten Eden«. Und als Königin Elisabeth II. (1926–2022) im Mai 1965 zu ihrem umjubelten ersten Besuch nach West-Berlin kam, nahm sie sogar einen Spaten in die Hand und pflanzte eine Eiche aus dem Schlosspark zu Windsor. Obwohl der königliche Baum unter Polizeischutz stand, wurde er von Souvenirjägern beschädigt. Es gibt ihn immer noch, eine Hinweistafel fehlt aber leider. Für die Queen wurde sogar eigens ein »Damenspaten« angefertigt. Diesen royalen Spaten hütete das Bezirksamt wie eine Reliquie – nur irgendwann war er spurlos verschwunden. Wilhelm Alverdes entwickelte um ein Teehaus herum fünf Themengärten: den Naturgarten, den Teich mit Uferpartien, den Steingarten, den formalen Garten und eine alle Teile verbindende Terrasse. Im Teich befinden sich zwei Inseln, er liegt verkleinert an derselben Stelle wie sein Vorgänger. Das reetgedeckte Teehaus hieß zunächst Parkhaus und ist ein zweistöckiger Bau, den der Architekturprofessor Herbert Noth (1907–1967) auf dem Fundament der im Krieg zerstörten Gründgens-Villa errichtete. Es erinnert an die frühere Meierei Gillys. In seiner Mitte befindet sich ein großer Lese- und Veranstaltungssaal, der sich mit hohen Glastüren zur Terrasse öffnet. Ledersessel gruppieren sich im besten Landhausstil um einen gemauerten Kamin. An der Wand hängt ein Gemälde, das Gustaf Gründgens zeigt. Hier finden Kammerkonzerte, Dichterlesungen und andere kulturelle Veranstaltungen statt, und es gibt ein Gartencafé. Draußen hat man von schwarzen Holzbänken aus eine schöne Aussicht auf Buchsbaumkugeln und kegelförmige Eiben. Kleine Springbrunnen plätschern auf dem manikürten Rasen. Im Frühjahr ziert ein Band aus lila-weißen Stiefmütterchen das geometrisch angelegte Ensemble. Wenn im Konzertsommer Musik durch den Park klingt, gehen auf den umliegenden Wiesen viele Berliner einer ur-britischen Beschäftigung nach und packen die Picknickkörbe aus. Die Sommerkonzerte präsentieren Jazz, Pop, World, Soul oder Hiphop. Sie finden zwischen Ende Juli und Anfang September jeden Sonntagnachmittag statt.

Der Englische Garten mit dem Teehaus

Der Bellevue-Park ist seit 1959 im Wesentlichen zweigeteilt: Für den Präsidialbereich ist das Gelände unmittelbar um das Schloss herum sowie ein weiter nach Westen gehender Abschnitt reserviert, der bis kurz hinter den ersten Eiskeller-Hügel reicht. Vor der Bebauung des Hansaviertels bleibt ein breiter, mit einem Kinderspielplatz ausgestatteter Streifen frei, der sich vom Englischen Garten bis zur Spree erstreckt. Das übrige Gebiet, mehr als die Hälfte des ursprünglichen Bellevue-Parks, gehört nun zum Tiergarten und steht jedermann offen, während der präsidiale Park nur bei Abwesenheit des Präsidenten zugänglich ist. Bei der Restaurierung von Schloss und Bellevue-Park ausgehoben, wurden die dort während des Kriegs vergrabenen Skulpturen (auch die der Siegesallee) in das Lapidarium des Landeskonservators gebracht. Viele der heute im Tiergarten aufgestellten Statuen sind Kopien. Den Übergangsbereich zwischen Bellevue-Park und Englischem Garten hat ebenfalls Alverdes gestaltet, der östlich des Teehauses einen Rosengarten anlegte.

Die *Flora*-Statue im Rosengarten

Nachdem der Rosengarten 1975/76 nach dem Entwurf von Gartenamtsleiter E. Albrecht neu gestaltet wurde, stellte man dort eine von den Bildhauern Fritz Becker (1922–2016), Harald Haacke (1924–2004) und Dietrich Starcke (1929–2019) geschaffene Nachbildung der *Flora*-Statue auf, die früher auf dem Floraplatz stand. An der Stelle, wo einst die Villa »Finkenherd« stand, ist 1970 ein Denkmal für den berühmten Augenarzt Albrecht von Graefe anlässlich seines 100. Todestages enthüllt worden. In dem 1824 von Karl Friedrich Schinkel gebauten Landhaus wurde er 1828 geboren und bewohnte es auch. Am Brandenburger Tor stellte man 1987 eine Kopie des Herkules, den der Bildhauer Georg Franz Ebenhecht (1710–1757) im Jahr 1745 geschaffen hatte, auf. Als Musagetes (Führer der Musen) dargestellt, trug Herkules eigentlich eine Lyra. Ursprünglich für das Potsdamer Stadtschloss gefertigt, entsprach die Statue nicht dem Geschmack Friedrichs II., und sie gelangte 1765 auf den Platz vor dem Tor. Wegen der als anstößig empfundenen Nacktheit versetzte man die Skulptur im 19. Jahrhundert jedoch auf den Großfürstenplatz, bevor sie schließlich (nach einem »Zwischenspiel« nahe der Rousseau-Insel) zum Tor zurückgelangte.

Durch den Bau der Mauer am 13. August 1961 hatte der Tiergarten seine zentrale Funktion und Lage verloren und geriet in eine Randlage. Die West-Berliner konnten nicht mehr in die Berlin umgebenden Erholungsgebiete fahren. Der Park war für sie nun mehr noch als zuvor wichtig zur Naherholung. Gleichzeitig bedrohten verstärkte Über- und Fremdnutzungen wie Grillen, Fußballspielen, Radfahren usw. den Tiergarten mit seinen wertvollen Parkstrukturen wie auch den artenreichen Langgraswiesen.

1984 gab der damals für die Grün- und Gartendenkmalpflege zuständige Senator für Stadtentwicklung und Umweltschutz in Berlin zum ersten Mal ein Parkpflegewerk in Auftrag. Es sollte als Grundlage für die weitere Parkerhaltung und -entwicklung dienen. Vier Gedanken standen dabei im Mittelpunkt: erstens die herausragende Bedeutung des zentralen Parks für die gesamte Stadt und ihre Identität. Zweitens gelte es, die historische Dimension des Tiergartens zu stärken und seine jahrhundertelange, vielfältige Geschichte für den Bürger wieder erlebbar und erkennbar zu machen. Drittens sollten

Die von Günter Anlauf geschaffene Rousseau-Säule auf der Rousseau-Insel

die besondere ökologische Bedeutung berücksichtigt und die Parkwald- und Gehölzbestände zu vielfältigen und mehrstufigen Dauermischbeständen mit heimischen Arten auch in der Kraut- und Strauchflora weiterentwickelt werden. Es ging um die Erhaltung der Langgraswiesen und die Beschränkung der schmuck- und ziergärtnerischen Elemente auf die Luiseninsel, den Rosen- oder den Englischen Garten. Und viertens galt es, die Überbeanspruchungen einzudämmen und den landschaftlichen Park als Erholungsort zu schützen. Das Parkpflegewerk folgt künstlerisch vorrangig dem von Alverdes geprägten Nachkriegskonzept. Alverdes war es gelungen, »landschaftlich schöne Szenerien« zu schaffen. Seit 1986 konnten neben den Lennéschen Wasserpartien auch die zahlreichen gartenkünstlerischen Denkmalbereiche und Sondergärten instandgesetzt werden. Zu den realisierten Vorhaben zählen die Restaurierung des Englischen Gartens und der Luiseninsel sowie die Instandsetzung des Großfürstenplatzes und der Rousseau-Insel. Die Luiseninsel entspricht heute der Form, in der sie Gartenbaudirektor Eduard Neide im 19. Jahrhundert geschaffen hatte. Dazu gehört auch der Platz um das Denkmal Friedrich Wilhelms III., der wie einst von Lenné konzipiert wiedererstand. Die Rousseau-Insel wurde mit einem modernen Denkmal aufgewertet. Von dem Bildhauer Günter Anlauf (1924–2000) geschaffen, stellte man es zum 275. Geburtstag des Schriftstellers im Juni 1987 auf. Das Parkpflegewerk empfahl weiter die Wiederherstellung der barocken Strukturelemente wie Alleen und Plätze sowie die Instandsetzung der reichen skulpturalen Ausstattung. Denkmäler wie zum Beispiel das Lessing- und das Lortzing-Denkmal hat man freigelegt und ihre Umgebung neu gestaltet. Der Ostteil des Tiergartens hat durch die Wiederaufpflanzung der begrenzenden Allee 1991 in der Ebertstraße gewonnen. Die Fasanerieallee mit ihren Denkmälern wurde erneuert, die Fahrbahn in der Bellevueallee entfernt und die Allee zum Schloss Bellevue weitergeführt. Die Große Sternallee ist erneut vom Großen Stern zur Tiergartenstraße an- und durchgelegt. Auch die Große Querallee hat man wiederhergestellt, die Allee zwischen Entlastungsstraße (heute u. a. Ben-Gurion-Straße) und Brandenburger Tor sowie Großer Stern und Charlottenburger Tor aufgepflanzt und die Friedensallee (Simsonweg) sowie den Zeltenplatz mit seinen sechs Alleen wiederhergestellt. Besonders gelungen zeigt sich die alleemäßige Wiederaufpflanzung der Straße des 17. Juni. Nach der deutlichen Verschmälerung der Ost-West-Achse wurde der jahrzehntelang auseinandergerissene Tiergarten wieder vereint. Im Mai 1991 erhielt die gesamte Parkanlage Denkmalschutz.

Unweit des Sowjetischen Ehrenmals steht in der Fahrbahnmitte in Richtung Brandenburger Tor ein Nachguss der Bronzeskulptur *Der Rufer* des Bildhauers Gerhard Marcks (1889–1981). Sie befindet sich dort seit Mai 1989, dem Osten zugewandt. Nachempfunden ist die Figur der Gestalt des Stentor aus Homers *Ilias*. Während eines Kampfes zwischen Griechen und Trojanern trat Hera als Stentor vor die Griechen und forderte sie lauthals zum Kampf auf. Eine solche *Rufer*-Skulptur steht noch an fünf weiteren Orten. Der Ursprung liegt in Bremen: Für den Standort eines neuen Sendegebäudes wollte Radio Bremen 1966 unbe-

Seit 1966 mahnt *Der Rufer* auf der Straße des 17. Juni zum Frieden.

dingt ein Werk von Marcks haben. Der Künstler schlug vor, einen Rufer zu entwerfen. Die Skulptur sollte die Aufgabe von Rundfunk und Fernsehen möglichst zeitlos darstellen. In Berlin sollte das Werk zusätzlich an den Frieden mahnen. Sein Sockel enthält die Worte des italienischen Dichters Francesco Petrarca: »Ich gehe durch die Welt und rufe: Friede, Friede, Friede.«

Aus Anlass der Einweihung des Sowjetischen Ehrenmals im Tiergarten fand am 11. November 1945 eine gemeinsame Parade der alliierten Truppen auf der Charlottenburger Chaussee statt. So hieß die Verkehrsachse wieder nach Kriegsende bis 1953 – und sie blieb Paradestrecke. Bereits am französischen Nationalfeiertag, dem 14. Juli 1945, hielten die Franzosen hier ihre Militärparade ab, eine Woche später nahm der erste britische Stadtkommandant Lewis Lyne (1899–1970) die Parade seiner Truppen ab. Nach der Kapitulation Japans veranstalteten die vier Siegermächte auch am 7. September 1945 eine gemeinsame Berliner Siegesparade. An ihr nahmen etwa 5 000 Soldaten teil, davon 2 000 aus der Sowjetunion, der Initiatorin der Veranstaltung. Zwischen 1964 und 1994 dokumentierten die USA, Großbritannien und Frankreich hier jeweils im Frühjahr mit einer Militärparade als »Tag der alliierten Streitkräfte« ihre Präsenz in der geteilten Stadt. Die Soldaten marschierten an den drei westlichen Stadtkommandanten vorbei. Gegen diese Paraden kam es auch zu Protesten hauptsächlich jüngerer Berliner. Zum Schutz der Parade trug eine Bannmeile bei, die in Teilen des Tiergartens entlang der Straße des 17. Juni bis zum Ernst-Reuter-Platz eingerichtet war. Die Truppenparade galt auch als eine jährliche Demonstration der Stärke in Richtung Osten. Am 13. Juni 1987 fanden sich zum Beispiel 75 000 Besucher zur traditionellen Militärparade ein. Auf der Tribüne saßen neben dem amerikanischen, britischen und französischen Stadtkommandanten fünf geladene ranghohe sowjetische Offiziere. 2 750 Mann in den Fußtruppen, 65 Panzer und 130 weitere Militärfahrzeuge zählte die Parade. In einem bunten Beiprogramm präsentierten sich Motorradsportler der Berliner Polizei, und als Höhepunkt seilten sich Fallschirmspringer aus Hubschraubern ab. Die letzte Parade der Westalliierten zur Verabschiedung der alliierten Streitkräfte aus Berlin fand am 18. Juni 1994 statt.

Die Teilung der Stadt machte sich im Tiergarten kurioserweise auch in einem Gastronomiebetrieb bemerkbar. Im Jahr 1954 eröffnete die Familie Fistler an der Tiergartenschleuse (oder Unterschleuse) unweit des Bahnhofs Zoologischer Garten den »Schleusenkrug«. Schon vor dem Krieg hatte sie an diesem Ort einen Kiosk mit Getränkeausschank betrieben und die Spaziergänger und Schiffspassagiere mit Eis und Erfrischungen versorgt. Später erhielten die Fistlers ein festes Gebäude, das dem eigentlichen Schleusenhaus aufgesetzt wurde. Vorher hatten die Gastronomen lange mit den Behörden verhandeln müssen, denn die Wasserstraßen Berlins standen seit Kriegsende unter sowjetischer und dann DDR-Verwaltung. So verlief an dieser Stelle die Mauer praktisch horizontal: Während im Untergeschoss die Genossen für einen reibungslosen Schiffsverkehr sorgten, erfreuten sich die West-Berliner ein Stockwerk darüber an Sonne, Bier und deftiger deutscher Küche. Trotz Aktivistenarbeit beim Bau des unteren Stocks wurde der obere zuerst fertig. Zur Zeit der Teilung warb der »Schleusenkrug« auf einer Postkarte mit dem Text: »Ost und West gab sich die Hand, und so der Schleusenkrug entstand, drum lieber Gast tritt hier herein, und laß es Dir gemütlich sein. – Bedenk: sind wir zu gutem Tun bereit, wird Deutschland's Einheit Wirklichkeit.« Im »Schleusenkrug« kann man den die Tiergartenschleuse passierenden Schiffen zuwinken. Im Biergarten finden rund 500 Gäste Platz, im angeschlossenen Restaurant kann man gehobenere Küche genießen.

Seit 1954 ist der »Schleusenkrug« in Familienbesitz.

In Berlin gibt es nur einige wenige feste Liegeplätze für Wohnboote. Einer von ihnen befindet sich westlich vom »Schleusenkrug« im Flutkanal der Tiergartenschleuse. Dort liegen, teilweise seit Jahrzehnten, etwa zehn Boote, die die älteste Hausbootkolonie Berlins bilden. Wer über ein Leben auf dem Wasser nachdenkt und sich ein Hausboot bauen oder kaufen will, der sollte sich erst einmal einen Platz zum festen Ankern suchen. Zu den insgesamt vielleicht 50 bis 60 geduldeten Bootsliegeplätzen in drei Kolonien in Berlin sind in den letzten Jahren so gut wie keine neuen hinzugekommen. Und die ihren Platz haben, verlassen ihn selten wieder. In der Verordnung für Binnenschifffahrtsstraßen bilden sie die Kategorie schwimmender Anlagen. Damit unterscheiden sie sich von Kleinfahrzeugen wie etwa Motorbooten. Eine schwimmende Anlage ist in der Regel nicht zum Fahren gedacht. Das Schiff liegt fest an einem Ort, und wenn es zum Beispiel auf eine Werft muss, dann geht das nur als Sondertransport. Aber auch ohne ein Kennzeichen durchläuft ein Hausboot schwierige Genehmigungsverfahren. Ein Dauerwohnsitz wird ohnehin nicht genehmigt, nur eine zeitlich begrenzte Nutzung zur Freizeit und Erholung. Der Senat vertritt die Meinung, dass die Wasserlagen für die gesamte Bevölkerung da sind und die Ufer dabei zugänglich bleiben sollen.

Ein kleiner Weg führt zwischen hohen Bäumen zur Anlegestelle des Restaurantschiffs »Capt'n Schillow«. Seit 1997 liegt das Schiff schon hier, benannt nach dem Schiffsmakler und Nautiklehrer Werner Schillow, Gründer einer der ältesten Privatreedereien Berlins. Es wurde 1909 für den Zementtransport auf der Elbe gebaut und war eines von fünf Segelschiffen, die in Elmshorn als Erste komplett aus Stahl und nicht mit einem Holzboden gefertigt wurden. Mehr als 30 Jahre segelte es, bevor es als Motorschiff unterwegs war, dann vor allem auf der Route nach Skandinavien. Von der Ems kam es an den Landwehrkanal. Zuvor hieß das Schiff deshalb auch »Engelke up de Muer« (Engel auf der Mauer), benannt nach dem gold-rot-blauen Wappen der Stadt Emden.

Gegenüber in Höhe des Charlottenburger Tors knickt eine riesige Röhre aus einem kastenförmigen, blauen Gebäude ab. Die Röhre auf der sogenannten Schleuseninsel steckt im größten Umlauftank der Welt. Das mehrstöckige Gebäude der Versuchsanstalt für Wasserbau und Schiffbau steht unter Denkmalschutz. Es gehört zur Technischen Universität und ist die älteste deutsche Zweckforschungsstätte. Der Standort geht auf Kaiser Wilhelm II. zurück. Ursprünglich war die Versuchsanstalt weiter südlich auf einem Reitplatz geplant. Um sein geliebtes Hippodrom zu schützen, verschob der Kaiser die Anlage mit einer selbst gezeichneten Skizze auf die Insel. Der Komplex entstand zwischen 1901 und 1903. Im Jahr 1921 kamen eine Halle für Werkstätten, Büros sowie Lagerräume hinzu. Zwischen 1927 und 1929 wurde die Insel verlängert. Der Wasserumlauftank entstand von 1967 bis 1974. Ihn durchströmen 3 300 Tonnen Wasser, die in dem Knickrohr hinunterfallen und auf der anderen Seite wieder hinaufgepumpt werden. Um Strömungen zu simulieren, kann das Wasser mit bis zu zehn Metern pro Sekunde durch die Röhre gepresst werden. Im dritten Stock des Tanks schaut man von oben auf riesige, dunkelgrüne Klappen mit schweren Verschlüssen. Sind diese geöffnet, lässt ein Brückenkran das zu testende Schiffsmodell zu Wasser. In der Röhre fließt mit hoher Geschwindigkeit ein Fluss, der von den Schrauben zweier großer Schiffsmotoren angetrieben wird. Dadurch bewegt sich nur das Wasser, nicht aber das Schiff selbst.

Im Freilichtmuseum sind historische Gaslaternen zu bewundern.

Ebenfalls in den Bereich der Technik fällt eine Ausstellung am anderen Kanalufer, und zwar in die Welt des Lichts: Ein Freilichtmuseum, das seit 1978 von der Senatsverwaltung für Umweltschutz und Verkehr betrieben wird, beherbergt dort 103 historische Gaslaternen. Als die Gaslichtlaternen zunehmend ausrangiert und durch Elektrolampen ersetzt wurden, sollten einige von ihnen bewahrt werden. Kostenlos präsentiert sich diese weltweit einmalige Sammlung historischer Gaslaternen aus zwei Jahrhunderten Beleuchtungsgeschichte. Die älteste Gaslaterne Berlins von 1826 steht direkt vor dem Berlin Pavillon am S-Bahnhof Tiergarten. Alle übrigen Laternen sind auf der anderen Seite, südlich der Straße des 17. Juni zu finden. Bei Einbruch der Dämmerung leuchten sie. Die Ausstellung zeigt Modelle bis in die 1950er-Jahre, zum großen Teil Originale oder originalgetreu wieder hergestellt, aus 25 deutschen Städten wie Hannover, Dresden, Berlin und auch aus elf europäischen wie London, Brüssel, Budapest oder Paris. Alle diese Städte spendeten ihre Laternen für das Museum, von denen einige so eindrucksvolle Namen wie »Wilmersdorfer Witwe«, »Pilzleuchte« oder »Köpenicker Galgen« tragen. Im Jahr 1995 wurde das gesamte Gaslaternenmuseum im Tiergarten unter Denkmalschutz gestellt. Inzwischen hat man die Bauteile von 36 Leuchten abgebaut und im Technikmuseum eingelagert. Dort soll die Sammlung später einmal aufgebaut werden. Nur noch etwa 30 Gaslaternen sind im Tiergarten in Betrieb. Zu häufig wurden ihre Glasscheiben durch Vandalismus zerstört. Bei einigen der Laternen sind die Masten inzwischen oben kahl, denn auch die Leuchtkörper wurden zerstört oder gestohlen. Andere Laternen nutzen Vögel als Brutplatz.

Die Geschichte der Gasbeleuchtung in Berlins Straßen begann mit einem Auftrag an die britische Gesellschaft Imperial Continental Gas Association (I.C.G.A.). Am 20. September 1826 beleuchteten erstmalig 27 Laternen den Boulevard Unter den Linden mit einem Licht, das um einiges heller war als bis dahin bekannte Lichtquellen. 2022 waren auf den Straßen Berlins noch rund 23 000 Gaslaternen in Betrieb, zehn Prozent der Straßenleuchten und damit mehr als in jeder anderen Stadt. Der Verein »Gaslicht-Kultur« kämpft für den Erhalt möglichst vieler Gaslaternen im öffentlichen Straßenraum. Der Berliner Senat plant eine stadtweit kostensparende Umstellung der Leuchtkörper auf einen elektrischen Betrieb. Ausgenommen sind nur einige historische Laternen, die das Landesdenkmalamt für schützenswert hält.

In den frühen 1970er-Jahren wurden die öffentlichen Sperrmülltage abgeschafft, und es etablierten sich mehr und mehr Flohmärkte. Der bekannteste, älteste und auch größte liegt an der Straße des 17. Juni, nahe dem S-Bahnhof Tiergarten – und wurde mit der Zeit recht teuer. Gegründet haben den »Original Berliner Trödelmarkt« 1973 Michael Wewerka (* 1938) und seine Frau Olga. Zunächst auf dem Sophie-Charlotte-Platz, dem »Nassen Dreieck« an der Schloßstraße und dem Klausenerplatz angesiedelt, ging es erst nach fünf Jahren an den Tiergarten. Der nebenliegende Kunst- und Kunsthandwerkermarkt fand erstmals 1988 statt. Wie kam Wewerka auf die Idee zu einem Trödelmarkt? Der Autor und Galerist (Fluxus, Informel) zog Anfang der 1970er-Jahre in Berlin in eine kleine Wohnung, zu der aber ein großer Laden gehörte. Mit seiner Frau fing er an, Sperrmüll zu sammeln, und bald war der Laden voll mit Möbel und Einrichtungsgegenständen. Ihr eröffneter Antikladen »New Orleans« lief gut. Nach

Den Trödelmarkt von Michael Wewerka und seiner Frau Olga gibt es seit 1973.

vielen Genehmigungen hat es dann mit dem ersten Trödelmarkt geklappt. Für den Marktleiter geht es aber nicht nur ums Geld. Er fühle sich jede Woche für die rund 200 Händler verantwortlich und müsse schon ein Psychologe sein, um mit allen klarzukommen, so Wewerka.

Eine Gedenktafel erinnert in der Klopstockstraße an Lovis Corinths Berliner Zeit.

Nördlich der Straße des 17. Juni liegt das Hansaviertel: Der Name des 1874 gegründeten Wohngebiets zwischen Spree und Tiergarten erinnert an die Berlin-Hamburger Immobiliengesellschaft »Hansa«, die das Baugebiet erschlossen hatte. Ihr gehörten überwiegend Hamburger Unternehmer an. Im Zweiten Weltkrieg waren durch alliierte Luftangriffe etwa 90 Prozent der Häuser im Hansaviertel zerstört worden. Das Südliche Hansaviertel wurde im Rahmen der Internationalen Bauausstellung »Interbau«, die 1957 stattfand, zwischen 1955 und 1960 gebaut. Es gilt als Demonstrationsobjekt moderner Stadtplanung und Architektur, der klassischen Moderne oder Nachkriegsmoderne.

Das alte Hansaviertel war ein vornehmes, gutbürgerliches und finanzkräftiges Wohnquartier, in dem um 1900 knapp 18 000 Menschen lebten. Wer während der Kaiserzeit und der Weimarer Republik im Hansaviertel wohnte, hatte den gesellschaftlichen Aufstieg geschafft. Die Anwohner waren Politiker, Offiziere, Kaufleute, Juristen, Ärzte, Bankiers, Künstler und Privatiers, die die stadtnahe Lage, den guten Verkehrsanschluss und die Nähe zum Park Bellevue und zum Tiergarten schätzten. Das Wohnviertel galt als eine gefragte repräsentative Adresse. Die beiden größten Gruppen waren Unternehmer und Rentiers, sie bildeten jeweils 20 Prozent der Bewohner. In dem Viertel lebten und arbeiteten auch zahlreiche Künstler und Schriftsteller, Schauspieler und Sänger.

Der Philosoph Ludwig Marcuse (1894–1971) wohnte hier von 1905 bis 1925 in der Bachstraße 10 im elterlichen Haus. Auf einem Spaziergang durch den Tiergarten weihte sein Vater, ein Fabrikant, den Sohn in die Vermögensverhältnisse der Familie ein: »Geld zu verdienen brauchst du nicht. Für Geld habe ich gesorgt.«

Der Architekt des Berliner Doms, Julius Carl Raschdorff (1823–1914), wohnte von 1886 bis zu seinem Tod 1914 direkt am Tiergarten in der Händelallee 12. Der Maler Lovis Corinth (1858–1925), Mitbegründer der Berliner Secession und ab 1911 auch deren Vorsitzender, lebte und arbeitete von 1900 bis 1923 in der Klopstockstraße 48. Der Heimweg war für ihn nicht immer einfach: »Der große Stern hat's auf sich. Strahlt nach allen Richtungen. Vor zwanzig Jahren, wenn ich besoffen nach Hause wollte, stand hier immer ein Schutzmann. Auf den torkelte ich zu und frug ihn, wo es nach der Klopstockstraße ginge. Er kannte mich schon, hob nur den Arm und deutete nach Nordwesten. (...) ich bin manche Nacht ein halbdutzendmal wie in einem Karussell um den Platz gelaufen, ehe ich endlich die richtige Kurve fand.« Wiederholt wählte Corinth den Tiergarten als Motiv. Kurz nach seiner Ankunft in Berlin eröffnete er in seinem Atelier eine Malschule für Damen, seine Haupteinnahmequelle. Die »Malschule für Akt und Portrait« befand sich zunächst in der Klopstockstraße 52. »Die Atelierräume waren herrlich gegen meine bescheidene Münchner Behausung. Hinreichend Platz auch für die Malschule, welche (...) mich bald zum ›wohlhabenden‹ Manne machte.« In seinem Atelier verkehrten auch führende Künstlerpersönlichkeiten wie Walter Leistikow (1865–1908), Max Liebermann oder der Schriftsteller Gerhart Hauptmann. 1904 baute Corinth das Atelier zur Wohnung aus und kaufte 1909 die zweite Etage hinzu.

Ein wichtiges künstlerisches Zentrum des Hansaviertels bildete das Atelierhaus Siegmunds Hof 11. Mit seinen großen Fenstern und auffallend hohen Geschossen glich das wuchtige, mehrstöckige Atelierhaus einem schmucklosen, nüchternen Manufaktur- oder Fabrikgebäude. Zur ersten Nutzergeneration gehörte 1887 der Bildhauer Reinhold Begas (1831–1911; Neptunbrunnen), der sich gleich drei große Räume im Erdgeschoss sicherte. Innen glich das Haus einem summenden Bienenstock. Gut 30 Maler, Bildhauer und andere Kreative werkelten und lebten auf mehreren Etagen, unter anderem der Tierbildhauer August Gaul (1869–1921), der Bildhauer und Medailleur Walther Schmarje (1872–1921) sowie der Bildhauer Hugo Lederer (1871–1940). Die Fluktuation war hoch, manche Künstler blieben nur kurze Zeit, andere über Jahre. Die Zeichnerin und Bildhauerin Käthe Kollwitz (1867–1945) hatte ebenfalls von 1912 bis 1928 ihre Werkstätte im Atelierhaus, wohnte aber in Prenzlauer Berg. »Es macht doch furchtbar viel aus, dass man gutes Licht hat«, freute sie sich. »Mein Arbeiten im Atelier ist fein, vorläufig geht es ordentlich unheimlich gut alles vonstatten dort.« Das Gedicht *Käthe Kollwitz* der Drehbuchautorin Liselotte Trebst handelt von ihrem dortigen Schaffen:

»In Siegmundshof, mit de Fenster zur Spree
Da stand mal 'n Haus, det hieß ›Atelier‹.
Da hab's ick de Käthe Kollwitz jesehen
Mal janz versunken am Fenster stehen –
Im weißen Kittel – schneeweiß ooch de Haar.«[92]

Der Bildhauer Gaul spezialisierte sich auf Tierdarstellungen, seit er eine Dauerkarte für den Berliner Zoo gewonnen hatte. Sein Kollege Lederer war täglich im Tiergarten auf Motivsuche.

Ende des 19. Jahrhunderts waren im Hansaviertel auch Personen ansässig, die sich erst später zu einflussreichen Persönlichkeiten entwickelten. Ab 1894 lebte in der Brückenallee 16 (heute: Bartningallee) die Dichterin, Dramatikerin und Vorkämpferin für Frauenrechte Else Lasker-Schüler (1869–1945). Durch die Freundschaft mit dem Schriftsteller Peter Hille (1854–1904) – er nannte sie Tino – fand sie Anschluss an die literarische Szene. Hille kam im Frühjahr 1885 mit einem großen Sack, in dem er seinen Besitz, vor allem seine auf Papierfetzen hingekritzelte Verse, bei sich trug, nach Berlin. Der vagabundierende Dichter kannte den Tiergarten, denn er übernachtete dort manchmal auf Bänken. Lasker-Schüler wusste das: »Wir fragten einen Mann, der an uns vorübereilte: ›Wie kommen wir aus dem Tiergarten wieder auf die Straße?‹ Und wir bogen und wendeten uns, bis wir glücklich den Weg wiederfanden. ›Sieh', Tino, hier tief im Dickicht habe ich Wochen zugebracht und Dunkelheiten getrunken! O, das waren einzige Gottnächte!‹ Aber ich sah schmerzlich auf seine eingefallenen Wangen.«[93] Hille fiel an seinem Lebensende im Tiergarten von einer Bank, wie es heißt, im Schlaf – eine Kopfverletzung und Wundrose waren die Folge.

Von 1898 bis 1900 lebte im Hansaviertel auch die aus der Schweiz kommende Revolutionärin Rosa Luxemburg (Cuxhavener Straße 2, Gartenhaus I) und trat sofort in die SPD ein. An ihren Lebenspartner Leo Jogiches (1867–1919) schrieb sie am 20. Mai 1898: »Teuerster Ciuciu! (...) Eine Wohnung habe ich endlich gemietet, nachdem ich im Minimum fünfundsiebzig Zimmer in verschiedenen Stadtteilen besichtigt habe, wodurch ich diese Viertel von Berlin (West, Nordwest und Charlottenburg) schon wie meine fünf Finger kenne. Ich habe ein Zimmer (...) direkt am Tiergarten (...) genommen, im aristokratischsten Teil, wie Du siehst (...) Das Zimmer entspricht so ziemlich allen Ansprüchen: 1. Stock, elegant möbliert, mit einem Pianino, sonnig, mit einem kleinen Balkon, grün bewachsen, mit Schreibtisch, Schaukelstuhl, einem Spiegel über die ganze Länge der Wand, der Balkon und das Fenster gehen in den Garten, und ringsum sieht man nur Grünes (...) aber ich habe fast Angst, es zu schreiben – 33 Mark! (...) Das Viertel ist entzückend, still, es gibt dort keine Straßenbahn, ringsum üppiges Grün, und die Luft ist ausgezeichnet.«

Kurt Tucholsky verlebte im Hansaviertel 1892 ein Jahr seiner Kindheit (Holsteiner Ufer 46, 3. Stock). 1924 veröffentlichte er den Text *Abends nach sechs*, in dem er den überall propagierten, gesundheitsfördernden Nutzen des täglichen Spaziergangs zum Befreiungsakt von der Ärgernissen und Demütigungen im Berufsalltag erklärt: »Abends nach sechs Uhr gehen im Berliner Tiergarten lauter Leute spazieren, untergefaßt und mit den Händen nochmals vorn eingeklammert – die haben alle recht. Das ist so: Er holt sie vom Geschäft ab oder sie ihn. Das Paar vertritt sich noch ein bißchen die Beine, nach dem langen Sitzen im Büro tut die Abendluft gut. Die grauen Straßen entlang, durch das Brandenburger Tor zum Beispiel – und dann durch den Tiergarten. Was tut man unterwegs? Man erzählt sich, was es tagsüber gegeben hat. Und was hat es gegeben? Ärger. (...) So wandeln sie. So gehen sie dahin, die vielen, vielen Liebespaare im Tiergarten, erzählen sich gegenseitig, klagen sich ihr kleines Leid, und haben alle recht. Sie stellen das Gleichgewicht des Lebens wieder her. Es wäre einfach unhygienisch, so nach Hause zu gehen: mit dem gesamten aufgespeicherten

Schon Kurt Tucholsky propagierte den gesundheitsfördernden Nutzen des täglichen Spaziergangs im Tiergarten.

Oppositionsärger der letzten neun Stunden. Es muß heraus (...) Die blauen Schleier der Dämmerung senken sich auf Bäume und Sträucher, und auf den Wegen gehen die eingeklammerten Liebespaare und töten die Chefs, vernichten die Konkurrenten, treffen die Feindin mitten ins falsche Herz.«

Aus der Theaterwelt wohnte der Schauspieler und Regisseur Max Reinhardt von 1896 bis 1900 in der Claudiusstraße 6. In den 1920er-Jahren lebte für kurze Zeit mit Heinrich George (1893–1946) einer der berühmtesten Schauspieler und Intendanten der Weimarer Republik wie auch Corinth in der Klopstockstraße 48. Die Dichterin und Schriftstellerin sowie spätere Literaturnobelpreisträgerin Nelly Sachs (1891–1970) wohnte seit ihrer Kindheit Siegmunds Hof 16 in der Parterresuite einer Villa und ab 1930 in der Lessingstraße 33. Köchinnen, Kindermädchen und Gärtner verrichteten für die Familie die Hausarbeit, eine angestellte Kindergärtnerin besorgte den Privatunterricht. In dem großen Garten (»Paradiesgärtlein«) mit Lusthäuschen und Springbrunnen durfte die junge Nelly als Spielgefährten ein Reh und andere Tiere halten.

Auch die Schriftstellerin Gabriele Tergit lebte von 1928 bis zu ihrer Vertreibung durch die SA 1933 im Siegmunds Hof, in der Nr. 22. Der Journalist und Schriftsteller Alfred Kerr wohnte um 1900 am Lützowufer und am Holsteiner Ufer 17. Ende des 19. Jahrhunderts schrieb er in der *Königsberger Allgemeinen Zeitung*: »Die Ufer jenes melancholisch-süßen Gewässers, das leider mit dem plattesten Namen Landwehrkanal genannt wird, sind weniger als sonst von

Schwärmern belebt, die Laubengänge des abendlichen Thiergartens leeren sich, – fast nur noch die Geheimpolizisten lustwandeln zu später Stunde in diesem Walde der sommerlichen Freude und der Fledderei. (...) auf der Terrasse des Zoologischen Gartens hört man weniger mit den Tellern, als mit den Zähnen klappern.« Der Schriftsteller und Dramatiker Carl Sternheim (1878–1942) wohnte im ersten Stock des Hauses Brückenallee 30 »mit Blick vom Balkon nach vorn hinaus auf den prachtvollen Park des königlichen Schlosses Bellevue, in einem stillen, vornehmen, aus wenigen Häusern in der gleichen Straße bestehenden Stadtteil, fern allem Verkehr, ein paar hundert Meter vom Stadtbahnhof Bellevue entfernt (...) Hinter dem Haus (...) dann unübersehbar weites, freies Feld«. Seine Jugend verbrachte Sternheim ab 1894 in der Altonaer Straße 28, in dieser Straße wohnte auch der Schriftsteller Ernst Toller (1893–1939; Nr. 4).

Der Bebauungsplan des alten Hansaviertels legte fest, dass die Gebäude nicht mehr als drei Stockwerke besaßen und Vorgärten hatten. Am Kriegsende waren von den 343 Gebäuden des Viertels etwa 300 zerstört, die übrigen zum Teil schwer beschädigt. Die zerbombten und verbrannten Häuser wurden abgerissen. Auch die erhaltenen Gebäude hat man zum Teil entfernt. Heute stehen noch rund 30 Häuser des alten Viertels. Statt gutbürgerlicher Repräsentationsarchitektur entstand beim Wiederaufbau ein an sozialen Grundsätzen orientierter Wohnungsbau mit kleineren Wohneinheiten. Damit veränderte sich auch die Bewohnerschaft grundlegend.

Für das neue Hansaviertel waren aufgelockerte Baustrukturen mit viel Grün zwischen den Wohngebäuden statt einer geschlossenen Blockrandbebauung geplant. Der Tiergarten sollte quasi von seinen Rändern aus durch das Viertel

Blick von der Besucherplattform der Siegessäule auf die Altonaer Straße in Richtung Hansaviertel, 1961

hindurchfließen. Damit übernahm die Neugestaltung zwei Hauptziele aus dem *Kollektivplan* des Architekten Hans Scharoun (1893–1972) in den Flächennutzungsplan von 1950. Vorbild für den Wiederaufbau war nicht mehr die historische Stadt, sondern eine weite, grüne Stadtlandschaft. Ein städtebauliches Hauptziel lautete: den Stadtkörper so weit wie möglich zu durchgrünen und das bisherige steinerne Meer durch zusammenhängende Grünzüge in überschaubare Einheiten aufzulösen. Begünstigt hat dies sicherlich die Nähe des Tiergartens, eine einmalige städtebauliche Situation, deren Berücksichtigung sich geradezu aufdrängte. In der Aufgabenstellung und Organisation der »Interbau« wurden die Grünflächen- und Gartengestaltung explizit als Aufgabe mit formuliert. Das Leitmotiv »Der Mensch in der grünen Großstadt« hat man an alle planenden Architekten verschickt. Das Stadtgrün und die Tiergartennähe wurden also als wesentlich für die Gesamtaufgabe benannt. In Bezug auf die Zusammenarbeit mit den Architekten hieß es: »Es entsteht im Hansaviertel kein Gebäude, das nicht von gartenarchitektonischer Seite auf Lage und Geländehöhe überprüft bzw. festgelegt wurde.«

Das Hansaviertel sollte zum Symbol für Berlins Erneuerungswillen werden. Den politischen Hintergrund bildete eine für die Zeit des Kalten Krieges typische Konkurrenzsituation: Nahezu zeitgleich mit dem Hansaviertel entstand im Ostteil der Stadt die Stalinallee. Auch sie sah man als Demonstrationsobjekt für die Leistungsfähigkeit des Gesellschaftssystems.

Der überkommene Stadtgrundriss mit seiner Grundstücksaufteilung wurde weitgehend aufgegeben zugunsten von kleineren Straßen, wie die Händel- und Bartningallee, die sich wie die Wege im Englischen Garten »schlängeln«. Zu einem Wettbewerb im Jahr 1952 waren 53 Architekten aus 13 Ländern eingeladen, Vertreter westlich-moderner Vorstellungen vom Neuen Bauen, darunter die Architekten Alvar Aalto, Egon Eiermann, Walter Gropius, Arne Jacobsen, Oscar Niemeyer und Max Taut. Der Wettbewerb lieferte am Ende unterschiedliche Ideen für Grundrisse, Konstruktion und Gestaltung im öffentlich geförderten Wohnungsbau. Nach den Architektenentwürfen wurden schließlich 35 verschiedenartige Wohngebäude verwirklicht: sechs Punkthäuser, breitgelagerte Hochhäuser sowie ein- und zweigeschossige Einfamilien-Reihenhäuser mit Innengärten. Zum Englischen Garten hin entstand der niedrige Komplex der Akademie der Künste. Am 6. Juli 1957 wurden die Ausstellung eröffnet und die Bauten der Öffentlichkeit vorgestellt.

Um das Zentrum am Hansaplatz mit Ladenpassage, St.-Ansgar-Kirche, Kino (später Grips-Theater), Bibliothek und Kindergarten sowie eine 1961 eröffnete U-Bahnstation gruppieren sich die Wohnhäuser mit insgesamt 1 160 Wohneinheiten. Zwischen den Punkt-Hochhäusern blieben Freiräume, in die der Tiergarten hineinragt. Im Englischen Garten und im Bellevuepark entstanden Ausstellungs-Pavillons, der größte zeigte die Schau »Die Stadt von morgen«. Darin waren unter anderem Tafeln zum Thema »Stadt und Natur« aufgestellt. Sie erläuterten die Idee einer Stadtlandschaft sowie die Bedeutung und Funktion von Grünflächen in der Stadt. Ein wichtiger Satz aus dem Ausstellungskatalog lautete: »Die Grünfläche, als Teil der Landschaft, ist die Mitte der Stadt und bildet das Gerüst ihrer Gliederung.« Heute existiert noch immer der Berlin-Pavillon an der Ecke Straße des 17. Juni/Klopstockstraße. Der als Eingangshalle zur »Interbau« errichtete Pavillon zeigte eine Ausstellung zum Wiederaufbau des Hansaviertels. Nach einem Verkauf 2003 und einem folgenden Umbau nutzt ihn inzwischen ein Fast-Food-Restaurant.

Das Prinzip der aufgelockerten und »durchgrünten« Stadt erforderte den direkten Kontakt mit Gartenarchitekten. Der Landschaftsarchitekt Walter Rossow (1910–1992), der eng mit Hans Scharoun zusammenarbeitete, wirkte von Beginn an bei der Gesamtplanung mit. Rossow übernahm 1950/51 die Bauleitung für den Wiederaufbau des Tiergartens. Das gesamte Gelände wurde für den Gartenbau in fünf Bereiche aufgeteilt, erstmalig gestalteten insgesamt zehn renommierte Gartenarchitekten die Grünflächen, die die freiraumplanerischen Ideale in die Praxis umsetzten. Diese Ideale prägten das Hansaviertel ebenso wie seine benachbarte Lage zum Tiergarten. In den 1950er-Jahren lauteten sie: die Stadtlandschaft, die Sozialisierung der Grünflächen und der Freiraum als erweiterter Wohnraum. Die

Der U-Bahnhof Hansaplatz wurde 1957 fertiggestellt und 1961 eröffnet.

Vision war eine Stadtlandschaft, die Stadt im Grünen, welche die Qualitäten von Stadt (Arbeit, Kultur) und Land (frische Luft, Ruhe, Erholung, Sonne) in sich vereinte. Der Garten sollte als Wohnraum im Freien, die öffentlichen Grünflächen als Gesellschaftsräume im Freien dienen.

Durch diese neue moderne Form der Bebauung, vor allem bei den Hochhausbauten, änderte sich im Hansaviertel das Verhältnis von bebauter zu unbebauter Fläche. Vor dem Zweiten Weltkrieg betrug dieses Verhältnis 1:1,5. Heute beträgt es 1:5,5 zugunsten der freien Flächen. Der Grünflächenanteil hat sich bei unveränderter Einwohnerzahl nahezu vervierfacht. »Dabei setzte sich früher die unbebaute Fläche aus sehr vielen kleinen und kleinsten Stücken in Vorgärten und Höfen zusammen, während sie in Zukunft eine zusammenhängende Grünfläche bilden wird, so daß das neue Wohnviertel gleichsam ein Teil des Tiergartens sein wird«.[94] Diese Grünfläche können die Anwohner gemeinschaftlich nutzen. Sie erhalten einen eigenen, gemeinsamen Garten und müssen sich nicht mehr zu einem mitunter weit entfernt gelegenen Erholungsgebiet begeben. Der Verkehr wurde weitestgehend aus dem Wohngebiet herausgehalten. Die Erschließung wurde geändert, die Straßenführung vereinfacht und stark differenziert.

Leben im Grünen im Hansaviertel: Wohnhaus von Oscar Niemeyer, Altonaer Straße

Die frühere Blockrandbebauung des Hansaviertels hatte die Nähe von Tiergarten und Spree optisch nicht einmal erahnen lassen. Nach dem Zweiten Weltkrieg forderte die Tiergartenleitung, die Parkanlage ganz bis an die Spree auszudehnen und damit einen Plan von Lenné zu verwirklichen. Diese Idee erschwerten zum einen hohe Grunderwerbskosten, zum anderen erschien sie auch städtebaulich falsch: »Der Tiergarten ist nicht mehr wie vor dem Krieg eine dicht bewaldete Insel im Steinmeer der Stadt, nicht mehr trennender Fremdkörper, sondern verbindendes Element, landschaftlich gestaltete (Frei) Fläche (…) Um dieser einzigartigen städtebaulichen Gegebenheit gerecht zu werden, kommt es weniger darauf an, die Fläche des Tiergartens um jeden Preis zu vergrößern als darauf, sie durch bauliche Fassung und Gestaltung an der richtigen Stelle zu steigern.«[95] Der Siegerentwurf des von der späteren »Interbau« unabhängigen Wettbewerbs für die Wiederbebauung des Hansaviertels stellte sowohl zum Tiergarten als auch zur Spree große räumliche Beziehungen her: Im Süden und Südosten ist die Siedlung durch zwei offene Buchten zur Parklandschaft des Tiergartens hin geöffnet. Sein Grün zieht sich nahtlos über die vorgelagerten Flachbauten ins gesamte Hansaviertel hinein. Die Gebäude des neuen Wohnviertels stehen in einem gemeinsamen Grünraum, dessen Grundstücksgrenzen zum Park nicht besonders durch Zäune und Hecken markiert sind, die zwischenliegenden Räume werden nicht mit Bäumen zugepflanzt. Die Häuser verschwinden heute geradezu hinter dem sie umgebenden Grün. Der Tiergarten erweitert sich dadurch nicht nur optisch, sondern auch praktisch. Er dehnt sich in die bebaute Fläche aus, nicht aber das Wohnviertel in den Park. Es ging also nicht um die Gestaltung einzelner kleiner Gartenflächen als Vorgarten oder Gartenhof.

Das achtgeschossige Wohnhaus des Architekten Oscar Niemeyer (1907–2012) in der Altonaer Straße 4–14 begrenzt den Hansaplatz im Osten. Da der Baukörper auf V-förmigen Stützen über dem Erdboden zu schweben scheint, konnte die Grünfläche sozusagen unter dem Gebäude hindurchgezogen werden. Der Architekt wollte eine optische Verbindung vom Hansaplatz nach Osten in den Englischen Garten hinein herstellen. Die Feinabstimmung des Lageplans für das Hansaviertel, die Lage und Geländehöhe der Hochbauten, wurde von der Gartenplanung mitbestimmt. Bei allen weiteren Plänen spielte der Tiergarten von vornherein eine dem Bauprojekt gleichberechtigte Rolle. Diese Idee wurde von allen zehn Gartenarchitekten umgesetzt. Sie »ziehen den Tiergarten als baumbestandene Parkwiese ins Hansaviertel hinein und halten Blickbeziehungen durch lockere, transparente, offene Bepflanzung frei«. Der Tiergarten kann »auf einem Netz von Fußwegen, die unmittelbar vor der Haustür beginnen, begangen werden«. Bei der Gestaltung des Hansaviertels war der Bezugspunkt nicht mehr Architektur, sondern die Natur mit dem Tiergarten und der Spree. Durch die Aufhebung alter Straßenteile und die Anlage geeigneter Wege zwischen Wohngebiet und Park entstand eine vom Tiergarten durchflutete Wohnlandschaft. Beim Pflanzen von Solitärbäumen versetzte man auch einige große Holzgewächse wie 30-jährige Laubbäume und 40-jährige Schwarzkiefern aus

Die Neubauten im Hansaviertel konnte man während der »Interbau« 1957 von einer Seilbahn aus bestaunen.

dem Tiergarten in das Hansaviertel. Im Jahr 1995 erhielten alle seine Gebäude und Gartenanlagen Denkmalschutz.

Gleichzeitig entstand die U-Bahnlinie 9 Steglitz–Wedding bis zum Hansaplatz. Dabei mussten der Tiergarten und der Landwehrkanal unterfahren werden, die Gewässer des Parks fielen während der Bauarbeiten trocken.

Während der »Interbau« fuhr eine Seilbahn hoch über den Tiergarten über das Baugelände des Hansaviertels. Die Besucher schwebten vom Bahnhof Zoo über die Straße des 17. Juni bis zum Schloss Bellevue und zurück. Die Seilbahn besaß 95 doppelsitzige Gehänge, fuhr in acht Metern Höhe und wurde von der Allgäuer Bergbahn-Gesellschaft betrieben. Ein Fahrschein kostete 1,50 Mark, die Hin- und Rückfahrt dauerte 18 Minuten. Bis zum Abbau des Lifts im September 1958 schauten sich rund 670 000 Fahrgäste das neue Hansaviertel von oben an. Im Jahr 2009 wollten ein privater Investor und die AG City West eine drei Kilometer lange Gondelfahrt vom Bahnhof Zoo zur Ebertstraße ermöglichen, doch die Stadtentwicklungssenatorin stellte sich quer: Das Gartendenkmal Tiergarten dürfe nicht verändert werden. Heute können die Berliner in den Gärten der Welt in Marzahn Seilbahn fahren.

Neben dem Haus der Kulturen der Welt (s. S. 170–173) steht das Carillon, ein von Hand spielbares Glockenspiel. Der US-Amerikaner Jeffrey Bossin (* 1950) kam 1972 nach West-Berlin und machte 1984 seinen Magister in Musikwissenschaften. Als er noch an der University of California, Riverside studierte, faszinierte ihn ein Carillonturm, der zum Campus gehörte. Die 750-Jahr-Feier der Stadt Berlin im Jahr 1987 nahte, und Bossin schlug dem Senat vor, aus diesem Anlass ein Carillon zu bauen. »Das Verrückte an dem Projekt war, dass nur ich und der Glockengießer genau wussten, worum es sich dreht. Die Stadtverwaltung und alle anderen Leute, die daran beteiligt waren und sich tot arbeiteten, wussten eigentlich überhaupt nicht, was sie da bauten.«[96] Für das Projekt stiftete die Daimler-Benz AG fünf Millionen Mark. Es entstand ein Betonturm aus poliertem schwarzen Labradorgestein (Granit), an dessen Entwurf Bossin beteiligt war. Er hat sich auch um die Qualität der Glockenbronze und das Holz des Spieltischs gekümmert. Carillons haben in Berlin eine lange Tradition: Kurfürst Friedrich III. (ab 1701 König Friedrich I.) wünschte sich bereits 1694 ein Carillon für das Berliner Schloss. Der Architekt Andreas Schlüter (1634– oder 1659–1714) erhielt den Auftrag, einen 92 Meter hohen Turm zu errichten. Der Baugrund war jedoch instabil, und der Turm musste wieder abgerissen werden. Später schenkte Friedrichs Sohn, König Friedrich Wilhelm I., der Pachorialkirche in Mitte das Carillon. Das begeisterte den König so sehr, dass er ein zweites Instrument in der Potsdamer Garnisonkirche installieren ließ. Beide Carillons wurden im Zweiten Weltkrieg zerstört, das Turmglockenspiel im Tiergarten sollte an sie erinnern.

Sein Turm besteht aus vier im Karree angeordneten Einzeltürmen mit einer Höhe von jeweils 42 Metern. Eine Wendeltreppe führt zur Spielerkabine, die sich in 33 Metern Höhe befindet. Mit 68 Kirchenglocken und einem Tonumfang von fünfeinhalb Oktaven ist das Carillon im Tiergarten eines der größten Europas. Die umfangreichste Glocke wiegt fast acht Tonnen, die kleinste acht Kilogramm. Die zehn schwersten Glocken hängen unterhalb, die restlichen 58 Glocken oberhalb der Spielkabine. Seit seinem Bau bespielt und betreut Bossin das Carillon, er ist sozusagen der »Glöckner vom Tiergarten«. Mitunter bringt auch eine Automatik die Glocken zum Klingen. Optisch ähnelt das Instrument einem Klavier, es besitzt jedoch breitere Tasten. Bossin bearbeitet die Tasten mit den Fäusten, während seine Füße wie bei einer Orgel über insgesamt 30 Pedale gleiten. Die Glocken schwingen nicht, sondern sind fest installiert, und der Carillonneur schlägt sie mit den Klöppeln, indem er die damit verbundenen Tasten und Pedale niederdrückt. Je gewaltiger eine Glocke, desto mehr Kraft braucht der Spieler für den Anschlag. Carillons entstanden ursprünglich in Flandern und in den Niederlanden, um die Uhrzeit, den Arbeitsbeginn oder das Schließen der Stadttore zu verkünden. Auch wenn sich feindliche Truppen näherten, ein Sturm aufkam oder ein Feuer ausbrach, erklangen die Glocken. Im Tiergarten und über die Bäume hinweg ertönt das Carillon, um die Besucher kostenlos mit Musik zu erfreuen. In den Sommermonaten finden sonntags regelmäßig Konzerte statt, bei denen sich die Zuhörer auf den Rasenflächen um das Instrument herum lagern. Die Automatik spielt täglich um 12 und 18 Uhr.

Auch weiter spielt Amerika eine Rolle, denn bei einigen Indianerstämmen Nordamerikas ist Tipi die Bezeichnung für ein kegelförmiges Zelt. Am nördlichen Tiergartenrand, hinter dem Carillon, lässt eine ständig aufgebaute Zeltlandschaft an die ersten Zelte der Hugenotten erinnern. Das Tipi am Kanzleramt bietet als Theater den »Großstadtindianern« Chanson, Cabaret, Konzerte, Musicals oder Varieté. Es wurde 2002 aufgebaut, viel später als ein weiteres Veranstaltungszelt. Denn zuvor stand an derselben Stelle ab 1984 das Tempodrom. Die frühere Krankenschwester Irene Moessinger (* 1949) hatte sich mit einem Erbe den Lebenstraum von einem Zirkuszelt erfüllt. Die darin eingerichtete multikulturelle Spielstätte für bis zu 3 000 Besucher stand zunächst vier Jahre lang am Potsdamer Platz, nahe der Berliner Mauer. Im Tiergarten kam ein zweites, kleineres Zelt dazu, und das Tempodrom entwickelte sich zu einem der popu-

Wo heute das Tipi am Kanzleramt steht, befand sich früher das Tempodrom. Aufnahme von 1997

lärsten Veranstaltungsorte der Stadt. Artisten, Theatergruppen und Rockstars wie Neil Young, Gianna Nannini, Björk oder Bob Dylan traten dort auf, und das Weltmusik-Festival »Heimatklänge« lockte unter dem Motto »Umsonst und draußen« allein mehr als 100 000 Besucher an. Mit insgesamt 200 000 Zuschauern im Jahr war das Tempodrom Berlins größte Kultureinrichtung. Da nach der Wiedervereinigung in unmittelbarer Nähe das Bundeskanzleramt gebaut wurde, musste die Einrichtung aus Sicherheitsgründen und auch, weil das Gelände während der Bauphase als Containerstellplatz gebraucht wurde, 1998 seine Zelte abbrechen und zog zum Postbahnhof. Mithilfe privater Spenden, einer Entschädigungszahlung und staatlicher Zuschüsse entstand auf dem Gelände des früheren Anhalter Bahnhofs schließlich ein Betonbau in Gestalt eines Zirkuszeltes, das als neues Tempodrom seit 2001 seine Türen öffnet.

Auf der großen Wiese östlich der früheren Kongresshalle fanden in den Jahren 1961/62 und 1963 Symposien von Bildhauern aus sieben europäischen Ländern, Japan und Israel statt. Die dabei entstandenen Skulpturen aus Sandstein und Muschelkalk richteten sich gegen Krieg und Gewalt, einige stehen oder liegen noch heute am Standort der früheren Krolloper. Diese Arbeiten waren eine Reaktion auf den Bau der Berliner Mauer. Finanziert wurden die Symposien durch Mittel des Notstandsprogramms für Künstler. Die Standbilder dienen heute als »Parkmöbel«, der Berliner Volksmund nennt das Areal wegen der klobigen Steinkolosse auch »Oster-Insel«.

Am südlichen Rand des Tiergartens begann 1958 mit dem Wettbewerb »Hauptstadt Berlin« der planmäßige Wiederaufbau des Tiergartenviertels. Im Osten entstand das Kulturforum als ein Zentrum für Kultur, Bildung und Wissenschaft. Den Tiergarten definierte man als einen zentralen Ort für wichtige öffentliche Bauten. Nach der Enttrümmerung des früheren gründerzeitlichen Villenviertels wurde zwischen 1956 und 1960 die verbliebene St.-Matthäus-Kirche wiederaufgebaut. Um sie herum entstanden Museen, Bibliotheken und Musiksäle. Das Kulturforum sollte zusammen mit dem historischen Zentrum im Ostteil der Stadt die Mitte eines künftigen Gesamt-Berlin bilden und Teil eines in Ost-West-Richtung verlaufenden »Kulturbandes« sein. Den Anfang machte 1963 die Philharmonie, über deren Entwurf Scharoun schrieb: »Der Saal ist wie ein Tal gedacht, auf dessen Sohle sich das Orchester befindet, umringt von den ansteigenden Weinbergen. Die Decke entgegnet dieser Landschaft wie eine ›Himmelschaft‹; vom Formalen her wirkt sie wie ein Zelt.« Scharoun verstand die Philharmonie als Teil einer landschaftlichen Stadtanlage mit locker gruppierter Bebauung und Begrünung, die Ausdruck eines »demokratischen Gemeinschaftsgefühls« sein sollte. In einem Vortrag erklärte der Architekt 1959: »Die Ergebnisse des Wettbewerbs (…) haben es deutlich ausgesprochen, dass der große Grünraum Berlins, der Tiergarten, die Stelle ist, alle Spitzenwerke des kulturellen, des administrativen und des wirtschaftlichen Sektors anzusiedeln, wenn man zu einer wesentlich neuen Struktur kommen will. Berlin hat den einen Vorzug, mit Hilfe des großen Grünraumes eine Art Innenplastik anzubieten«. Zusammen mit seinem Entwurf für die Staatsbibliothek (1963/64) entwarf Scharoun eine landschaftliche Stadtvision für das Kulturforum: Vor den geplanten Museen an der Westseite sollte auch das Forum sich wie ein Tal zu einem mittig gelegenen Gästehaus des Senats absenken, um dann nach Osten durch die sanft aufwärts gestaffelte Architektur der Staatsbibliothek abgeschlossen zu werden. Scharouns städtebauliches Konzept wurde jedoch nicht verwirklicht. Das Gästehaus blieb unverwirklicht, an gleicher Stelle entsteht nun ein Museum des 20. Jahrhunderts. Das Berliner Abgeordnetenhaus verabschiedete im März 2006 auf Grundlage der Scharounschen Idee einer Stadtlandschaft einen Masterplan: »Ziel des Plans war es (…), die landschaftliche Seite – insbesondere auch die von Scharoun gewünschte Verbindung zum Tiergarten – zu qualifizieren.«

Wenige Schritte vom Haupteingang der Philharmonie entfernt steht seit 1988 die Plastik *Berlin Junction* des US-amerikanischen Bildhauers Richard Serra (* 1938) in Form zweier gebogener Stahlplatten von 14 Metern Länge und 3,40 Metern Höhe. Ursprünglich war die Skulptur für den überdachten Innenhof des Martin-Gropius-Baus in der Stresemannstraße geplant, doch sie passte dort nicht durch die Tür.

Ungewöhnlich war das »Aufnahmeverfahren« des Philharmonikers Gregor Piatigorsky (1903–1976) in das weltberühmte Orchester. Der Cellist bekam 1924 unter dem Dirigenten Wilhelm Furtwängler (1886–1954) einen Vertrag, nachdem er obdachlos mehrere Nächte im Tiergarten auf Bänken verbracht hatte. Durch die herbstliche Feuchtigkeit waren die Saiten seines Cellos gesprungen. Zuvor war Piatigorsky aus der Sowjetunion über Polen nach Deutschland geflüchtet, um in Leipzig und Berlin zu studieren. »Es war meine erste Nacht im Tiergarten. Es war kalt und regnerisch, diese Art von Nieseln, das tagelang anhalten konnte, aber die Nacht verlief ohne Zwischenfall und war nur halb so schlimm, als ich gefürchtet hatte. (...) Ein Polizist rief mich an. (...) Er erzählte mir, daß im Tiergarten ein Standplatz von Huren sei, und die Bank, auf der ich geschlafen hatte, sei eine ihrer Geschäftsstellen, und zwar eine günstige. ›Sie verlangen sogar Gebühren von Sonderlingen für das Zuschauen aus dem Gebüsch. Letzte Nacht habe ich sie weggejagt.‹ Ich sah den Polizisten noch öfter. Einmal brachte er mir eine Decke für die Nacht, doch er warnte mich, daß er meine Landstreicherei nicht länger dulden werde.«[97] Piatigorsky blieb bis 1929 als Erster Cellist bei den Philharmonikern.

Nach dem Mauerbau entstand ein Gedenkort mit 16 weißen Kreuzen an der Ecke Ebert-/Scheidemannstraße. In unmittelbarer Nähe des ehemaligen Mau-

Die Plastik *Berlin Junction* passte nicht durch die Türen des Martin-Gropius-Baus und steht darum nun unweit der Philharmonie.

erverlaufs wird südlich des Reichstagsgebäudes an die 140 Mauertoten erinnert. Der private Berliner Bürger-Verein stiftete die Gedenkstätte 1971 zum zehnten Jahrestag des Mauerbaus. 1995 wurde sie vom Reichstagsufer an den Zaun unter den Tiergartenbäumen umgesetzt.

Der Mauerbau ließ in West-Berlin aus der Not heraus eine neue Nord-Süd-Verbindung entstehen. Die Grenze war geschlossen, eine Durchquerung Ost-Berlins nicht länger möglich. Die Verkehrsströme verlagerten sich und überlasteten Teile des Straßennetzes um den Großen Stern. Um Abhilfe zu schaffen, schlug man bereits im Herbst 1961 eine 18 Meter breite Schneise durch den östlichen Teil des Tiergartens und legte eine neue Straße an. Nach nur 44 Tagen Bauzeit war die sogenannte Entlastungsstraße fertig. Der Name bedeutete eine Funktionsbezeichnung, um ein Provisorium zu beschreiben. Die Straße begann direkt hinter dem Gebäude der Schweizerischen Botschaft im Spreebogen, führte am Platz der Republik entlang und kreuzte die Straße des 17. Juni, verlief weiter bis zur Lennéstraße am Südrand des Tiergartens und ging von dort in die Potsdamer Straße über. Die Entlastungsstraße war 1,2 Kilometer lang, Teil der Bundesstraße 96 und existierte bis 2006. Im Durchschnitt nutzten täglich 27 000 Fahrzeuge die vierspurige Straße. Das Provisorium zerschnitt fast 45 Jahre lang den Tiergarten. Den durch die Straße abgetrennten Ostteil des Tiergartens nutzten Besucher fortan wenig, zu groß waren der Verkehrslärm und die Autoabgaswolken. Der Idee, die Entlastungsstraße durch einen Nord-Süd-Tunnel zu ersetzen, widersprachen Naturschützer. Sie befürchteten durch ein Absenken des Grundwasserspiegels Schäden an der Vegetation.

Solche Zerstörungen blieben auch aus, als 1995 schließlich mit dem Bau des Tiergartentunnels begonnen wurde. Teilstücke der Entlastungsstraße blieben erhalten und bekamen neue Namen: im Norden Yitzhak-Rabin-Straße und im Süden Ben-Gurion-Straße. Seit der Inbetriebnahme des Tunnels im Frühjahr 2006 verläuft der Nord-Süd-Verkehr unterirdisch, und die Entlastungsstraße konnte zurückgebaut werden. So wurden 4,6 Hektar Tiergarten wiedergewonnen und 32 neue Linden, Ahornbäume und Eichen gepflanzt. Der Tiergartentunnel unterquert auf 2 387 Metern Länge die Spree südlich des Hauptbahnhofs und dann den Tiergarten. Die Teilanschlussstelle Kemperplatz befindet sich in Höhe der Tiergartenstraße. Der Tunnel endet an den Uferstraßen des Landwehrkanals. Neben dem Autotunnel verlaufen ein Bahntunnel und ein weiterer für die U-Bahn.

Keine Abgaswolken, dafür aber Haschischschwaden stiegen am 5. Juli 1969 im westlichen Teil des Tiergartens auf. Zu einem ersten Berliner Smoke-in versammelten sich an einem Samstag bis zu 400 Kiffer auf einer Wiese zwischen dem Bremer Weg und dem Neuen See. Zu dem Event hatte der West-Berliner »Zentralrat der umherschweifenden Haschrebellen« aufgerufen, für die Drogen ein zentraler Bestandteil der Revolution waren. Neben Smoke-ins organisierten sie auch andere Treffen, Demonstrationen und kleinere Aktionen. In einem Flugblatt hieß es: »Mitbringen: Instrumente, Stoff, Schallplatten, Decken, Plattenspieler mit Batterie, Tape-Recorder und was sonst noch Spaß macht.« Die Gruppe verfolgte das Ziel, das Recht auf freien Rausch durchzusetzen. Die Polizei im Tiergarten schaute den Dope rauchenden jungen Leuten tatenlos zu. So war für die Organisatoren das Smoke-in ein Erfolg, fortan wollte man sich an jedem Samstag um 15 Uhr zum kollektiven Kiffen im Tiergarten treffen. »Unser letztes Smoke-In hat so ausgesehen: alle rauchten völlig selbstverständlich in der Öffentlichkeit ihren Joint und jeder fühlte sich trotz dauernder Polizeistreifen (zu Pferde, mit Hund und Funkgerät) viel sicherer, als allein zu Hause auf seiner Bude. Zusammen rauchen macht einfach mehr Spaß. Man rauchte den Joint zusammen mit vielen Leuten, denen man außer auf Demonstrationen nur flüchtig und einzeln begegnet.« Der spätere Terrorist Ralf Reinders (* 1948) berichtete über das Treffen, an dem auch der Anarchist Georg von Rauch

Wo einst die Entlastungsstraße verlief, kreuzt heute der Ahornsteig.

(1946–1971) teilnahm: »Als alle Leute weggingen, ist Georg halb ohnmächtig im Gebüsch liegengeblieben. Er hatte irgendwelche Hasch-Kekse gefressen, die wohl 'ne Nummer zu gross waren. Die Bullen haben ihn nach Moabit gebracht, liessen ihm den Magen auspumpen und haben dabei 0,012 Gramm Haschisch gefunden. Dafür hat er einen Strafantrag und später drei oder vier Monate Knast gekriegt.« Georg von Rauch wurde im September 1971 von der Polizei bei einer Fahrzeugkontrolle erschossen.

Die Parole der »Haschrebellen« lautete: »Zerschlagt den Staat mit dem Joint in der Hand.« Georg von Rauch, Michael »Bommi« Baumann (1947–2016) und Dieter Kunzelmann (1939–2018) hatten eine Art Keimzelle der Berliner militanten Szene gebildet. Hauptangriffspunkt dieser Gruppe war die restriktive Drogenpolitik des Berliner Senats. Wegen der Haschisch-Razzien in Szene-Kneipen organisierte sie Straßenschlachten.

Mit Ausnahme von »Bommi« Baumann gingen die anderen Mitglieder des Gruppenkerns anschließend nach Jordanien, wo sie von palästinensischen Guerillas eine militärische Kurzausbildung erhielten und auch im Bau von Bomben ausgebildet wurden. Unmittelbar nach der Rückkehr der Gruppe sollte der bewaffnete Kampf beginnen. Bereits im Sommer 1969 hieß es auf einem Flugblatt, veröffentlicht in der linksradikalen Untergrundzeitschrift *Agit 883*: »Es ist Zeit zu zerstören / Scheisst auf diese Gesellschaft! / (...) Die HASCHREBELLEN haben dem Polizei- und Dezernatsterror den aktiven Kampf angesagt (...) Schliesst euch diesem Kampf an (...) Werdet wild und tut schöne Sachen. Have a Joint. Alles was ihr seht und es gefällt euch nicht, macht es kaputt! Habt Mut zum kämpfen, habt Mut zu siegen.« Anfang der 1970er-Jahre entwickelte sich aus dem harten Kern dieser Szene die »Bewegung 2. Juni«, das West-Berliner Pendant zur RAF.

Gut anderthalb Jahrzehnte später fand 1987 die zweite Internationale Bauausstellung (IBA) statt. Vom Krieg und der Teilung zerstörte Stadtteile wie das Tiergartenviertel westlich der Stülerstraße sollten kritisch rekonstruiert, Kriegslücken gefüllt und als Wohnorte bewahrt werden. Es ging um eine behutsame Stadterneuerung, Thema war die Wiederentdeckung und Rückgewinnung der Innenstadt. Dabei wollte man sich an der Stadtgeschichte und der Grundstruktur des jeweiligen Ortes orientieren. Das zu bebauende Gebiet umfasst Wohn- und Geschäftshäuser, Stadtvillen, Townhouses und Energiesparhäuser, die von namhaften Architekten aus dem In- und Ausland entworfen wurden. Der Architekt Josef Paul Kleihues (1933–2004) war für das Tiergartenviertel verantwortlich. Zu diesem IBA-Bereich gehört zum Beispiel das Stadtvillenquartier Rauchstraße, städtebaulich entworfen von dem Architekten Rob Krier (* 1938). Die Ansprüche waren hoch, und es wurden Maßstäbe gesetzt: Sozialwohnungen, anspruchsvolle, oft »postmodern« dekorierte Fassaden, internationale, innovative Architekten, die Schließung von Blockrändern, ökologisches Bauen, das oft in Modellversuchen stattfand. Im Jahr 2019 hat das Landesdenkmalamt Berlin die Bauten der IBA '87 und damit auch die IBA-Bauten im Tiergarten unter Schutz gestellt.

SOWJETISCHES EHRENMAL

Nach dem Ende des Zweiten Weltkriegs errichtete die Rote Armee in Berlin vier Sowjetische Ehrenmale. Sie sollten an die getöteten Rotarmisten erinnern, vor allem an die rund 80 000 Soldaten, die bei der Schlacht um Berlin gefallen waren. Das Sowjetische Ehrenmal im Tiergarten befindet sich an der Straße des 17. Juni. Die Arbeiten begannen im Frühsommer, im November 1945 wurde es nach einer sehr kurzen Bauzeit mit einer Parade der alliierten Truppen eingeweiht. Die Siegesallee hatte 1938/39 der monumentalen Nord-Süd-Achse weichen müssen, die nach Plänen Albert Speers zur »Prachtstraße« des nationalsozialistischen Berlin ausgebaut werden sollte. Von daher ist es nicht verwunderlich, dass das Ehrenmal genau in der Achse der alten Siegesallee errichtet wurde und den Sieg über die Nationalsozialisten auch baulich dokumentiert. Obwohl im britischen Sektor gelegen, konnte es aufgrund des Viermächtestatus Berlins von sowjetischen Soldaten bewacht werden. Es bildete bis 1990 eine sowjetische Enklave im britischen Sektor Berlins und war Schauplatz der Kalten Kriegs: Von 1961 bis 1990 wurde die Anlage von Stacheldraht umgeben und von britischen Militärwachen gesichert. Ehrenwachen der Sowjetarmee waren am Ehrenmal stationiert. Nach dem Mauerfall übernahm die Stadt Berlin die Gedenkstätte.

Die vier Ehrenmale sind nicht nur Denkmäler für den Sieg, sondern zugleich sowjetische Kriegsgräberstätten. Das zentrale Ehrenmal ist die große Anlage im Treptower Park, zwei weitere stehen in Pankow (Schönholzer Heide und Buch). Im Tiergarten bildet der größere Pfeiler vor einer nach innen gewölbten Reihe von Pfeilern, die die verschiedenen Waffengattungen der Roten Armee symbolisieren, den Sockel für eine überlebensgroße Bronzestatue. Die acht Meter hohe Plastik zeigt einen siegreichen, heldenhaften Sowjetsoldaten mit geschultertem Gewehr, der auf die Namen seiner gefallenen Gefährten am Fuße des Denkmals hinweist. Die seitlich aufgestellten sowjetischen Panzer des Typs T 34 waren die ersten, die das Berliner Stadtgebiet erreichten, während die beiden Geschütze am 1. Mai 1945 das Ende der Kämpfe verkündet haben sollen. Zwei Steinsarkophage auf halber Höhe der Treppenanlage sind mit den Namen der als »Helden der Sowjetunion« geehrten Offiziere versehen, die zwischen dem 14. April und 1. Mai 1945 in Berlin fielen. Im hinteren Teil der Anlage befinden sich zwei Wachhäuser und die Gräber von 2 500 sowjetischen Soldaten. Sie waren im April und Mai 1945 bei den Kämpfen um Berlin gefallen. Die Vermutung, dass Bauelemente der abgerissenen Neuen Reichskanzlei verwendet wurden, kann nur zum Teil stimmen, denn das Ehrenmal besteht nicht aus Marmor, sodass, wenn überhaupt, lediglich Kalkstein von den Außenwänden verwendet worden sein kann.

Das Sowjetische Ehrenmal im Tiergarten

HAUS DER KULTUREN DER WELT

Die frühere Kongresshalle an der heutigen John-Foster-Dulles-Allee war der Beitrag und ein Geschenk der USA zur Internationalen Bauausstellung »Interbau«. Sie wurde 1957 ungefähr an der Stelle, wo die Zelten gestanden hatten, fertiggestellt. Das Haus der Kulturen der Welt hat seit seiner Gründung im März 1989 seinen Sitz in der ehemaligen Kongresshalle, in der ein multikulturelles Programm aus Veranstaltungen und Ausstellungen stattfindet.

Der Architekt Hugh Stubbins (1912–2006) bezeichnete das Bauwerk bei der Grundsteinlegung am 3. Oktober 1956 als ein »Leuchtfeuer der Freiheit, das seine Strahlen nach Osten sendet«. Es sollte die Verbindung West-Berlins mit der freien Welt und

die kulturelle Überlegenheit der demokratischen Gesellschaft des Westens demonstrieren. Die Kongresshalle wurde als Symbol geistiger Freiheit und deutsch-amerikanischer Freundschaft verstanden. Das Dach, dessen kühne Hängekonstruktion sich noch als problematisch darstellen sollte, war ein Wunsch der Amerikaner. Es stand als Schalenbau für Modernität und die technologische Innovationskraft Amerikas. Der Berliner Volksmund hat das Gebäude wegen seiner ungewöhnlichen Form »Schwangere Auster« getauft. Die weiße Dachfarbe wurde bewusst ausgewählt, um das Sonnenlicht intensiv zu reflektieren. Zu dem Baukonzept gehörte auch die starke Illumination des Gebäudes in der Nacht. Man hatte die Kongresshalle nicht nur nahe an die Grenze zum Sowjetischen Sektor – noch ohne Mauer – gesetzt, sondern zusätzlich auf einen Hügel, damit sie von Ost-Berlin aus gut sichtbar war. Spä-

Baustelle der Kongresshalle 1956/57. Luftbild von Westen

ter gab Stubbins zu: »Das war in Wirklichkeit ein Propagandabau, der sich an die Sowjets richtete, die nur einen knappen Kilometer entfernt waren.« Für die Wahl des Bauplatzes sprach auch die Nähe zum zukünftigen deutschen Regierungsviertel, mit dessen Bau man schon damals rechnete.

Das gewölbte Dach der Kongresshalle spannt sich in einem weiten, hohen Bogen über das Auditorium, das 1 200 Personen fassen kann. Es besteht aus einem an zwei Stahlbögen aufgehängten und mit Beton abgedeckten Netz von Stahlseilen. Unterhalb der Dachterrasse befinden sich zwei Geschossebenen mit Ausstellungshalle, Konferenzräumen, Theatersaal, Restaurant und Buchladen. Stubbins' Projektpartner empfahl ihm, sich beim Bau an der Dorton Arena in Raleigh (North Carolina, 1952) zu orientieren, dem ersten großen Bauwerk in der Architekturgeschichte mit einem frei hängenden Dach. Dort wird die Zugkraft der beiden sich kreuzenden Randbögen an ihren Enden durch horizontale Spannseile im Boden miteinander verbunden. Stubbins dagegen konzentrierte die Zugkraft seiner zwei Stahlbögen über der Kongresshalle auf jeweils ein Widerlager und das Fundament. Die Dachschale berührte nur an zwei Stellen den Boden. Doch der ursprüngliche Entwurf einer freitragenden Decke wurde in Berlin nicht genehmigt. Der Prüfingenieur befand, dass das konzipierte Dach aus einem vorgespannten Drahtseilnetz, beschwert mit vorgefertigten Betonplatten und einer Kupferabdeckung als freitragende Konstruktion, nicht baubar sei. Als Alternative galt ein zweites Dach, das in dem ursprünglichen Hängedach mittig eingehängt wurde. Über einen »Ringanker« stützte man es mit der Auditoriumswand am Boden ab.

Der Deutsche Bundestag kam in der Kongresshalle zweimal zu einer Sitzung zusammen, das erste Mal im Oktober 1957. Das führte zu heftigem Widerspruch der Regierungen der DDR und der UdSSR, denn sie erkannten West-Berlin nicht als Staatsgebiet der Bundesrepublik an. Eine zweite Sitzung fand im April 1965 statt. Währenddessen überflogen sowjetische Düsenflugzeuge im Überschall und im Tiefflug zum ersten Mal auch West-Berliner Gebiet, um die Parlamentarier zu stören. In derselben Woche hielten die Warschauer-Pakt-Staaten ein Großmanöver ab. Die Westalliierten verboten der Bundesregierung danach, weitere Sitzungen in West-Berlin abzuhalten. Am Morgen des 21. Mai 1980 stürzten während einer Pressekonferenz das südliche Außendach und der Randbogen ein. Dabei kam ein 27-jähriger Journalist ums Leben. Als technische Ursache wurde eine mangelhafte Dachplanung sowie Bauausführung und damit letztlich ein Statikfehler genannt. Die Korrosion der Spannkabel trat kurz vor der äußeren Mauer am Außendach auf. Dort wirkt sich das Gewicht des überhängenden Dachrandes aber am stärksten aus. Die Materialabnutzung kam zustande, weil das Hängedach durch den Einbau eines zweiten, fixierten Dachs seine ursprüngliche Elastizität verloren hatte. Auch Architekt Hugh Stubbins war der Ansicht, dass die geänderten Dachpläne zu dem Gebäudeeinsturz geführt hatten. Anschließend dachte man über einen Abriss der Ruine nach. Existierte doch mit dem Internationalen Congress Centrum (ICC) am Messedamm seit 1979 ein viel größeres Kongresszentrum. Entscheidend für die Sanierung der Kongresshalle sprach schließlich die Tatsache, dass das Gebäude ein »geschichtliches und politisches Dokument« sei. In den Jahren 1984 bis 1987 wurde es saniert und wieder aufgebaut. Dabei ließ man das Dach, wie ursprünglich von Stubbins geplant, frei hängen und entfernte die Fixierung der Auditoriumswand am Dach.

Zur John-Foster-Dulles-Allee sind vor der früheren Kongresshalle zwei rechteckige Wasserbecken mit Springbrunnen angelegt, in denen sich das markante Gebäude spiegelt. In einem der Becken wurde 1987 die Bronzeplastik *Large Divided Oval: Butterfly* aufgestellt, Henry Moores (1898–1986) letzte öffentliche Arbeit. Die Plastik wiegt über acht Tonnen und war mit 3,5 Millionen Mark einer der teuersten Kunstankäufe der Stadt Berlin. Ein Betonsteg und eine Freitreppe führen über den Teich zum früheren Haupteingang auf der Dachterrasse. Plattform und Freitreppe dienen lediglich der Gestaltung, nicht aber der Erschließung der Kongresshalle. Heute liegt der Haupteingang unterhalb der Freitreppe. Neben dem Restaurant »Weltwirtschaft« am Wasser befindet sich der zugehörige Biergarten »Spreegarten« mit einer Schiffsanlegestelle.

Das Haus der Kulturen der Welt mit Henry Moores *Large Divided Oval: Butterfly* im Vordergrund

Ein Park für alle Berliner

Berlin ist wieder eins geworden, und im Tiergarten wurden die alten Strukturen wiederbelebt. Die markantesten Alleen des 18. Jahrhunderts, die nach den Zerstörungen 1945 nicht mehr vorhanden und bei der Neugestaltung des Areals nach 1949 nicht wieder angelegt worden waren, sind wiederhergestellt. Durch das teilweise Entfernen von Gehölzbeständen wurde das frühere System dieser Alleen wieder erkennbar, im Frühjahr 1987 legte man den Alleestern des Zeltenplatzes neu an. Die Bäume, die fallen mussten, wurden durch die Neupflanzung der einstigen Sternalleen ersetzt. Die Fasanerieallee und die Bellevueallee waren bereits 1985/86 wiedererstanden. Die Luiseninsel hat man neu gestaltet, und sie erhielt einen üppigen Blumenschmuck. Die Straße des 17. Juni wurde bepflanzt und wieder zur Hauptallee des Tiergartens gemacht. Dies war nur durch eine Verringerung der Fahrbahnbreite möglich. Somit ist der alte Zustand wiederhergestellt, wenn auch nur mit je einer Allee auf beiden Seiten der Magistrale.

Für verschiedene Projekte waren nach 1950 Ruinen auf dem Klingelhöfer-Dreieck (auch Tiergarten-Dreieck genannt) abgetragen worden. Es liegt am südwestlichen Rand des Parks, zwischen der gleichnamigen Straße, der Stüler- und der Corneliusstraße. Bis 1989 wurde jedoch keiner dieser Pläne, die unter anderem ein internationales Handelszentrum einschlossen, realisiert. Das drei Hektar große Areal blieb als innerstädtische Brache erhalten. Eine Zeit lang befand sich hier der Festplatz West-Berlins, auf dem das Berliner Oktoberfest und die »Berliner Eisrevue« (beide seit den 1950er-Jahren) stattfanden und verschiedene Zirkusse gastierten. Aufgrund der städtebaulichen Entwicklung der Berliner Innenstadt konnten die traditionsreichen Plätze der Berliner Volksfeste und Zirkusveranstaltungen nicht weiter genutzt werden. Zwischen 1998

Das »Band des Bundes« 2005: Marie-Elisabeth-Lüders-Haus, Paul-Löbe-Haus und Bundeskanzleramt; hinten links das Haus der Kulturen der Welt

Die *Amazone zu Pferde* auf dem Floraplatz

und 2001 entstand auf dem Areal die heutige Bebauung, zu der zum Beispiel die Nordischen Botschaften oder die CDU-Bundesgeschäftsstelle gehören. Das Tiergarten-Dreieck ist in 13 Blöcke unterteilt, in denen sich Botschaften, Verbände, Wohnungen, Büros und Dienstleistungen befinden. Im Inneren des Areals liegt ein öffentlich zugänglicher sogenannter Pocket-Park.

Ein letztes größeres Wiederherstellungsprogramm galt dem östlichen Teil des Tiergartens. Lange Zeit war er, nahe der Berliner Mauer und durch die vielbefahrene Entlastungsstraße vom Hauptteil des Parks abgetrennt, kaum genutzt und in der Pflege vernachlässigt worden. 1991 entstand der Lennésche Baumsaal neu: Am östlichen Parkrand südlich des Brandenburger Tors wurden Lindenreihen neu gepflanzt. Beim Entwurf und der Verwaltung des Tiergartens wollte die Stadt offenbar Lennés Plan aus dem Jahr 1840 übernehmen. Seit der Eröffnung des Tiergartentunnels im Frühjahr 2006 konnte die Entlastungsstraße zurückgebaut werden. Nur eine Mündung des Tunnels ragt von Süden her in den Park hinein. Einst getrennte Teile des Parks sind wiedervereinigt, frühere Wegführungen rekonstruiert und verwilderte Flächen in Anlehnung an die historischen Pläne Lennés neu gestaltet.

Über Jahrzehnte waren Gehölze wild gewachsen, durch die nun gerade Wegschneisen verlaufen: der Floraweg führt in Nord-Süd-Richtung als Sichtachse zum Floraplatz. Aufgrund der nach dem Zweiten Weltkrieg veränderten Straßenführung konnte man das Venusbassin zunächst nicht erhalten. Im Jahr 2009 erfolgte seine Wiederherstellung. Im Jahr 2020 wurde der Floraplatz mit der *Amazone zu Pferde* rekonstruiert. Franz Hessel schrieb 1929 über die Amazone, die »ruhevoll und gespannt zu Pferde sitzt, die erste Berlinerin, die den Rücken in korsettlos sanfter Biegung gehalten hat im Gegensatz zu ihrer fürstlichen Zeitgenossin, die nicht weit von hier eingeschnürt, in immer schlimmer werdendem Hut, bei den Blumen des Rosengartens auf Abholung wartet«. Der Floraplatz zeigt noch etwas die barocke Gestaltung des ursprünglichen Tiergartens. Anfangs hatte in der Platzmitte die 1906 abgebaute *Flora*-Statue gestanden und waren von dem Platzrund sechs Wege abgegangen. Eine Kopie der Statue steht heute im Rosengarten. Alle etwa 60 Denkmäler im Tiergarten wurden nach 1990 gründlich überprüft und wenn nötig restauriert oder vollständig ersetzt. Das Goethe-Denkmal besteht zum Beispiel aus 60 sorgfältig gereinigten Einzelteilen, fehlende Teile rekonstruierte man anhand historischer Aufnahmen. Einige Schussspuren an Statue oder Sockel sind sichtbar geblieben und erinnern so an die Kriegsschäden. Die Gesamtkosten für die Restaurierung allein dieses Denkmals betrugen rund 250 000 Euro.

In den 1990er-Jahren entstanden an drei Orten im Tiergarten Mahnmale: Das Denkmal zur Erinnerung an 96 von den Nationalsozialisten ermordete Reichstagsabgeordnete steht seit 1992 vor dem Reichstagsgebäude. Sie kamen gewaltsam zu Tode oder starben an den Folgen ihrer Inhaftierung. Die Idee zu dem Denkmal hatte der Verein »Perspektive Berlin« um die Journalistin Lea Rosh (* 1936). Es besteht aus 96 stehend nebeneinander angeordneten Platten aus Gusseisen mit unregelmäßigen Kanten, die etwa 120 mal 60 Zentimeter messen. Auf den Platten sind der Name, die Partei, die Lebensdaten und der Sterbeort der Abgeordneten aufgeführt.

Aus Anlass des 75. Jahrestags der Gründung des Instituts für Sexualwissenschaft von Magnus Hirschfeld wurde 1994 eine Gedenksäule errichtet. Sie steht am historischen Ort gegenüber dem Zeltenplatz am Bettina-von-Arnim-Ufer in der Nähe des Schiffsanlegers. Das Institut wurde 1933 von den Nationalsozialisten geplündert und zerstört. Die Metallstele des Bildhauers Georg Seibert (1939–2017) trägt den Namen *Die Mitteilung*. Das Institut, 1919 von Hirschfeld in einer dreistöckigen Villa gegründet, war die weltweit erste Einrichtung seiner Art. Am Eingang prangte in goldenen Lettern der Schriftzug: »Dolori et Amori Sacrum« (»Dem Schmerz und der Liebe gewidmet«). Hirschfeld eröffnete dort die erste Sexualberatungsstelle Deutschlands. In ihr fand eine eugenische Eheberatung statt, und auch Homosexuelle, Transvestiten und sogenannte Hermaphroditen erhielten Hilfe. Im Institut gab es eine röntgenologische, psychotherapeutische und venerologische, später auch eine sexualchirugische und -forensische Abteilung. Es wurde geforscht, beraten, therapiert und begutachtet und vor allem für ein moderneres Sexualstrafrecht gekämpft. Das Institut war eine für die Weimarer Zeit richtungsweisende Einrichtung. Viele renommierte Ärzte und Psychologen aus dem In- und Ausland trafen sich dort auf Tagungen oder zu Hospitationen. Es diente aber auch der Begegnung und dem Erfahrungsaustausch, was unter anderem zur Gründung der ersten Transvestitenorganisation führte. Hirschfeld nannte es deshalb »Zufluchtsstätte«. Am Nachmittagstee des Instituts nahmen Mitarbeiter, die dort lebenden Patienten sowie auswärtige Freunde und Gäste wie der Schriftsteller Christopher Isherwood (1904–1986) teil. Nach Kaffee und Kuchen »werden die mitgebrachten Handarbeiten hervorgeholt, man häkelt, strickt, stickt und näht«, berichtet Hirschfeld.

Gut anderthalb Jahrzehnte später, 2017, entstand am anderen Spreeufer, dem seit 2008 so benannten Magnus-Hirschfeld-Ufer, das Denkmal für die erste homosexuelle Emanzipationsbewegung: sechs je vier Meter hohe monumentale und formal stilisierte Calla-Blüten in den Regenbogenfarben. Die Calla steht für sexuelle Vielfalt und Selbstbestimmung und besitzt weibliche

Die Calla-Blüten in Regenbogenfarben stehen für sexuelle Vielfalt.

und männliche Blüten auf einer Pflanze. Die Stahlkonstruktion wurde vom Lesben- und Schwulenverband Berlin-Brandenburg zusammen mit der Universität der Künste realisiert. Daneben sind zwei bereits 2011 eingeweihte Gedenktafeln angebracht.

Bei dem *Global Stone Project* südlich vom Brandenburger Tor von 1999 handelt es sich ursprünglich um ein als Friedensprojekt geschaffenes Kunstwerk, das Wolfgang Kraker von Schwarzenfeld (* 1933) gestaltete. Entlang der Ebertstraße liegen auf der Trockengrasfläche des »Großen Hains« verschiedene große Steine in unterschiedlicher Anordnung. Der Künstler wählte auf jedem Kontinent zwei Steine aus. Einen davon beließ er im Herkunftsland, den anderen brachte er nach Berlin. An den geschliffenen Reflexionsflächen reflektiert am 21. Juni zur Sommersonnenwende das Licht und verbindet die Steine miteinander. Der Künstler will auf diese Weise die Verbundenheit der Erdteile miteinander darstellen. Zusätzlich hat er jedem Stein ein Thema zugeordnet: Erwachen (Europa), Hoffnung (Afrika), Vergeben (Asien), Liebe (Amerika) und Frieden (Australien).

Zum 900 Meter langen »Band des Bundes« an der Nordseite des Tiergartens zählen Bauten, die sich nördlich des Reichstagsgebäudes aneinanderreihen. Mit ihnen sollte das Regierungsviertel städtebaulich neu geordnet werden, das Bundeskanzleramt und das Paul-Löbe-Haus zählen dazu. Das zwischen diesen beiden Bauten an der Nordseite des Platzes der Republik geplante Bürgerforum wurde nicht realisiert. Der Entwurf der Berliner Architekten Axel Schultes (* 1943) und Charlotte Frank (* 1959) sah einen Treffpunkt mit Cafés, Galerien und Geschäften vor und sollte Leben in den Spreebogen bringen. Die Idee war, dass die Parlamentarier nicht abgeschottet und die Regierungsbauten Teil des städtischen Lebens sind. Im Bürgerforum wäre Platz für Veranstaltungen, die Parlamentarische Gesellschaft und die Bundespressekonferenz gewesen. Es hätte mit schmalen Gebäudetrakten eine Klammer gebildet und einen kleinen Platz umschlossen. Durchgänge sollten zum Platz der Republik und dem Park im nördlichen Spreebogen führen. Schon 1995 fürchtete Schultes um das Bürgerforum als »Raum für den Souverän«. Es drohe zur Nebensache zu werden, dabei sei es eigentlich das »Wichtigste«. Im Bundeskanzleramt hatte Helmut Kohl ganz andere Sorgen: Er war während der Bauarbeiten unzufrieden und fürchtete, sein Dienstsitz könne nicht genügend zur Geltung kommen. Schultes überarbeitete seinen Plan und erhöhte das Amtsgebäude. Aber auch diese Neuplanung half nichts, das Bürgerforum blieb schließlich aus Kostengründen (200 Millionen DM), wie es offiziell hieß, unverwirklicht. Schultes: »Jetzt liegen drei Großbauten da, ohne Bindung, wie Kühe auf der Weide.«

Für Leben sorgt immerhin das Tipi-Zelt am Kanzleramt. Erst 2002 hat diese neue Veranstaltungsstätte ihr Lager aufgeschlagen. Sie bietet ein vom Lärmpegel her deutlich reduziertes Kulturprogramm verglichen mit den Tempodrom-Konzerten. Der Schwerpunkt der Tipi-Aufführungen liegt im Bereich Chanson, Musical und Music-Comedy sowie internationalen Show-Acts und Konzerten. Seit 2010 gastiert hier auch regelmäßig die Musicalproduktion »Cabaret« aus der Bar jeder Vernunft. Es ist die größte stationäre Zeltbühne Europas. Der blau ausgeschlagene Theaterraum verfügt über bis zu 550 Sitzplätze, fast allesamt feste Tischplätze, an denen auch Speisen und Getränke serviert werden. Ursprünglich sollte das Theater lediglich für neun Monate aufgestellt werden. Es wurde als Jubiläumszelt zum zehnten Geburtstag der Bar jeder Vernunft gegründet.

Am Südrand des Tiergartens zeigte sich nach der Wiedervereinigung das alte Diplomatenviertel bis auf wenige Grundstücke zunächst noch als unbebaute Wildnis. Die Ruinen waren nach Kriegsende, abgesehen von einigen

Seit 2002 bietet das Tipi am Kanzleramt ein buntes Programm.

teilbeschädigten Botschaftsgebäuden, die sich in ausländischem Besitz befanden, meist abgetragen worden. Als Berlin wieder die Hauptstadt Deutschlands war, errichteten mehrere Staaten im Tiergartenviertel neue Botschaften oder stellten die vorhandenen Gebäude wieder her. Auch das Diplomatenviertel im östlichen Bereich des Tiergartens war durch den Krieg fast völlig zerstört. Von 529 Gebäuden im Jahr 1940 bestanden nach dem Krieg nur noch 16 – unter ihnen acht ehemalige Botschaftsgebäude, von denen sechs in Verbindung mit der »Welthauptstadt Germania« (u. a. für Italien und Japan) entstanden waren. Das ganze Viertel fiel in einen Dornröschenschlaf, zahlreiche Staaten verkauften ihre abgeräumten Grundstücke. Ab den frühen 1950er-Jahren nutzten Italien und Spanien ihre in der Vorkriegszeit errichteten Gebäude als Konsulate. Auch die Länder Schweden, Norwegen und Dänemark kehrten mit Konsulaten an ihre Vorkriegsstandorte zurück. Einen Großteil der Grundstücke hatte das Land Berlin ab 1958 gekauft und die verbliebenen Ruinen beseitigt. Andere Staaten ließen ihre Grundstücke bis in die 1980er-Jahre brachliegen, und die alten, teilweise zerstörten Botschaftsgebäude blieben erhalten (Estland, Griechenland oder Japan).

Anfang des Jahres 1990 waren nur noch 13 der ehemals 45 Botschaftsgrundstücke im Besitz der jeweiligen Nation. Nach dem Hauptstadtbeschluss kehrten einige Länder mit ihren Vertretungen ins Diplomatenviertel zurück. An der Tiergartenstraße waren dies: Österreich, die Landesvertretung von Baden-Württemberg, Indien, Südafrika, Türkei und Italien. Die fünf skandinavischen Länder bauten zwischen 1997 und 1999 einen gemeinsamen Komplex, der aus sechs Gebäuden, einem für jedes Land und einem Gemeinschaftshaus, besteht. Um die Gemeinsamkeit zu betonen, ist das Ensemble auf der Rückseite mit einem 16 Meter hohen geschwungenen Band aus knapp 4 000 teilweise geöffneten Kupferlamellen umgeben.

Vielen jüngeren Leuten sind der Tiergarten und der Platz um die Siegessäule erst durch die Loveparade bekannt geworden. Das Technospektakel fand von 1996 bis 2006 mit bis zu 1,5 Millionen Teilnehmern als Großveranstaltung auf der Straße des 17. Juni statt – die größte Party der Welt. Die Bilder einer aufgeschlossenen, vielleicht auch hedonistischen Großstadt gingen um die Welt und bildeten einen Gegensatz zu den martialischen Militärparaden, die hier einst stattgefunden hatten. Mit den Teilnehmerzahlen stieg auch die ökologische Belastung des Parks. Doch anders als vielfach vermutet, hatten die Mengen an Urin, die die Technofans im Tiergarten hinterließen, keine messbaren Langzeitfolgen. Dies fanden zwei junge Berlinerinnen im Wettbewerb »Jugend forscht« heraus, als sie Boden- und Wasserproben nahmen. Zerstörungen an der Vegetation hinterließen dagegen wesentlich höhere Schäden. Im Sommer 1989 hatte die Loveparade mit etwa 150 Personen auf dem Kurfürstendamm unter dem Motto »Friede, Freude Eierkuchen« ihren Anfang genommen. DJ WestBam (* 1965), der bei den Loveparades aufgelegt hatte, ordnet das Musikereignis gesellschaftspolitisch ein: »Welches Land hat so einen Segen erfahren durch eine Musikveranstaltung? Das Land, das als das fürchterlichste galt. Nur stumpf, nur hart, nur brutal, nur unmusikalisch. Dieses Land hatte plötzlich irgendwas, was für die Jugend der Welt das sexieste, geilste und tollste war. Jeder hatte davon gehört, jeder wollte dahin, jeder fand das das coolste, was es gab. Das waren die Momente, ja, wo ich sag', da ging eigentlich der Zweite Weltkrieg erst wirklich zu Ende.«[98] Da es sich bei der Loveparade um eine bei den Behörden angemeldete Demonstration handelte, gab es bei der Siegessäule auch eine Abschlusskundgebung. Zunehmend wurde die riesige Menge an Abfall und Fäkalien kritisiert, die von der gewaltigen Menschenmasse produziert und im Tiergarten hinterlassen wurde. Neben der Naturzerstörung gerieten auch die hohen Kosten zum Thema, die die Allgemeinheit für die Sicherheit der Technofans und die Müllbeseitigung aufbringen musste. Der Bund der Steuerzahler Berlin bezifferte allein die Kosten zur Beseitigung der Flurschäden 1999 auf 340 000 Euro. Das Bundesverfassungsgericht entschied 2001, dass die Loveparade nicht länger eine Demonstration sei und für die Sicherheit der Feiernden und die Müllbeseitigung fortan die Veranstalter aufkommen sollten. Daraufhin gaben die alten Macher der Loveparade auf, ein Fitnesstrainer übernahm das Management. Im Jahr 2010 kam dann das endgültige Aus: Die Loveparade in Duisburg endete im Desaster, als 21 Menschen im Gedränge starben.

Unter dem Motto »Rave the Planet« ziehen Tausende Feiernde die Straße des 17. Juni entlang.

Gut zehn Jahre später erlebte der Tiergarten 2022 eine Neuauflage der Loveparade unter dem Motto »Rave The Planet – Together Again«. Statt der angemeldeten 25 000 nahmen angeblich rund 200 000 Feiernde an der neuen Raver-Party teil. Und der Müll kehrte in den Park zurück: Die Berliner Stadtreinigung (BSR) zählte 135 Kubikmeter Abfall, die auf Kosten der Steuerzahler entsorgt wurden. Dazu waren 100 Beschäftigte und 46 Fahrzeuge im Einsatz. Nach einem Aufruf der Organisatoren zum »Clean-Up Day« kamen rund 30 Freiwillige, um sich an einer fünfstündigen Aufräumaktion mit Müllsäcken, Handschuhen und Greifzangen zu beteiligen.

Weitere Anziehungspunkte waren die Fanmeilen auf der Straße des 17. Juni während der Fußball-Weltmeisterschaft 2006 und der Fußball-Europameisterschaft 2008. Trotz der 300 Toilettenhäuschen schlugen sich die bierseligen Fußballfans lieber in die Büsche, um sich zu erleichtern. Insbesondere bodennahe Pflanzen und Schattengewächse wurden zerstört. Sechs Millionen Liter Wasser sprühten die Mitarbeiter des Grünflächenamts jeden Morgen über alle Pflanzen im Tiergarten, um den Schäden durch Harnsäure entgegenzuwirken, denn eine hohe Menge an Harnsäure behindert die Wasseraufnahme der Pflanzen. Trotzdem nahm der Park Schaden, die Kosten für Neupflanzungen lagen im Jahr 2006 um 200 000 Euro höher als zuvor.

Mit dem Denkmal für die ermordeten Juden Europas wurde eine Fläche, die fast 300 Jahre lang die Stadtkante gebildet hatte, zu einem Scharnier zwischen dem westlich angrenzenden Tiergarten und der historischen Stadtmitte. Das Holocaust-Mahnmal, 2005 auf dem früheren Niemandsland zwischen Ost- und West-Berlin eingeweiht, erinnert an die rund sechs Millionen Juden, die von den Nationalsozialisten ermordet wurden. Das Mahnmal, von dem US-amerikanischen Architekten Peter Eisenman (* 1932) entworfen, besteht

Blick auf das Stelenfeld des Mahnmals für die ermordeten Juden Europas

aus 2 711 quaderförmigen Betonstelen. Unter dem Mahnmal befindet sich der zugehörige »Ort der Information«. Wolfgang Thierse (* 1943), von 1998 bis 2005 Präsident des Deutschen Bundestags, sagte: »In seiner Offenheit bietet (das Denkmal) Raum für persönliches Erinnern, Gedenken und Trauern.« Und: »Eisenmans weiträumige Skulptur ist begehbar. Wer das scheinbar endlose Meer aus Steinböcken durchschreitet, lässt den Alltagslärm hinter sich, ist auf sich allein gestellt, kann sich der Bedrängnis des Ortes, der körperlichen Empfindung und Beklommenheit nur schwer entziehen. Der spürt die große emotionale und sinnliche Kraft, die das Denkmal entfaltet. Hier kann man erahnen, was Einsamkeit, Ohnmacht und Verzweiflung bedeuten.« Auf der Suche nach Instabilität in einem angeblich stabilen System liegt dem Entwurf ein strenges Raster zugrunde. Der Abstand zwischen den Stelen ermöglicht nur einer Einzelperson das Durchqueren.

Die Idee zu dem Denkmal hatten der Historiker Eberhard Jäckel (1929–2017), die Publizistin Lea Rosh und die Bürgerinitiative »Pespektive Berlin e.V.«, seine Realisierung dauerte 17 Jahre. Es gab zwei Wettbewerbe mit Hunderten von Entwürfen. Peter Eisenman (damals noch gemeinsam mit Richard Serra) sollte seinen Entwurf überarbeiten und besser in das Umfeld einbinden. So entstanden in den Randbereichen unregelmäßige Freiflächen und eine Bepflanzung. Sie besteht aus 41 Bäumen, vor allem auf der Westseite konzentriert. Damit schuf Eisenman einen Übergang vom Stadtraum über den 1993 rekonstruierten Lennéschen Baumsaal entlang der Ebertstraße zum Tiergarten. Das Stelenraster setzt sich durch ebenerdige Betonplatten im Stelenformat fort, die in die Bürgersteige ringsum hineinlaufen.

Das Holocaust-Mahnmal steht in der Tradition des Grabmals. Es verwendet den Typus Stele, die zur Erinnerung an einen Toten errichtet wird. Auch der Sarkophag als blockartige, liegende Form sowie die in den Boden eingelassene Grabplatte werden zitiert.

Der Architekt hatte für den »Ort der Information« zwei Standortvarianten in der Südost- und Nordwestecke des Stelenfelds geprüft und sich für die erstere Variante entschieden. Wesentliches Argument war, dass der »Ort der Information« in der nordwestlichen Lage an der stark frequentierten Ebertstraße zur Hauptsache und das Stelenfeld zum Appendix geworden wäre, besonders dann, wenn die Zugänge am öffentlichen Gehweg gelegen hätten.

Auf einem Teil des Denkmalgeländes stand einst der Erweiterungsbau des preußischen Ministeriums für Ernährung und Landwirtschaft, den Reichspropagandaminister Joseph Goebbels (1897–1945) als Dienstvilla nutzte. Die Villa erhielt zwei Jahre nach Fertigstellung an der Ostseite einen unterirdischen, erhalten gebliebenen Bunkeranbau. Er bildet heute das einzige bauliche Relikt aus der Zeit vor 1945 auf dem Mahnmalgelände (auch überdeckt von der Behrenstraße).

2008 wurde das Denkmal für die im Nationalsozialismus verfolgten Homosexuellen eingeweiht. Entworfen hat es das in Berlin lebende dänisch-norwegische Künstlerduo Elmgreen und Dragset (Michael E.,* 1961; Ingar D.,* 1969). Das Denkmal besteht aus einem etwa 3,50 Meter hohen und zwei Meter breiten

Das Wasserbecken des Denkmals für die im Nationalsozialismus ermordeten Sinti und Roma Europas, dahinter das Reichstagsgebäude

Betonquader, in dem durch eine verglaste Öffnung ein Kurzfilm zu sehen ist. Der in einer Endlosschleife laufende Film zeigt zwei einander küssende Männer. Dazu im Wechsel wird der Film *Kuss ohne Ende* mit küssenden Frauen- und Männerpaaren gezeigt. Mit der Rede von Bundespräsident Richard von Weizsäcker zum 40. Jahrestag des Kriegsendes 1985 hatte ein Umdenken in der Erinnerungspolitik eingesetzt, in der erstmals auch dieser bislang verschwiegenen Verfolgtengruppen gedacht wurde.

20 Jahre hat es gedauert, bis 2012 das Denkmal für die im Nationalsozialismus ermordeten Sinti und Roma Europas südlich des Reichstagsgebäudes fertiggestellt war. Damit wird des Völkermordes mit bis zu 500 000 Opfern gedacht. Das Denkmal des israelischen Bildhauers Dani Karavan (1930–2021) besteht aus einem runden Wasserbecken mit zwölf Metern Durchmesser auf einer schwarzen Granitplatte. In der Beckenmitte befindet sich eine dreieckige steinerne Stele, auf der eine Blume liegt. Ist sie verwelkt, versinkt der Stein und hebt sich wieder mit einer neuen Blume empor – als Symbol für das Leben, die Trauer und die Erinnerung. Das Dreieck soll an den Winkel auf der Kleidung der KZ-Häftlinge erinnern. Auf dem Brunnenrand ist das Gedicht *Auschwitz* des italienischen Dichters und Rom Santino Spinelli (* 1964) angebracht. Über Lautsprecher wird dazu eine von dem Geiger und Pianisten Romeo Franz (* 1966) für das Mahnmal komponierte Melodie eingespielt.

Der Zentralrat Deutscher Sinti und Roma hatte der vorgesehenen Verwendung des Wortes »Zigeuner« im Widmungstext widersprochen. Manche Gruppen empfanden das Wort als diskriminierend. Daher wird in dem Text nun von einer »als Zigeuner« verfolgten Minderheit gesprochen.

Das Wasserbecken ist von einem etwa drei Meter breiten Band aus Steinplatten umgeben, in die die Namen von Konzentrationslagern eingraviert sind. Lange Zeit dachten die meisten Deutschen, dass die Nationalsozialisten Kriminalprävention bei den »Zigeunern« betreiben wollten und sie nicht von Rassenhass getrieben wurden. Platten aus Milchglas, die als Informationstafeln dienen, umgeben das Gelände mit einer »Chronologie des Völkermordes an den Sinti und Roma«.

Vor der Philharmonie entstand zwei Jahre später ein Gedenk- und Informationsort für die Opfer der nationalsozialistischen »Euthanasie«-Morde. Die »arisierte« Villa in der Tiergartenstraße 4 war der Verwaltungssitz der »Aktion T4«, bekannt unter dem Namen »Euthanasie«. Von hier aus wurde über eine Tarnorganisation die Vernichtung von kranken und behinderten Menschen »organisiert«, deren Leben das NS-Regime als »lebensunwert« bezeichnete. Mehr als 70 000 behinderte Menschen wurden in Deutschland 1940/41 systematisch ermordet. Die im Krieg nur wenig beschädigte Villa wurde im Jahr 1960 abgerissen.

Lange Zeit zogen im Tiergarten im Sommer Rauchschwaden über die Baumwipfel. Ein Wust aus Sonnenschirmen, Wasserpfeifen und Campinggrills machte sich breit. Der Tiergarten galt als »die Grill-Zentrale der Hauptstadt« (*B.Z.*). Die Feiernden ließen Unmengen an Müll und verbrannter Erde zurück. Was aber im Tiergarten erlaubt ist und was nicht, regelt das Grünanlagengesetz. Das betrifft auch das Thema Grillen. Die Details benennen bezirkliche Grillordnungen. Darin steht zum Beispiel für den Bezirk Mitte, dass das Grillgut kleinteilig sein muss: Ganze Schweine, Rinder, Hammel oder Truthähne zu grillen ist verboten. Das Grillgeschehen im Tiergarten führte 2012 zu einem generellen Grillverbot.

Grillen, wie hier Anfang der 2000er-Jahre, ist im Tiergarten seit 2012 nicht mehr erlaubt.

Denn der Park ist nicht nur eine geschützte Grünanlage, er ist auch ein Gartendenkmal. Wer sich trotz einer Verwarnung verweigert, muss bis zu 100 Euro Bußgeld zahlen. Zuvor kamen in einem Jahr rund 160 Tonnen Müll zusammen. Seine Entsorgung kostete den Bezirk Mitte 200 000 bis 300 000 Euro. 140 Ein-Euro-Jobber sammelten ihn ein. Inzwischen müssen nur noch zwei statt acht Tonnen Müll pro Woche im Tiergarten beseitigt werden. Bereits zur Fußball-WM 2010 galt wegen der Fanmeile und der großen Hitze aus Sicherheitsgründen ein zweimonatiges Grillverbot. Das Müllaufkommen fiel damals um ein Viertel der üblichen Menge.

Fünf Jahre nach Einführung des Grillverbots wurde 2017 noch einmal im Tiergarten gegrillt. Aus Osteuropa stammende Obdachlose, die unter den Bäumen campierten, sollen Parkschwäne und Kaninchen gefangen, gebraten und gegessen haben. Rund 60 Menschen, zum Teil alkohol- und drogenabhängig, viele aggressiv, zelteten wochenlang im Tiergarten. Seitdem die Länder Mitte der 2000er-Jahre der EU beitraten und Reisefreiheit bestand, stieg die Zahl der Menschen, die aus Osteuropa nach Berlin kamen. Einige von ihnen leben auf Straßen und in Parks. Am Rand des Tiergartens, in der Bahnhofsmission Zoologischer Garten, gibt es eine Essensausgabe und Duschen. Noch mehr Menschen aus osteuropäischen Ländern kamen mit dem Beginn der

Bei einer Razzia im Tiergarten haben Polizisten Bettler und Landstreicher verhaftet. Holzschnitt, 1888

Finanzkrise 2007. Seit 2015 haben die Zahlen zugenommen und es kam zu einer bislang ungekannten Verrohung. Wer im Park campiert, begeht eine Ordnungswidrigkeit. Im Jahr 2016 gab es 80 Räumungen, bei denen von den Obdachlosen auch die Personalien festgestellt wurden. Wird ein Platzverweis ausgesprochen, gilt er nur für 24 Stunden. Ein paar Obdachlose hat es schon immer im Tiergarten gegeben. Sie tranken im Gebüsch, schliefen auf Parkbänken. Wenn Beamte des Ordnungsamts sie aufforderten zu gehen, taten sie das fast immer.

Das Problem der Obdachlosigkeit im Tiergarten existierte bereits 1870. Der Schriftsteller Gustav Rasch (1825–1878) beschrieb in einer Sozialreportage die Teilnahme an einer nächtlichen Razzia der Kriminalpolizei. An einem Spätherbsttag, nach zehn Uhr abends, zogen kolonnenweise 300 Mann zu Fuß und zu Pferde in militärischer Ordnung zum Tiergarten. Das Terrain wurde zunächst umstellt. Dann strömten um elf Uhr Polizisten von allen Seiten hinein, und es galt die Anweisung, »alles gefangenzunehmen, was sich dort, ohne sich über Person und Aufenthalt legitimieren zu können, vorfindet«. Auch damals war bekannt, dass sich zu Verstecken und nächtlichen Lagerplätzen der untere Teil des Parks am besten eignete. Vom Tiergarten aus ging es nach einer Razzia ins Stadtvogteigefängnis, ins Arbeitshaus oder ins Krankenhaus. »Zwei Konstabler* drangen in (das Gebüsch) ein, die Zweige und schwachen Baumstämme auseinanderbiegend. Noch einige Schritte, und wir standen an der Lagerstätte eines halben Dutzend von Vagabunden. Zerlumpte Männer, Weiber und Kinder lagen nebeneinander am Boden; einige bereits durch das Geräusch erweckt und sich verwundernd darüber, wer sie hier störe, langsam aufrichtend, andere noch im festen Schlaf. Eine sonderbare Gruppe, der eine den Leib des anderen als Kopfkissen benutzend, mehrere Knaben und Mädchen von zehn bis fünfzehn Jahren neben Männern und Weibern in den verschiedensten Altersstufen, die Kleider zerlumpt und abgetragen! Nach einigen Minuten waren sie sämtlich auf den Beinen.« Die aufgegriffenen Frauen und Kinder waren fremd in der Stadt. Sie versicherten, aus Dörfern in der Umgebung zu kommen und erst seit einigen Tagen in Berlin zu sein. Das Ergebnis nur einer Razzia in einer Nacht waren insgesamt über 200 aufgegriffene Obdachlose.

Eine ganz andere Razzia führte die Berliner Polizei im Juli 1907 durch, über die der Schriftsteller Karl Kraus (1874–1936) in der Zeitschrift *Die Fackel* berichtete. Die Suche nach Liebespärchen unterstützten die Polizeihunde »Edith« und »Ruß«: »Wenn sie (...) losgelassen werden, dann spüren sie ihren Mann auch im dichtesten Gestrüpp auf und apportieren ihn.« Mit dabei auch ein Vertreter der Presse, »mit dem geladenen Revolver in der Paletottasche«. Die Suche dauerte »fast eine Stunde lang, kreuz und quer durch die stillen Alleen« – erfolglos. Am Ende stöberten die Hunde doch noch ein Pärchen auf: »Der Polizeileutnant trat auf die beiden zu. Voll Ironie fragte er: ›Wie, um halb 2 Uhr morgens noch hier? Und gerade an dieser dunkelsten Stelle, wo weit und breit keine Laterne ist? (...) Das war eigentlich die größte Ausbeute des Abends.«

* Polizisten

Noch Ende der 1970er-Jahre kam es zu Razzien im Tiergarten, die den Homosexuellen galten. Bereits im 19. Jahrhundert suchten Männer im Freien gleichgeschlechtliche Kontakte im Tiergarten. Zu einem solchen Ort der Kontaktanbahnung und auch homosexuellen Prostitution kamen in der zweiten Hälfte des 19. Jahrhunderts zum Beispiel die neu eröffneten öffentlichen Pissoirs als traditionelle Treffpunkte hinzu. Geht man noch weiter zurück in der Zeit, so hatte bereits Prinz Heinrich von Preußen (1726–1802) Gefallen daran gefunden, sich im Tiergarten als Stallbursche verkleidet zu prostituieren. Das berichtet Kriminalkommissar Hans von Tresckow (1855–1934), der viele Jahre in Berlin für Straftaten in Verbindung mit dem Paragrafen 175 zuständig war. Im Gegensatz zu seinem Bruder Friedrich dem Großen lebte Prinz Heinrich seine Neigungen offen aus in einer Zeit, als Homosexualität streng verboten war.

Unter den Linden und der Tiergarten blieben bis ins 20. Jahrhundert hinein die bekanntesten Orte für Männer, die auf der Suche nach gleichgeschlechtlichen erotischen Kontakten waren. Besonders viel war los in der südwestlichen Ecke des »größten homosexuellen Jagdreviers der Stadt«, in dem Gebiet um den Goldfischteich, das man über den sogenannten »schwulen Weg« erreichte. 1911 forderte der Berliner Polizeipräsident Traugott von Jagow (1865–1941) die Stadtverwaltung auf, in diesem Teil des Parks Gaslaternen aufzustellen. Innerhalb eines Jahres standen dann auch tatsächlich rund drei Dutzend Gaslaternen. Alfred Döblin schilderte 1929 in seinem Roman *Berlin Alexanderplatz* die Begegnung eines Homosexuellen und eines Jungen: »Geht ein Glatzkopf eines Abends spazieren, trifft im Tiergarten einen hübschen Jungen, der gleich unterhakt, sie wandeln eine Stunde Lust, dann hat der Glatzkopf den Wunsch, o den Trieb, o die Begierde, kolossal, im Augenblick, ganz lieb zu dem Jungen zu sein.«

Die Erzählung *Der Schuß im Tiergarten* erschien am 9. Juni 1930 im *Simplicissimus*, geschrieben hat sie der Schriftsteller Joseph Breitbach (1903–1980). »Er ging also wieder regelmäßig den Tiergarten spazieren, abends, um die Zeit, wenn merkwürdige Herren dort auf und ab promenieren und die Jungens um Feuer ansprechen oder sonstwie ein Gespräch einleiten. Er ging auf den Strich, was immer noch besser und weniger aufregend ist als Diebstahl und Einbruch. Lästig sind nur die Polizeistreifen, die dann und wann plötzlich auftauchen und die Jungens ohne Ansehen der Person auf die Wache bringen.«

In der Zeit nach dem Zweiten Weltkrieg mussten sich Schwule immer noch verstecken, die von den Nationalsozialisten verschärften Gesetze gegen sie galten noch bis in die 1970er-Jahre hinein. Um andere Schwule kennenzulernen, musste man ausweichen. Die homosexuellen Männer »entdeckten« so den Tiergarten. Das Areal zwischen der Siegessäule und dem Zoo entwickelte sich über die Jahre zu einem öffentlichen Treffpunkt. Hier legten sich im Sommer die Männer auf der sogenannte Tuntenwiese zum Nacktbaden. Die umliegenden Büsche entwickelten sich zu einem Ort für den schnellen Sex, oft nur unzureichend geschützt vor den Blicken der Passanten. Ein solch zügelloses

Treiben rief natürlich die staatlichen Sittenwächter auf den Plan, die berüchtigt waren für ihre Razzien im Tiergarten. Manchmal umstellten Hunderte Polizeibeamte das Areal, auf dass auch niemand entkomme. Hinter der Liegewiese ragt die Siegessäule auf dem Großen Stern in den Himmel. Die verbreitete, kostenlose Szenezeitschrift mit den wichtigsten schwul-lesbischen Terminen des Monats heißt daher auch naheliegend *Siegessäule*. Der schwule Szene-Führer *gay-szene.net* im Internet schwärmt von der »wohl größten Cruising-Area der Stadt«. Dabei müssen drei Bereiche unterschieden werden: die Waldfläche zwischen Bremer Weg und Neuem See, der Bereich oberhalb des Tiergartentunnels und die Gegend südwestlich der Altonaer Straße. Auch die Löwenbrücke gilt als Treffpunkt. Bis in die frühen Morgenstunden hinein trifft der unwissende Passant auf ein merkwürdiges Bild: Er wundert sich vielleicht über die vielen Männer, die sich dort aufhalten. Manche stehen in kleinen Grüppchen, die meisten stehen aber einfach nur da, scheinbar vollkommen unbeteiligt. Das Cruising im nächtlichen Tiergarten ist für manche Schwule die einzige Gelegenheit, Sex zu haben. In ihrem Alltag sind sie nicht geoutet und besuchen auch keine einschlägigen Clubs oder Bars. Unter den Bäumen im Tiergarten finden sie eine schnelle Befriedigung, anonym und ohne sich weiter in irgendeiner Form verpflichtet zu fühlen.

Die Wiesen im Tiergarten laden zum Sonnenbaden ein.

ANMERKUNGEN

1 Julius Rodenberg wohnte bis zu seinem Tod nahe dem Tiergarten in der damaligen Margarethenstraße 1, heute: Scharounstraße.

2 Monke, Fritz u. a.: *Die Tiergartenstraße, ein Stück Berliner Geschichte*. Berlin 1975, S. 13.

3 Weisstein, Gotthilf: *Ein Franzose am Hofe des Großen Kurfürsten*. In: Mitteilungen des Vereins für die Geschichte Berlins, 19 (1902), Nr. 11, S. 123ff., S. 124 (Charles Patin, ›Relations historiques et curieuses de Voyages‹, 1674).

4 Sundelin, Hans: *Berlin 1692*. Aus: Memorabilis Europae, Ulm 1682. In: Der Bär 12 (1886), Nr. 40, S. 492.

5 Fidicin, Ernst (Hrsg.): *Die Chronik der Cölner Stadtschreiber vom Jahre 1542 bis zum Jahre 1605 und die Wendlandsche Chronik*. In: Schriften des Vereins für die Geschichte der Stadt Berlin, 1 (1865), Nr. 1, S. 1–104, S. 55.

6 Krieger, Bogdan: *Berlin im Wandel der Zeiten*. Berlin 1923, S. 270.

7 Nach: Voß, Karl: *Reiseführer für Literaturfreunde. Berlin. Vom Alex zum Kudamm*. Frankfurt a. M. et al. 1980, S. 188.

8 Hemmert, Karl Wilhelm: *Beschreibung einer Anlage im Thiergarten*. In: Berlinische Monatsschrift 11 (1788), S. 480–488, S. 486.

9 Meyer, Ferdinand: *Der Berliner Tiergarten*. In: Der Bär, 18 (1892), Nr. 16, S. 280.

10 Anonymus. In: Naturdenkmalpflege und Naturschutz in Berlin und Brandenburg (1935), Nr. 24, S. 59.

11 Engel, Martin: *Das Forum Fridericianum und die monumentalen Residenzplätze des 18. Jahrhunderts*. Diss. FU Berlin, 2001.

12 Nicolai, Friedrich: *Beschreibung der Königlichen Residenzstädte Berlin und Potsdam, aller daselbst befindlicher Merkwürdigkeiten, und der umliegenden Gegend*. 2. Band. Neudruck der Originalausgabe der 3. Auflage Berlin 1786. Berlin 1968, S. 947.

13 Volz, Gustav Berthold: *Das Sans, Souci Friedrichs des Großen*. Berlin/Leipzig 1926, S. 61ff.

14 Nicolai, Friedrich: *Beschreibung der Königlichen Residenzstädte Berlin und Potsdam, aller daselbst befindlicher Merkwürdigkeiten, und der umliegenden Gegend*. 2. Band. Berlin 1779, S. 709ff.

15 Ebd.

16 Krieger 1923, S. 285.

17 Krieger 1923, S. 377.

18 Krieger 1923, S. 377f.

19 E. T. A. Hoffmann: *Ritter Gluck*, in: Krieger 1923, S. 378.

20 Krieger 1923, S. 386f.

21 Krieger 1923, S. 380.

22 Glaßbrenner, Adolf: *Moabit*. Leipzig 1848, S. 11.

23 Krieger 1923, S. 266f.

24 Krieger 1923, S. 339f.

25 Ebd.

26 Nalli-Ruthenberg, Agathe: *Das alte Berlin*. Berlin 1909, S. 65.

27 Kroegen, Carl Heinrich: *Freye Bemerkungen über Berlin, Leipzig und Prag*. Kopenhagen 1785, Reprint 1987, S. 29f.

28 Krieger 1923, S. 350.

29 Kroegen 1785, S. 41–44.

30 Hirschfeld, Christian Cay Lorenz: *Theorie der Gartenkunst*, Bd. 5. Leipzig 1785, S. 68.

31 Hessel lebte als Kind eine Zeit lang in der Genthiner Straße; Münzberg, Olav: *Vom alten Westen zum Kulturforum das Tiergartenviertel in Berlin: Wandlungen einer Stadtlandschaft*. Berlin 1988, S. 178.

32 Ackermann, Gregor/Vollmer, Hartmut: *Über Franz Hessel: Erinnerungen, Porträts, Rezensionen*. Hamburg 2001, S. 168.

33 Müller, Justus Conrad: *Gemählde von Berlin / Potsdam / Sanssouci*. London 1792.

34 Devrient, Therese: *Jugenderinnerungen*. Stuttgart 1905, S. 413.

35 Hinz, Gerhard: *Peter Josef Lenné und seine bedeutendsten Schöpfungen in Berlin und Potsdam*. Berlin 1937, S. 139f.

36 Geheimes Staatsarchiv Preußischer Kulturbesitz Abteilung Merseburg, Rep. 151 1c Vol.1 fol. 100–111, Denkschrift 1832.

37 Geheimes Staatsarchiv Preußischer Kulturbesitz HA I, Rep. 133, Nr. 386, Bl. 6–8.

38 Krieger, Bogdan: *Das königliche Schloß Bellevue bei Berlin und sein Erbauer Prinz Ferdinand von Preußen*. Berlin 1906, S. 82.

39 Geheimes Staatsarchiv Preußischer Kulturbesitz HA I, Rep. 133, Nr. 761, Bl. 20, 83, 104f.

40 Sievers, Johannes: *Bauten für die Prinzen August, Friedrich und Albrecht von Preussen*. In: Paul Ortwin Rave (Hrsg.): Karl Friedrich Schinkel Lebenswerk. Berlin 1954. Schloss und Park Bellevue, S. 60–83, S. 64.

41 Cullen, Michael S./Kieling, Uwe: *Das Brandenburger Tor: Geschichte eines deutschen Symbols*. Berlin 1990, S. 21.

42 Pöthe, Zitha: *Perikles in Preußen. Die Politik Friedrich Wilhelms II. im Spiegel des Brandenburger Tores*. Berlin 2014, S. 187.

43 Demps, Laurenz: *Das Brandenburger Tor. Ein Symbol im Wandel*. Berlin 2003, S. 29.

44 Ebd.

45 Hoffmann, Ernst Theodor Amadeus: *Die letzten Erzählungen von E.T.A. Hoffmann*. Berlin 1825, S. 282.

46 Hinz 1937, S. 15.

47 *Lenné, Peter Joseph: Gartenkunst im 19. Jahrhundert, Beiträge zur Lenné-Forschung*. Hrsg. vom Brandenburgischen Landesamt für Denkmalpflege. Berlin 1992, S. 89.

48 Bunsen, Marie von: *Die Welt in der ich lebte. Erinnerungen aus glücklichen Jahren 1860–1912*. Leipzig 1929, S. 14.

49 Keller, Gottfried: *Gesammelte Gedichte, Zweiter Band*. Berlin 1889, S. 94.

50 Nach Püschel, Ursula (Hrsg.): »… und mehr als einmal nachts im Thiergarten«. Bettina von Arnim und Heinrich Bernhard Oppenheim. Briefe 1841–1849. Berlin 1990, S. 83.

51 *Palatina*, Belletristisches Beiblatt zur Pfälzer Zeitung, 26. 8. 1862.

52 Nach: Klös, Heinz-Georg/ Frädrich, Hans/Klös, Ursula: *Die Arche Noah an der Spree. 150 Jahre Zoologischer Garten*

Berlin. Eine tiergärtnerische Kulturgeschichte von 1844 bis 1994. Berlin 1994, S. 29.

53 Fontane, Theodor: *Fontane to go.* Berlin 2019, S. 84.

54 Tucholsky, Kurt (unter dem Pseudonym Theobald Tiger): *Bruch.* In: Ulk 47 (1918), Nr. 50, S. 198.

55 Windmüller, Konrad: *Prangende Rhododendren habt ihr um sein Denkmal gestellt …* In: Königlich privilegierte Berlinische Zeitung von Staats- und gelehrten Sachen. Berlin. Nr. 222, 13. 05. 1910, Abendausgabe, 2. Beilage.

56 Fontane, Theodor: *Briefe an Georg Friedlaender.* Frankfurt a. M. 1994, S. 260f.

57 Frei, Norbert: *Theodor Fontane. Die Frau als Paradigma des Humanen.* Königstein (Ts.) 1980, S. 81.

58 Fontane, Theodor: *Sämtliche Werke, Band 4.* München 1962, S. 334.

59 Fontane, Theodor: *Meine Reiselust.* In: Vossische Zeitung, 27. 05. 1928.

60 Voss, Karl: *Stimmen berühmter Berlin-Reisender bei ihrer ersten Begegnung mit der Stadt an der Spree.* In: Jahrbuch des Vereins für die Geschichte Berlins 36 (1987), S. 9–64, S. 52.

61 Vietor-Engländer, Deborah (Hrsg.): *Alfred Kerr. Was ist der Mensch in Berlin? Briefe eines europäischen Flaneurs.* Berlin 2017, S. 208ff.

62 Wallé, Peter: *Schloß und Park Bellevue.* In: Der Bär 13 (1887), S. 554–558, S. 555.

63 Voss 1987, S. 26f.

64 Ebd.

65 Kaindl, Klaus B./Friemel, Berthold: *Die Brüder Grimm in Berlin. Katalog zur Ausstellung anlässlich des 150. Jahrestages seit der Vollendung von Band I des Grimmschen Wörterbuches im Jahr 1854: 5. Juli – 28. August 2004 in der Humboldt-Universität zu Berlin.* Stuttgart 2004, S. 33.

66 Huret, Jules: *Berlin um 1900.* Berlin 1979 (Nachdruck der dt. Ausgabe 1909; erstmals in frz. 1900), S. 16f.

67 Gleiss, Marita u. a. (Hrsg.): *Tilla Durieux – Der Beruf der Schauspielerin.* Berlin 2004, S. 101.

68 Durieux, Tilla: *Eine Tür steht offen. Erinnerungen.* Berlin 1954, S. 71.

69 Twardawa, Susanne: *Der Tiergarten in Berlin.* Berlin 2002, S. 66f.

70 von Nostitz, Helene/von Nostitz, Oswalt: *Aus dem alten Europa. Menschen und Städte.* Berlin 1979, S. 46.

71 Kastan, Isidor: *Berlin, wie es war.* Berlin 1919, zitiert nach: Münzberg, Olaf: *Vom alten Westen zum Kulturforum. Das Tiergartenviertel in Berlin – Wandlungen einer Stadtlandschaft.* Berlin 1988, S. 122.

72 Weisbach, Werner: *Und alles ist zerstoben, Erinnerungen aus der Jahrhundertwende.* Wien 1937, S. 87.

73 Fürstenberg, Carl: *Die Lebensgeschichte eines deutschen Bankiers*, hrsg. von seinem Sohn Hans Fürstenberg. Berlin 1931, Wiesbaden 1961, S. 25.

74 *Vossische Zeitung* Nr. 205, 3. 9. 1873.

75 Tewes, Erhard: *Die einzige Frau ohne Verhältnis.* In: *Spandauer Volksblatt,.* 21. 5. 1959.

76 Drake, Heinrich: Brief v. 8. 5. 1865, in: Geheimes Staatsarchiv Preußischer Kulturbesitz Berlin Rep. 89 H Nr. 20846 (Kgl. Geh. Civil-Kabinett), Vol I., Bl. 8.

77 Laverrenz, Victor: *Die Denkmäler Berlins und der Volkswitz.* Berlin 1892, S. 79f.

78 Speer, Albert: *Erinnerungen.* Frankfurt a. M./Berlin/Wien 1970, S. 154.

79 Bredel, Willi: *Nur die Siegessäule stand unversehrt.* In: Reise-Textbuch. Berlin 1987, S. 27f.

80 Fontane, Theodor: *Preußen.* Berlin 1934, S. 67.

81 Vieser, Michaela/Schautz, Irmela: *Von Kaffeeriechern, Abtrittanbietern und Fischbeinreißern. Berufe aus vergangenen Zeiten.* München 2010, S. 42.

82 Hitler, Adolf: *Mein Kampf.* München 1941, S. 290ff.

83 Speer 1970, S. 27, 62, 87.

84 Speer 1970, S. 93.

85 Reichhardt, Hans-Joachim/Schäche, Wolfgang: *Von Berlin nach Germania. Über die Zerstörungen der »Reichshauptstadt« durch Albert Speers Neugestaltungsplanungen.* Berlin 1985, S. 77.

86 von Kardorff, Ursula: *Berliner Aufzeichnungen 1942–1945.* München 1962, S. 135.

87 Frisch, Max: *Tagebuch 1946–1949.* Berlin 2011, S. 210.

88 Landesarchiv Berlin F Rep. 240 2651 Nr. 4, Bl. 370/1.

89 Güstrow, Dietrich: *In jenen Jahren. Aufzeichnungen eines »befreiten« Deutschen.* München 1985, S. 154.

90 *Der Berliner* (Zeitung), 16. 10. 1945.

91 Alverdes, Wilhelm: *Der Große Tiergarten.* In: Garten und Landschaft 62 (1952) Nr. 9, S. 9–19; Alverdes, Wilhelm: *Die Neubepflanzung des Großen Tiergartens zu Berlin.* In: Garten und Landschaft, 65 (1955) Nr. 2, S. 1–5.

92 Kollwitz, Käthe/Kollwitz, Hans: *Briefe der Freundschaft und Begegnungen.* Berlin 1966, S. 189.

93 Lasker-Schüler, Else: *Gedichte.* Frankfurt a. M. 2020, S. 34.

94 Peter, Frank-Manuel: *Das Berliner Hansaviertel und die Interbau 1957.* Erfurt 1907, S. 7.

95 Geist, Johann Friedrich/Kürvers, Klaus: *Das Berliner Mietshaus, 1945–1989.* München 1989, S. 364.

96 *Jeffrey Bossin spielt das Carillon. »Das ist meine Leidenschaft«*, Interview von Tilman Baumgärtel mit Jeffrey Bossin. *Die Tageszeitung*, 22. 11. 2020.

97 Piatigorsky, Gregor: *Mein Cello und ich und unsere Begegnungen.* München 1975, S. 65.

98 *Loveparade – Als die Liebe tanzen lernte.* Dokumentation von Peter Scholl, RBB 2019.

BILDNACHWEIS

Adobe Stock: Umschlag vorne – **akg-images:** 10, 12, 14, 17, 18, 22, 24 (Erich Lessing), 26, 29, 31, 33, 35, 36, 38 (Sotheby's), 40, 42, 45, 53, 56, 61, 64, 66, 69, 70, 71, 73, 74, 76/77, 78, 83, 85, 92, 93, 94, 101, 103 (Dieter E. Hoppe), 107, 109 (brandstaetter images), 111 (PAL/PB), 114, 116, 118 (mauritius images/Heinz Pollmann), 119, 120, 123, 127 (Bildarchiv Pisarek), 129, 131, 134, 135, 137, 139 (AP), 146 (Günter Schneider), 160 (Gerhard Serve), 170/171, 174 (Günter Schneider), 185 (picture-alliance) – **Archiv Elsengold Verlag:** 44 – **Harald Neckelmann:** 128, 140, 143, 150 – **picture-alliance:** 6 (blickwinkel/S. Ziese), 8 (ZB/Manfred Krause), 48 (ullstein bild), 50/51 (imageBROKER/Schoening), 54/55 (ullstein bild), 89 (ullstein bild/Georg August Busse), 97 (Markus C. Hurek), 98 (ZB/Jens Kalaene), 105 (ZUMAPRESS.com/Michael Kuenne), 113 (Bildagentur-online/Schoening), 124 (Berlin_Picture_Gate), 133 (dpa-Zentralbild/Georg Wenzel), 154 (dpa/Annette Riedl), 155 (United Archives/Erich Andres), 162 (ZB/Hubert Link), 164 (Shotshop/K-H Spremberg), 169 (Bildagentur-online/Schoening), 179 (Eibner-Pressefoto/Lakomski), 181 (EPA/Filip Singer), 182 (Global Travel/Jürgen Held), 184 (imageBROKER/Schoening), 186 (imageBROKER/BAO), 189 (ZB/Johannes Eisele) – **TU Berlin, Architekturmuseum:** 62 – **Wikimedia Commons:** 2 (Mike Peel), 20, 58 (Leonhard Lenz), 81 (OTFW), 88 (Neuköllner), 100 (Sekamor), 142 (Fridolin Freudenfett), 144 (Jürgen Federau), 147 (Fridolin Freudenfett), 149 (Neuköllner), 151 (OTFW), 157 (Fridolin Freudenfett), 158 (Gunnar Klack), 166 (Berlinschneid), 173 (Ansgar Koreng), 176 (Jürgen Federau), 178 (OTFW)

Karten: vorne: Peter Palm, Berlin; hinten: Antiquariat Clemens Paulusch, Berlin

Bibliografische Information der Deutschen Nationalbibliothek
Die Deutsche Nationalbibliothek verzeichnet diese Publikation in der Deutschen Nationalbibliografie; detaillierte bibliografische Daten sind im Internet über http://dnb.d-nb.de abrufbar.

Berlin 2023
Asternplatz 3, 12203 Berlin
post@bebraverlag.de
Lektorat: Tanja Krajzewicz, Berlin
Umschlag: Goscha Nowak, Berlin
Titelfoto: Adobe Stock
Satz: Mario Zierke, Berlin
Schriften: Source Sans Pro, Kepler Std
Druck und Bindung: Finidr, Český Těšín
ISBN 978-3-8148-0269-5

www.bebraverlag.de